管道完整性管理技术丛书
管道完整性技术指定教材

管道修复技术

《管道完整性管理技术丛书》编委会　组织编写

本书主编　董绍华

副主编　孙兆强　杨大慎　李　平　付立武　冯　伟

中国石化出版社

内 容 提 要

本书阐述了管道修复技术进展和国内外管道修复标准，提出了管道修复方法与程序，明确了管体缺陷的修复要求，介绍了管道各种维护维修技术，如打磨、打补丁、盖帽、补焊、A/B型套筒、夹具注环氧、钢制压缩套袖、复合材料补强、带压开孔等多种技术，并对各种修复技术的适用性进行了分析，提出了内检测各类缺陷维修的阈值和计划维修优化方案、浅水/沼泽区管道抢维修技术和风险控制措施、管道修复技术和风险减缓措施、阀门维护技术、海底管道变形缺陷修复技术以及外防腐层检测、修复与评价技术，并以工程实际案例，分析管道修复过程，为管道行业发展提供技术支持。本书适用于长输油气管道、油气田集输管网、城镇燃气管网以及各类工业管道。

本书可作为各级管道管理与技术人员研究与学习用书，也可作为油气管道管理、运行、维护人员的培训教材，还可作为高等院校油气储运等专业本科生、研究生教学用书和广大石油科技工作者的参考书。

图书在版编目（CIP）数据

管道修复技术 /《管道完整性管理技术丛书》编委会组织编写；董绍华主编. — 北京：中国石化出版社，2019.10

（管道完整性管理技术丛书）

ISBN 978-7-5114-5311-2

Ⅰ.①管… Ⅱ.①管… ②董… Ⅲ.①管道维修 Ⅳ.①U178

中国版本图书馆 CIP 数据核字（2019）第 183192 号

中国石化出版社出版发行

地址：北京市东城区安定门外大街 58 号

邮编：100011　电话：(010)57512500

发行部电话：(010)57512575

http://www.sinopec-press.com

E-mail:press@sinopec.com

北京科信印刷有限公司印刷

全国各地新华书店经销

*

787×1092 毫米 16 开本 11.75 印张 268 千字

2020 年 1 月第 1 版　2020 年 1 月第 1 次印刷

定价：78.00 元

《管道完整性管理技术丛书》
编审指导委员会

《管道完整性管理技术丛书》
编写委员会

主　编： 董绍华

副主编： 姚　伟　丁建林　闵希华　田中山

编　委：（以姓氏拼音为序）

毕彩霞　毕武喜　蔡永军　常景龙　陈朋超　陈严飞
陈一诺　段礼祥　费　凡　冯　伟　冯文兴　付立武
高　策　高建章　葛艾天　耿丽媛　谷思雨　谷志宇
顾清林　郭诗雯　韩　嵩　胡瑾秋　黄文尧　季寿宏
贾建敏　贾绍辉　江　枫　姜红涛　姜永涛　金　剑
李海川　李　江　李　军　李开鸿　李　锴　李　平
李　强　李夏喜　李兴涛　李永威　李玉斌　李长俊
梁　强　梁　伟　林武斌　凌嘉瞳　刘　刚　刘　慧
刘冀宁　刘建平　刘　剑　刘　军　刘新凌　罗金恒
马剑林　马卫峰　么子云　慕庆波　庞　平　彭东华
齐晓琳　孙伟栋　孙兆强　孙　玄　谭春波　王　晨
王东营　王富祥　王立昕　王联伟　王良军　王嵩梅
王　婷　王同德　王卫东　王振声　王志方　魏东吼
魏昊天　毋　勇　吴世勤　吴志平　武　刚　谢　成
谢书懿　邢琳琳　徐春燕　徐晴晴　徐孝轩　燕冰川
杨大慎　杨　光　杨　文　尧宗伟　叶建军　叶迎春
余东亮　张　行　张河苇　张华兵　张　嵘　张瑞志
张振武　章卫文　赵赏鑫　郑洪龙　郑文培　周永涛
周　勇　朱喜平　宗照峰　邹　斌　邹永胜　左丽丽

序
PREFACE

油气管道是国家能源的“命脉”，我国油气管道当前总里程已达到13.6万公里。油气管道输送介质具有易燃易爆的特点，随着管线运行时间的增加，由于管道材质问题或施工期间造成的损伤，以及管道运行期间第三方破坏、腐蚀损伤或穿孔、自然灾害、误操作等因素造成的管道泄漏、穿孔、爆炸等事故时有发生，直接威胁人身安全，破坏生态环境，并给管道工业造成巨大的经济损失。半个世纪以来，世界各国都在探索如何避免管道事故，2001年美国国会批准了关于增进管道安全性的法案，核心内容是在高后果区实施完整性管理，管道完整性管理逐渐成为全球管道行业预防事故发生、实现事前预控的重要手段，是以管道安全为目标并持续改进的系统管理体系，其内容涉及管道设计、施工、运行、监控、维修、更换、质量控制和通信系统等管理全过程，并贯穿管道整个全生命周期内。

自2001年以来，我国管道行业始终保持与美国管道完整性管理的发展同步。在管材方面，X80等管线钢、低温钢的研发与应用，标志着工业化技术水平又上一个新台阶；在装备方面，燃气轮机、发动机、电驱压缩机组的国产化工业化应用，以及重大装备如阀门、泵、高精度流量计等国产化；在完整性管理方面，逐步引领国际，2012年开始牵头制定国际标准化组织标准ISO 19345《陆上/海上全生命周期管道完整性管理规范》，2015年发布了国家标准GB 32167—2015《油气输送管道完整性管理规范》，2016年10月15日国家发改委、能源局、国资委、质检总局、安监总局联合发文，要求管道企业依据国家标准GB 32167—2015的要求，全面推进管道完整性管理，广大企业扎实推进管道完整性管理技术和方法，形成了管道安全管理工作的新局面。近年来随着大数据、物联网、云计算、人工智能新技术方法的出现，信息化、工业化两化融合加速，我国管道目前已经由数字化进入了智能化阶段，完整性技术方法得到提升，完整性管理被赋予了新的内涵。以上种种，标志着我国管道管理具备规范性、科学性以及安全性的全部特点。

虽然我国管道完整性管理领域取得了一些成绩，但伴随着我国管道建设的高速发展，近年来发生了多起重特大事故，事故教训极为深刻，油气输送管道面临的技术问题逐步显现，表明我国完整性管理工作仍然存在盲区和不足。一方面，我国早期建设的油气输送管道，受建设时期技术的局限性，存在一定程度的制造质量问题，再加上接近服役后期，各类制造缺陷、腐蚀缺陷的发展使管道处于接近失效的临界状态，进入"浴盆曲线"末端的事故多发期；另一方面，新建管道普遍采用高钢级、高压力、大口径，建设相对比较集中，失效模式、机理等存在认知不足，高钢级焊缝力学行为引起的失效未得到有效控制，缺乏高钢级完整性核心技术，管道环向漏磁及裂纹检测、高钢级完整性评价、灾害监测预警特别是当今社会对人的生命安全、环境保护越来越重视，油气输送管道所面临的形势依然严峻。

《管道完整性管理技术丛书》针对我国企业管道完整性管理的需求，按照GB 32167—2015《油气输送管道完整性管理规范》的要求编写而成，旨在解决管道完整性管理过程的关键性难题。本套丛书由中国石油大学(北京)牵头组织，联合国家能源局、中国石油和化学工业联合会、中国石油学会、NACE国际完整性技术委员会以及相关油气企业共同编写。丛书共计10个分册，包括《管道完整性管理体系建设》《管道建设期完整性管理》《管道风险评价技术》《管道地质灾害风险管理技术》《管道检测与监测诊断技术》《管道完整性与适用性评价技术》《管道修复技术》《管道完整性管理系统平台技术》《管道完整性效能评价技术》《管道完整性安全保障技术与应用》。本套丛书全面、系统地总结了油气管道完整性管理技术的发展，既体现基础知识和理论，又重视技术和方法的应用，同时书中的案例来源于生产实践，理论与实践结合紧密。

本套丛书反映了油气管道行业的需求，总结了油气管道行业发展以及在实践中的新理论、新技术和新方法，分析了管道完整性领域面临的新技术、新情况、新问题，并在此基础上进行了完善提升，具有很强的实践性、实用性和较高的理论性、思想性。这套丛书的出版，对推动油气管道完整性技术进步和行业发展意义重大。

"九层之台，始于垒土"，管道完整性管理重在基础，中国石油大学(北京)领衔之团队历经二十余载，专注管道安全与人才培养，感受之深，诚邀作序，难以推却，以序共勉。

中国工程院院士

前　言

FOREWORD

截至2018年年底，我国油气管道总里程已达到13.6万公里，管道运输对国民经济发展起着非常重要的作用，被誉为国民经济的能源动脉。国家能源局《中长期油气管网规划》中明确，到2020年中国油气管网规模将达16.9万公里，到2025年全国油气管网规模将达24万公里，基本实现全国骨干线及支线联网。

油气介质的易燃、易爆等性质决定了其固有危险性，油气储运的工艺特殊性也决定了油气管道行业是高风险的产业。近年来国内外发生多起油气管道重特大事故，造成重大人员伤亡、财产损失和环境破坏，社会影响巨大，公共安全受到严重威胁，管道的安全问题已经是社会公众、政府和企业关注的焦点，因此对管道的运营者来说，管道运行管理的核心是"安全和经济"。

《管道完整性管理技术丛书》主要面向油气管道完整性，以油气管道危害因素识别、数据管理、高后果区识别、风险识别、完整性评价、高精度检测、地质灾害防控、腐蚀与控制等技术为主要研究对象，综合运用完整性技术和管理科学等知识，辨识和预测存在的风险因素，采取完整性评价及风险减缓措施，防止油气管道事故发生或最大限度地减少事故损失。本套丛书共计10个分册，由中国石油大学(北京)牵头组织，联合国家能源局、中国石油和化学工业联合会、中国石油学会、NACE国际完整性技术委员会、中石油管道有限公司、中国石油管道公司、中国石油西部管道公司、中国石化销售有限公司华南分公司、中国石化销售有限公司华东分公司、中国石油西南管道公司、中国石油西气东输管道公司、中石油北京天然气管道公司、中油国际管道有限公司、广东大鹏液化天然气有限公司、广东省天然气管网有限公司等单位共同编写而成。

《管道完整性管理技术丛书》以满足管道企业完整性技术与管理的实际需求为目标，兼顾油气管道技术人员培训和自我学习的需求，是国家能源局、中国石油和化学工业联合会、中国石油学会培训指定教材，也是高校学科建设指定教材，主要内容包括管道完整性管理体系建设、管道建设期完整性管理、管道风险评价、管道地质灾害风险管理、管道检测与监测诊断、管道完整性与适用性评价、管道修复、管道完整性管理系统平台、管道完整性效能评价、管道完整性安全保障技术与应用，力求覆盖整个全生命周期管道完整性领域的数据、风险、检测、评价、审核等各个环节。本套丛书亦面向国家油气管网公司及所属管道企业，主要目标是通过夯实管道完整性管理基础，提高国家管网油气资源配置效率和安全管控水平，保障油气安全稳定供应。

《管道修复技术》针对管道运行过程中风险控制的重要环节，阐述了管道临时维修、永久维修的理念，提出了维护维修缺陷阈值，分析了管道各种维护维抢修技术，如打磨、打补丁、盖帽、外部焊接盒、A/B 型套筒、夹具注环氧、钢制压缩套袖(PetroSleeve)、ArmoPlate 复合材料碳纤维补强、玻璃纤维、凯夫拉泄漏堵漏与补强、临时和永久夹具等多种技术，同时对各种技术的适用性进行分析，提出管道维护维修方案，并以工程实际案例，分析管道修复过程，为管道行业发展提供技术支持。

《管道修复技术》阐述了管道修复技术进展和国内外管体修复标准，提出了管道修复方法与程序，明确了管体缺陷的修复响应时间要求，针对内检测缺陷，提出了缺陷维修优化方案，给出了内检测各类缺陷维修的阈值和计划维修优化方案；针对浅水、沼泽区复杂地段管道，提出了复杂地段管道抢维修过程风险辨识及评价方法，以及管道维修维护技术；针对站场阀门的维护维修，提出了阀门维护的风险减缓措施；针对外防腐层维护管理，详细阐述了外防腐层检测、修复与评价技术；针对海底管道变形缺陷，介绍了卡具修复技术和机械连接器修复技术。

《管道修复技术》由董绍华主编，孙兆强、杨大慎、李平、付立武、冯伟为副主编，可作为各级管道管理与技术人员研究与学习用书，也可作为油气管道管理、运行、维护人员的培训教材，还可作为高等院校油气储运等专业本科生、研究生教学用书和广大石油科技工作者的参考书。

由于作者水平有限，错误和不足之处在所难免，恳请广大读者批评指正。

目录
CONTENTS

第1章　管道修复技术进展

管道修复是管道完整性管理过程的六步循环之一。埋地管道长期处于腐蚀、地质灾害、自然条件、第三方损伤等环境下，管道不可避免地遭受管体损伤或失效，通过采用必要的管道修复技术手段后，恢复管道的完整性及安全性，对于保持其长期稳定的工作状态具有重要意义。本章介绍了北美和俄罗斯等国的管道维护维修技术、修复方法、材料和设备情况，对我国管道引进国外先进的修复技术、机械化修复设备和产品，提高我国油气管道的修复技术水平、施工质量和进度，具有重要的指导作用。

1.1　管道修复技术的概念及修复程序

管道修复技术在国外一般被称为“3R技术”，即Repair、Rehabilitation、Replace（修补、修复及更换管段）。修补多指管道日常的维护、维修以及泄漏事故发生时的抢险和临时性维修，而修复及更换管道则属管道的永久性维修，国内也称为“管道大修”。在管道大修中，不仅仅要对管道防腐涂层进行修复和更换，最重要的是对管道的管体缺陷进行永久性修复。在确定管道修复项目时，国外公司通常依据以下程序。

1. 管道的缺陷检测

通过管道内外检测，确定管道上的管体缺陷和防腐层缺陷位置。

2. 缺陷评价及定位

根据最新的管道内外检测结果进行管体缺陷、防腐层缺陷及其严重程度的评价，并进行较为准确的缺陷定位。按缺陷的严重程度进行分类，列出需要优先修复的次序，确定采用何种方式进行修复以获取最大收益。

3. 修复管道的工程评价

根据最新的内检测和缺陷评价结果，对拟修复的管道进行现场考察及开挖检测，并收集现场土壤、温度场、腐蚀机理等详细数据。

4. 制定修复计划和步骤

根据最新的管道缺陷评价结果，制定详细的管道修复计划和具体实施方案。在制定计划过程中，对修复方式、方法和修复产品（包括补强材料及防腐材料）进行选择，并建立修复标准、操作程序、工艺规程和选择、确定管道修复工程的承包商等。

5. 工程实施、验收及总结

确定管道缺陷和定位，将其按严重程度分类，列出优先修复次序，并确定采用何种方式进行修复以获取最大收益是实施管道修复计划的关键。在实施管道修复项目时，制定管道修复计划及实施步骤是一项非常重要的工作，通常需要花费几年（约3~5年）的时间用于修复工程前的缺陷检测、定位及评估，确定修复范围和修复方法等。例如，澳大利亚曾对一条600km的高压天然气管道进行大范围的涂层修复，为了顺利实施修复，制定严密的计划就用了6年时间，使费用控制在合理的范围内。

1.2 管道修复标准及推荐采用标准

由于国外标准多为综合性标准，很少有国内的企业标准、行业标准这种针对性极强的各专业标准，因此专门用于管道修复的标准不多，但涉及管道修复内容的标准却很多。例如，在美国API、NACE、ASME、ASTM以及加拿大CSA等标准中，涉及管道修复内容的相关标准就有80余部。

虽然国外包含管道修复章节的相关标准很多，但美国、加拿大和英国的一些著名管道大公司，如BP、TransCanada及Enbridge等，在油气管道修复时一般常用或推荐采用的标准也就是屈指可数的7~8部，并没有专门针对如管道穿越段修复用的标准，实际应用中的标准则参阅管道穿越标准、管道修复标准及美国管道研究委员会的管道修复操作手册。为此，API RP 1102《管道横越高速公路和铁路标准》(美国能源部管道穿越规范)和API RP 1117《在役管道的位移》等标准可以作为参考标准来指导管道穿越施工，或参考其编写、制定相关的管道穿越标准或管道穿越段修复标准。

北美一些著名管道公司的油气管道修复惯用标准及推荐采用标准如下：

1. 气体管道修复适用标准与文件

(1)49 CFR 192　气体输送管道(美国联邦法规)

(2)ASME B31.8　输气和配气管道系统

(3)ASME B31.8S　输气管道系统完整性管理

(4)CSA Z662　油气管道系统(加拿大标准)

(5)AEA RP 401　管道临时/永久性维修指南(美国工程协会)

(6)PRCI 管道修复手册(国际管道研究委员会)

2. 液体管道修复适用标准与文件

(1)49 CFR 195　陆上石油管道应急方案

(2)ASME B31.4　液态烃和其他液体管线输送系统

(3)API RP 1160　液体管道完整性管理

(4)CSA Z662　油气管道系统(加拿大标准)

(5)AEA RP 401　管道临时/永久性维修指南(美国工程协会)

(6)PRCI 管道修复手册(国际管道研究委员会)

我国油气管道修复标准如下：

(1)GB 32167　油气输送管道完整性管理规范

(2)SY/T 6621　输气管道系统完整性管理规范

(3)Q/SY 1592　油气管道管体修复技术规范

(4)SY/T 6151　钢质管道管体腐蚀损伤评价方法

(5)SY/T 5918　埋地钢质管道外防腐层保温层修复技术规范

(6)SY/T 6553　管道检验规范 在用管道系统检验、修理、改造和再定级

(7)Q/SY JS 0057　管道夹具注环氧补强修复技术规范
(8)Q/SY JS 0058　管道碳纤维复合材料补强修复技术规范

1.3　管道修复方式、方法及技术

国外管道修复包括沟内修复和沟外修复、停输或不停输修复、人工修复或机械化修复、内修复和外修复等诸多方式与方法。

1.3.1　管道修复方式与方法

在国外，特别是北美地区，油气管道管网很发达，同线路中一般均由几条管道组成，因而可以有计划地对管网中的某条管道进行停输修复，因此较多地采用停输修复的方式。但对于不宜停输的管道，通常也采用不停输的方式进行修复。另外，可以根据拟修复管道的自身条件及业主的要求，选择采用沟内、沟外、人工修复或机械化修复的方法。一般情况下，沟内修复所需费用高于沟外修复，而沟外修复一般则需要管道停输。因此，在允许停输的条件下，采用沟外修复方法多于沟内修复方法。而无论沟内、沟外修复，国外均实现了机械化修复。

目前，国外采用的内修复方法包括管道内衬法、PE管道插入法或软翻内衬套修复法等。内修复方法一般适用于低压天然气管道、煤气管道、自来水管道或污水管道等民用设施管道的修复。而针对高、中压油气管道，则多采用外修复法。外修复方法还可细分为管体缺陷补强修复和管道防腐层修复。管体缺陷补强方法一般采用补焊、打补丁法、半圆套管、整圆套管、环氧填充套筒修复以及复合材料修复等多种方式。其中换管法、打补丁法、金属卡具法等在国内的管道修复中已被广泛采用，而环氧填充套筒和复合材料修复在国内却是一项新技术，2004年美国的Clock2 spring复合修复套首次工业性应用于四川省西南油气田分公司天然气管道修复工程中，但在北美和欧洲的各类油气管道(陆上和海上)修复中该技术应用已非常普遍。

1.3.2　管道修复技术

1. 管体缺陷补强修复

1)环氧填充套筒

该技术分别由英国天然气公司(BG)、美国Battelle公司和荷兰Gasunie公司等各自独立开发，虽然应用方法略有不同，但其原理均相同，即在环氧树脂与钢质套筒之间形成一个连续的负载过渡区域，将缺陷部位的载荷或应力转移到钢质套筒上。安装时，首先用两个钢套筒将管道的缺陷部位包覆起来，套筒端部用密封剂密封，然后向套筒与管壁之间形成的环形空隙内注入环氧树脂。这种修复技术可实施带压修复，避免了在工作状态下对管道进行焊接作业而产生的潜在危险，可在安全和经济有效的方式下恢复整个管道系统的完整性。此方法最适宜修复高压天然气管道和成品油管道，不需要直接在管道上进行焊接，或不用焊接仅采用螺栓进行现场的定位安装。目前，该方法的适用压力为10.0MPa，适用温度范围为3~100℃。

2)复合材料修复技术

近几年，复合材料修复技术发展迅速，在管道修复中的应用也日趋广泛，成为可供选择的经济、有效、永久性的管道修复方法。复合材料修复具有安装灵活、方便、修复时间短、费用低、可在不停输管道上使用、不需要焊接、通过正确安装可永久恢复管子的承压能力、适用于各种作业环境等优点。

复合材料修复的原理是，将缺陷部位所承受的应力通过高强度的填充物转移至复合套筒上，常用的复合材料有加入玻璃纤维增强聚酯(GRP)或碳纤维(CFRP)等强化物质的聚酯、乙烯酯或环氧基体材料。在复合材料修复技术领域，美国 ClockSpring 公司的复合修复套筒最具代表性，在北美、欧洲等国家的陆上及海上油气管道上应用非常广泛，近年来亚洲一些国家也陆续开始应用。

ClockSpring 的复合套筒由三部分组成，即高强度的单向复合套筒、快速固化的强力双面黏合剂及极高抗压强度的填料。该产品可分别应用于管体补强、管道堵漏和管道抑制裂缝等不同场合，适用管径范围为 101.6~1422.4mm。应用时，当土方开挖完成后，采用 ClockSpring 套筒，两个人 30min 内即可完成安装。由于复合套筒具有记忆效应，安装 3min 后，各层材料就能紧紧地包覆在管体表面，构成一个完整持久的修复层。管道补强套件可用于腐蚀或损伤程度低于 80%的管道补强。修复后的管道，其承压能力将会 100%地恢复到新建管道的水平。ClockSpring 复合套筒的技术特点如下：

(1)不停输，对生产基本上没有影响(堵漏时，需将管道运行压力降至 0.2MPa)。

(2)不动火，无需焊接作业。

(3)与传统方法相比，节约成本 40%~50%。

(4)不受腐蚀。

(5)适用于各种作业环境。

(6)不影响阴极保护系统。

(7)修复层寿命超过 50 年。

(8)可用于石油天然气管道、水管、各种化工管道。

(9)基本上不需要其他设备，现场施工非常简单，整个安装作业时间少于 2h。

ClockSpring 复合套筒的技术指标如下：

(1)适用于腐蚀或损伤程度低于 80%的管道的补强；泄漏孔径不大于 25mm，运行压力不超过 7MPa 的管道的堵漏；抑制正在发育的管道裂纹或裂缝。

(2)适用于设计压力低于 25MPa 的任何材质管道的补强；运行压力不超过 7MPa 的管道的堵漏。

(3)温度范围为-29~54℃以及-29~82℃的高温套件。

(4)抗拉伸强度为 516~688MPa。

(5)线形弹性形变为 1.5%。

(6)轴向弹性模量为 9.5×10^3MPa。

(7)径向弹性模量为 34×10^3MPa。

(8)修复层厚度视包覆层数而定，单层厚度约为 1.57mm。

(9)材质为单向玻璃纤维/树脂复合材料。

(10)玻璃纤维/树脂复合材料中玻璃纤维占65%~75%(以质量计算)。

(11)包覆层数根据腐蚀或损伤程度和运行压力确定。

(12)标准宽度为300mm。

2. 防腐层修复

管道防腐涂层修复普遍采用机械化修复，但有时也采用手工修复，或者采用机械修复与人工修复结合使用，这主要取决于管道的实际状况。人工修复的优势比较灵活，但施工质量和速度与操作人员的水平和熟练程度密切相关。机械修复无论在质量和速度上都优于人工修复，但其修复成本较高，对管道状况、周围环境以及修复人员的素质等条件的要求也相对较高。因此，通过多年的实际应用，国外一些管道公司普遍认为，402mm或以下口径的管道采用人工修复较为经济有效，而大口径管道采用机械化修复则更经济高效。管道修复工程所用防腐材料的性能一般与新建管道的要求相同。在NACE RP0169标准中规定了理想的涂层材料应具备的物理及化学性能指标，如电绝缘性、防水性能、黏结性等。但在修复工程中，还需考虑管道所处的地理位置环境、管道原有涂层类型、管道运行条件、重新涂敷方法、涂层的适用条件、涂层材料成本以及管体表面预处理条件、重敷周期/回填时间、应用装置的复杂性、新老涂层材料的化学兼容性等因素。一般依据被修复管道管体处理可达到的清洁度，确定选择使用防腐材料的种类。大致可分为三种情况，一是表面处理最佳的对应聚氨酯类，二是表面处理较好的对应环氧树脂，三是表面处理较差的对应改性聚合物。

国外普遍认为，在管道防腐层修复中，聚氨酯和环氧材料应用效果最好。聚氨酯涂层具有快速固化和良好的机械性能，而环氧涂层具有广泛的表面耐受性和相对较低漆膜厚度下的优良机械性能。其他可选用的涂层材料还包括煤焦油瓷漆、冷敷聚烯烃带、FBE以及蜡涂层和胶带涂层。涂层的选择与很多因素有关，并不是高性能的涂层就是好的修复涂层，只有适合的才是最好的。在选择涂层材料之前，需要进行大量的测试筛选工作，考察涂层应用历史和进行涂层测试是评估涂层系统以及改善修复性能的两个重要途径。

1.4 管道修复用施工设备

目前，国外的机械修复设备已能实现管道在停输或不停输条件下的沟内、沟外修复。一些专业公司具有配套的沟上、沟下修复设施和成熟的工程施工经验。

管道涂层修复工作主要包括开挖管道周围土壤、清除管道旧涂层、管体表面处理、涂敷新涂层以及管沟回填等工序。其中管沟开挖和回填设备可使用常规的吊管机、挖掘机和推土机，也可采用专门研制的挖沟和回填用设备(例如俄罗斯的МПРГ-1型土壤分层处理机、МПР型管下挖沟机和МП型回填设备)。而适用于管体涂层修复更新的设备包括旧涂层清除设备、管体表面处理设备、涂层再涂敷设备及其配套设施。在机械修复设备方面，俄罗斯基辅(Ротор)研究所、乌克兰运能系统工程涂层公司以及美国CRC和Incal公司的产品最具代表性。他们可生产适用于口径530~1220mm的油气干线管道修复用系列修复装备，即大型(土方设备)、中型(涂层修复设备)和小型(手工涂层修复设备)配套设备。

机械修复设备除了可减少劳动强度、提高修复效果和效率及保证修复质量外，还具有操作使用简便、可靠性高、能够在不同自然气候条件下运行等优点。尤其是俄罗斯制造生产的设备更具有在恶劣环境下工作的能力(温度范围为-40~40℃，坡度达15°，从I类地区至V类地区等)。

国外管道建设、运行管理及修复技术先进，修复方式和修复手段多样化，修复设备机械化，能够确保修复效率和修复质量。而目前国内的修复水平与国外相比有一定的差距，主要表现在修复技术相对单一、缺乏机械化修复设备、修复进度缓慢、手工修复质量难以保证等方面。结合我国管道特点，应有针对性地组织各方面的人力，集中研究国外先进的修复技术、方法和设备，重点放在机械化修复设备、管体缺陷修复技术以及国外公司修复项目的组织、实施和管理上，进一步提高我国油气管道修复的整体水平。

第2章　管体修复标准

针对管道管体缺陷的修复判定准则，国内外目前已有标准可依，这些标准包括：

(1)49 CFR 192　气体输送管道(美国联邦法规)

(2)ASME B31.8　输气和配气管道系统

(3)GB/T 36701　埋地钢质管道管体缺陷修复指南

(4)SY/T 6996　钢质油气管道凹陷评价方法

(5)Q/SY 1592　油气管道管体修复技术规范

2.1　油气管道管体修复技术规范(Q/SY 1592—2013)

2.1.1　管体缺陷修复原则

对于油气管道管体缺陷，若为体积型缺陷，应进行评价后确定是否需要修复，一般采用修复系数确定。当评估预测失效压力小于等于1.1倍设计压力时，应立即修复；当评估预测失效压力大于1.1倍设计压力且小于等于1.2倍设计压力时，应在1年内修复完成。一般情况下，大面积损伤壁厚达到20%~25%以上时应立即进行修复，焊缝异常时应立即进行修复，凹坑深度大于6%管径应立即进行修复。

管体缺陷修复技术中涉及焊接作业，应制定相应的焊接工艺评定和焊接工艺规程，才能施焊。

2.1.2　管体泄漏

油气管道管体发生泄漏时，或管体缺陷深度大于80%管道壁厚时，可采用机械夹具临时修复，采用B型套筒、环氧钢套筒与柔性夹具组合或换管进行永久修复。B型套筒修复技术说明参见本规范附录A.2.4。

采用B型套筒修复输气管道时，应泄压排气后进行焊接；修复输油管道时，修复作业时管道运行压力不应超过下列压力中的最低值：

(1)通过修复工艺所要求的压力评估计算值，但不超过0.8倍的运行压力；

(2)0.3倍的管道最小屈服强度；

(3)可安全排出或容许泄漏液体时的压力。

其中，对于输油管道，运行压力为近两个月内的最高运行压力；对于输气管道，运行压力为一年内的最高运行压力。

换管修复前，应保证管道已经降压到0.8倍的运行压力，缺陷管段已排空气体(若是油介质，应排干)，切除管道时，切除位置离缺陷或泄漏处顶端至少有100mm的距离，切除的管道长度应超过管道直径的3倍。

2.1.3 管体外腐蚀

油气管道管体的外部金属损失小于80%管道壁厚时，可采用堆焊、补板、A型套筒、B型套筒、环氧钢套筒、复合材料或换管修复中的任意一种技术，进行永久修复。堆焊修复时，油气管道剩余壁厚应大于等于3.2mm。A型套筒修复技术说明参见本规范附录A.2.3。

油气管道管体的点蚀深度大于等于80%管道壁厚时，可采用补板、B型套筒、环氧钢套筒与柔性夹具组合或换管进行永久修复。补板和B型套筒修复时，输油管道压力应降低到通过修复工艺所要求的压力评估计算值，但不超过0.8倍的运行压力，管道应停气泄压后进行。

油气管道管体的焊缝存在损伤或腐蚀时，宜采用B型套筒或复合材料永久修复。B型套筒修复时，应确保缺陷长度小于其扩展临界值。复合材料修复时，以缺陷部位为中心进行缠绕，确保纤维与管道轴向垂直；修复时应尽量减少修复层的接头数量。

采用B型套筒修复管体外腐蚀时，其侧焊缝和末端角焊缝应全焊透，相邻套筒的末端角焊缝距离不应小于半个管径。

换管修复前，应保证管道已经降压到0.8倍的运行压力，缺陷管段已排空气体(若是油介质，应排干)，切除管道时，切除位置离缺陷或泄漏处顶端至少有100mm的距离，切除的管道长度应超过管道直径的3倍。

2.1.4 管体内部缺陷或腐蚀

油气管道管体内部存在缺陷或腐蚀时，可采用B型套筒永久修复。若内部缺陷或腐蚀不会继续发展超出其临界值，可采用A型套筒、环氧钢套筒或复合材料进行永久修复。

采用A型套筒和B型套筒修复时，应确保套筒和缺陷部位紧密配合；B型套筒的侧焊缝和末端角焊缝应全焊透，相邻套筒的末端角焊缝距离不应小于0.5倍管径。

2.1.5 管体凿槽或其他金属损失

油气管道的管体存在凿槽或其他金属损失时，如果缺陷金属的去除量满足要求，可采用打磨修复，打磨深度最大为40%管体壁厚。如果打磨清理缺陷部位后，检测合格，可采用B型套筒永久修复；否则，采用换管修复。

如果管体缺陷深度小于80%壁厚，打磨清理缺陷部位，检测合格后，可采用堆焊、补板、A型套筒、环氧钢套筒和复合材料中的任意一种技术，进行永久修复。

2.1.6 管体电弧烧伤、夹渣

油气管道的管体存在电弧烧伤、夹渣时，可采用A型套筒、B型套筒、环氧钢套筒或换管进行永久修复；如果缺陷金属的去除量满足要求，可采用打磨修复，打磨深度最大为40%管体壁厚。

如果管体缺陷深度小于80%壁厚，打磨清理缺陷部位，检测合格后，可采用堆焊或复合材料进行永久修复。

2.1.7　管体凹坑

油气管道管体存在凹坑时，首先需进行深度检测。当管体凹坑深度小于6%管径，且是不含有应力集中的光滑凹坑，除非凹坑影响管线的清理，否则不需修复。

如果管体凹坑深度小于6%管径，并伴有金属损失、开裂或应力集中，可采用B型套筒或换管进行永久修复。如果打磨尺寸满足规范要求，可采用打磨修复。如果打磨清理缺陷部位检测合格，且凹坑被填充后疲劳评估合格，可采用A型套筒、环氧钢套筒或复合材料进行永久修复。

当管体凹坑深度大于6%管径时，应采用换管永久修复；若无法换管时，可采用B型套筒进行临时修复。

当管道的环焊缝有应力集中的凹坑时，可采用B型套筒永久修复。如果打磨尺寸满足规范要求，可采用打磨修复。

2.1.8　管体硬点

油气管道的管体存在硬点时，可采用A型套筒、B型套筒、环氧钢套筒或换管进行永久修复。

2.1.9　管体裂纹

油气管道的管体裂纹深度小于40%壁厚时，可采用换管修复。如果缺陷金属的去除量满足要求，可采用打磨、堆焊、A型套筒、环氧钢套筒或复合材料修复中的任意一种技术，进行永久修复，其中打磨修复时，打磨最大深度为40%管体壁厚。如果裂纹长度小于裂纹扩展临界值(该扩展值要经过断裂力学计算获得)，可采用B型套筒永久修复。

油气管道的管体裂纹深度大于等于40%壁厚且小于80%壁厚，可采用换管修复。如果缺陷金属的去除量满足要求，可采用堆焊、A型套筒、环氧钢套筒或复合材料修复中的任意一种技术，进行永久修复。如果裂纹长度小于裂纹扩展临界值(该扩展值要经过断裂力学计算获得)，可采用B型套筒永久修复。

2.1.10　管体焊缝缺陷

油气管道的焊缝有体积型缺陷时，可采用B型套筒或换管进行永久修复。如果缺陷金属的去除量满足要求，可采用打磨修复，打磨深度最大为40%管体壁厚。如果焊缝缺陷深度小于80%壁厚，打磨去除缺陷金属后，检测合格，可采用A型套筒、环氧钢套筒或复合材料进行永久修复。

油气管道的焊缝有线缺陷时，可采用换管修复。如果缺陷金属的去除量满足要求，可采用打磨修复，打磨深度最大为40%管体壁厚。如果焊缝缺陷深度小于80%壁厚，打磨去除缺陷金属，检测合格后，可采用A型套筒、环氧钢套筒或复合材料进行永久修复。如果缺陷长度小于其扩展临界值，可采用B型套筒永久修复。

油气管道的电阻焊焊缝处或附近有缺陷时，如果缺陷长度小于其扩展临界值，可采用B型套筒永久修复。

2.1.11 管体环焊缝缺陷

当油气管道的环焊缝有表面浅裂纹缺陷时，可采用打磨修复，打磨深度最大为40%管体壁厚；当焊缝内有气孔、夹渣、未焊透等缺陷时，可采用复合材料补强或B型套筒进行永久性修复。

2.1.12 管体皱弯、弯曲缺陷

油气管道的管体存在皱弯、弯曲缺陷时，可采用B型套筒和环氧钢套筒进行永久修复，修复套筒形状、尺寸应与管道相符。

2.1.13 管体砂眼、氢致裂纹缺陷

油气管道的管体存在砂眼、氢致裂纹缺陷时，可采用补板、A型套筒、环氧钢套筒或B型套筒进行永久修复。

2.1.14 管体打孔盗油(气)泄漏

管体打孔盗油后，没有出现泄油，可采用非引流式管帽进行修复；出现跑油停输，若泄漏点为圆形、三角形等规则形状，可采用补板进行修复；出现跑油停输，若泄漏点为不规则形状时，可采用引流式管帽进行修复。

2.2 埋地钢质管道管体缺陷修复指南(GB/T 36701—2018)

1. 打磨

(1)打磨长度不超过按下式计算的纵向可接受长度：

$$L_a = 1.12\sqrt{Dt\left[\left(\frac{d/t}{1.1d/t-0.11}\right)^2-1\right]}$$

式中 L_a——打磨区域的纵向可接受长度，mm；

D——管道外径，mm；

t——管道公称壁厚，mm；

d——打磨区域的最大测量深度，mm。

(2)管道的最大操作压力(MOP)不大于按GB/T 30582计算的管道失效压力与设计系数的乘积，即

$$MOP \leqslant K \cdot p_F$$

式中 p_F——含体积缺陷管道的失效压力，MPa；

K——设计系数，应根据管道内的介质、缺陷所处地区级别等，按照GB 50251或GB 50253确定。

2. 堆焊

堆焊适用于管道外表面金属损失的修复，尤其是弯头和三通上的腐蚀缺陷，不适用于修复凹陷、焊缝缺陷和内部缺陷。L415/X60及以上钢级的管材，不宜采用堆焊的方法进行

缺陷修复。采用堆焊进行管体缺陷修复时，应同时满足以下要求：

(1)缺陷处的最小剩余壁厚不小于 3.2mm，且输气管道缺陷处的最小剩余壁厚不小于4.8mm；

(2)缺陷长度不大于管道外径的 1/2；

(3)缺陷不位于凹陷或电阻焊焊缝上；

(4)堆焊修复的焊接长度不小于 50mm(平行于焊接方向)；

(5)堆焊修复区域的最终厚度不小于待修复管道的公称壁厚。

在役管道的堆焊修复作业应满足本标准附录 A 的相关要求，宜采用回火焊道焊接技术。

3. 补板

补板适用于小面积腐蚀或直径小于 8mm 的腐蚀穿孔、浅裂纹、盗油孔等缺陷的修复，不适用于修复焊接缺陷、高应力管线上的缺陷和高压管线上的泄漏。L360/X52 及以上钢级的管材，不宜采用补板的方法进行缺陷修复；输气管道宜停气泄压后再进行补板修复。采用补板进行管体缺陷修复时，应同时满足以下要求：

(1)补板的形状为圆形或椭圆形，补板末端距离缺陷外侧边界不小于 50mm，补板与管壁之间的间隙不大于 5mm；

(2)补板的厚度不小于待修复管道的公称壁厚，补板的材料等级一般与待修复管道的材料等级相同，具体材料可根据实际情况确定；

(3)补板安装的位置应保证缺陷位于补板中心，补板末端角焊缝和管道原有环焊缝的距离不小于管道外径，且不小于 150mm；

(4)补板的在役焊接应满足本标准附录 A 的相关要求。

补板修复的方法存在焊穿、氢致开裂和爆管等风险，且易产生应力集中，应谨慎采用。

4. 套筒

套筒主要分为 A 型套筒和 B 型套筒。采用套筒进行管体缺陷修复时，应同时满足以下要求：

(1)套筒长度应不小于 150mm，且套筒末端距离缺陷外侧边界不小于 50mm；

(2)套筒安装的位置应保证缺陷位于套筒的中间部位；

(3)套筒的材料等级一般与待修复管道的材料等级相同，具体材料可根据实际情况确定；

(4)套筒的在役焊接应满足本标准附录 B 的相关要求。

若套筒覆盖区域的管道上有焊缝，宜采取以下措施加强套筒安装的紧密度：

(1)通过打磨消除焊缝余高；

(2)采用预制了突起或凹槽的凸式套筒或凹槽式套筒。

5. 钢质环氧套筒

钢质环氧套筒适用于腐蚀、沟槽、裂纹、凹陷、焊接缺陷(环焊缝除外)、褶皱、屈曲等非泄漏缺陷的修复。钢质环氧套筒应具备以下功能结构：

(1)定位孔　在钢质环氧套筒两侧，通过调节定位螺栓的高度而使钢质护板与管道圆周方向的间隙保持一致的螺纹孔；

（2）排气孔　在钢质环氧套筒正上方，可排除钢质护板与管道之间的空气以及环氧填料中的气泡，并可以指示环氧填料是否灌注完成的孔洞。

钢质环氧套筒的设计、安装应满足以下要求：

（1）环氧填料在管道运行温度范围内不发生劣化；

（2）钢制护板的厚度和材料等级应使其具有不低于待修复管道设计压力的承压能力；

（3）钢制护板长度不小于150mm，且钢制护板末端距离缺陷外侧边界应不小于50mm；

（4）安装时，管体温度应高于露点3℃且不高于60℃，环境相对湿度不高于85%；

（5）钢制护板与管道圆周方向的间隙保持一致；

（6）环氧填料和端面密封胶应按产品说明书提供的工艺条件进行配制，并在其有效工作时间内使用完毕。

环氧填料固化后，应采用肖氏硬度计测量填料的固化硬度，固化硬度应不小于90HS。

6. 复合材料补强

复合材料补强适用于腐蚀、电弧烧伤、裂纹、沟槽、管体或直焊缝上的凹陷等非泄漏缺陷的修复，不适用于修复环向缺陷、深度大于80%公称壁厚的缺陷和会继续发展的内腐蚀缺陷。

复合材料补强修复技术中的复合材料主要是指纤维增强复合材料，包括高强度填料、绝缘层和纤维补强层(碳纤维、玻璃纤维、凯夫拉纤维等)；无论纤维补强层是否导电，均宜在管道与纤维补强层之间设置绝缘层，以避免发生电偶腐蚀。

复合材料补强的设计、材料、施工、现场检验和防腐等要求见本标准附录C。

典型的纤维补强层分别具有以下特性：

（1）碳纤维的弹性模量与钢接近，有利于修复层与钢质管道之间的协同变形，使应力均匀分布，修复补强效果良好；但碳纤维具有导电性，修复时应采取绝缘措施。

（2）玻璃纤维价格低廉，但其弹性模量比钢小约一个数量级，修复时只有当钢质管道发生较大塑形变形后，才能将载荷传递到修复层，且抗老化性较差。

（3）凯夫拉纤维具有密度低、强度高、韧性好、耐高温、良好的电绝缘性等特点，适用于不规则管件的缺陷修复。

7. 机械夹具

机械夹具主要包括螺栓紧固夹具和堵漏夹具两种。螺栓夹具适用于除褶皱或屈曲外大多数缺陷的修复，堵漏夹具仅适用于泄漏的修复。

螺栓紧固夹具通常采用弹性密封，用来承受泄漏的压力；需要使用较大的螺栓来提供足够的夹紧力。采用螺栓紧固夹具修复时，应同时满足以下要求：

（1）螺栓紧固夹具末端距离缺陷外侧边界不小于50mm；

（2）螺栓紧固夹具的承压能力不低于待修复管道的设计压力；

（3）采用焊接固定时，螺栓紧固夹具的在役焊接应满足本标准附录A的相关要求。

堵漏夹具主要用于临时修复腐蚀穿孔引起的泄漏。采用堵漏夹具修复时，应同时满足以下要求：

（1）修复压力不高于管道运行压力的80%；

(2)工程分析结果显示泄漏周围的腐蚀不会出现裂纹。

8. 带压开孔

带压开孔适用于局部机械损伤、外腐蚀、沟槽、电弧烧伤、裂纹等缺陷及泄漏的修复。

采用带压开孔的方法修复在役管道上的缺陷，应按 GB/T 28055 的相关要求实施，并同时满足以下要求：

(1)缺陷的位置、方向、几何尺寸等数据已准确测量并记录；

(2)开孔机的尺寸符合缺陷范围需求，即带压开孔切割下来的鞍形板包含整个缺陷；

(3)开孔管件的在役焊接应满足本标准附录 A 的相关要求；

(4)带压开孔工艺应严格设计、规范施工，以确保管道能够承受开孔过程中产生的各种应力。

9. 换管

换管适用于所有缺陷类型和泄漏的修复。

换管修复可选择采用停输换管或不停输换管。不停输换管一般是通过带压封堵的方式实现，带压封堵作业应按 GB/T 28055 的要求实施。

替换管段应不低于待修复管道的设计压力，并预先进行水压试验，试验压力值、稳压时间及合格标准应符合 GB 50369 的相关要求。

2.3 钢质油气管道凹陷评价方法(SY/T 6996—2014)

2.3.1 凹陷评价

1. 凹陷类型判定

应通过内检测或外检测结果对凹陷类划进行判定，凹陷分为弯折凹陷和平滑凹陷。平滑凹陷进一步分为：

(1)含有划痕、裂纹、电弧灼伤或焊缝缺陷的凹陷；

(2)位于焊缝上的凹陷；

(3)含有腐蚀的凹陷；

(4)普通平滑凹陷。

2. 基于深度的评价

凹陷形貌信息有限时，可开展基于凹陷深度的评价。下列凹陷应修复：

(1)弯折凹陷；

(2)含有划痕、裂纹、电弧灼伤或焊缝缺陷的凹陷；

(3)在焊缝上且深度大于 2%管道直径的凹陷；

(4)含有腐蚀且腐蚀深度大于 4%管道壁厚的凹陷；

(5)含有腐蚀深度为 10%~40%管道壁厚，按 SY/T 6151 评价需要修复的凹陷；

(6)深度大于 6%管道直径的凹陷。

普通平滑凹陷修复时，宜按照凹陷深度与长度比值(d/L)大小进行排序，优先修复比值较大的。当 d/L 值相同时，优先修复壁厚较大的。

3. 基于应变的评价

凹陷形貌数据充分时，宜开展基于凹陷应变的评价。下列凹陷应该修复：

(1)弯折凹陷；

(2)含有划痕、裂纹、电弧灼伤或焊缝缺陷的凹陷；

(3)在焊缝上且应变大于4%的凹陷；

(4)含有腐蚀且腐蚀深度大于40%管道壁厚的凹陷；

(5)含有腐蚀且腐蚀深度为10%~40%管道壁厚，按SY/T 6151评价需要修复的凹陷；

(6)应变大于6%的凹陷。

2.3.2 凹陷修复

根据凹陷的类型及严重程度，可采取打磨、复合材料补强、安装套筒以及换管等修复方案。不同类型凹陷的修复方案参见表2-1。对于管道底部由于岩石导致的受约束凹陷，在去除岩石过程中，应采取措施，避免管道二次损伤。

表2-1 凹陷建议修复方案

凹陷类型		建议修复方案
弯折凹陷		B型套筒；换管
平滑凹陷	含有划痕、裂纹的凹陷	打磨；(打磨后)A型套筒、环氧套筒、复合材料补强；(打磨后)B型套筒；换管
	含有电弧灼伤的凹陷	A型套筒、环氧套筒、复合材料补强；B型套筒；换管
	含有焊缝缺陷的凹陷	B型套筒；换管
	位于焊缝上的凹陷	环氧套筒、复合材料补强；B型套筒；换管
	含有内腐蚀的凹陷	B型套筒、换管
	含有外腐蚀的凹陷	打磨；(打磨后)A型套筒、环氧套筒、复合材料补强；(打磨后)B型套筒；换管
	普通平滑凹陷	A型套筒、环氧套筒、复合材料补强；B型套筒；换管

2.4 美国联邦法规49 CFR 192及ASME B31.8—2016

49 CFR 192将凹陷修复等级划分为立即修复、1年内修复、继续监控和不需要修复四类，而ASME B31.8—2016分为需要修复和不需要修复两类。气体管道凹陷国际标准修复准则见表2-2，两个标准均将凹陷深度划分为2%管道直径和6%管道直径两个等级，且将管道运行应力水平划分为20%*SMYS*和40%*SMYS*两个等级。49 CFR 192仅对运行应力水平小于20%*SMYS*的凹陷不要求修复，ASME B31.8—2016除此之外，针对深度小于2%管道直径及深度小于6%管道直径且运行应力水平小于40%*SMYS*的两类普通凹陷也不要求修复。

表 2-2　气体管道凹陷国际标准修复准则

<table>
<tr><td>修复准则依据</td><td>49 CFR 192(美国联邦法规)</td><td>ASME B31.8—2016</td></tr>
<tr><td>修复相应方式</td><td>依据深度和应变要求修复管道，分为立即修复、1 年内修复、继续监控和不需要修复</td><td>依据深度和应变要求修复管道，分为需要修复、不需要修复</td></tr>
<tr><td>凹陷规定等级</td><td>2%管道直径和 6%管道直径</td><td>2%管道直径和 6%管道直径</td></tr>
<tr><td>压力等级</td><td>20%SMYS 和 40%SMYS</td><td>20%SMYS 和 40%SMYS</td></tr>
<tr><td rowspan="5">修复标准</td><td>运行应力水平小于 20%SMYS 的凹陷不要求修复</td><td>运行应力水平小于 20%SMYS 的凹陷不要求修复</td></tr>
<tr><td>应变超过临界应变水平的凹陷要求进行修复</td><td>深度小于 2%管道直径不修复</td></tr>
<tr><td>立即修复：
(1)凹陷内部有金属损失、有裂纹扩展、有应力持续升高的迹象的需要立即修复的
(2)评价人员根据设计、施工各种环境分析确定不满足使用需求，需要立即修复的</td><td rowspan="3">建设期(需要修复)：
(1)所有在纵焊缝和环焊缝上影响弯曲的凹陷都要切掉
(2)所有深度超过 2%管道直径的凹陷(300mm 以上)且运行在 40%SMYS 以上的管道，均需切除。不允许打补丁
运行期(需要修复)：
(1)通过内检测确定是否需要修复，凹陷处应变 6%是临界极限(应变测量方法见标准附录 R)
(2)凹陷内部包含有腐蚀，且腐蚀具有一定的风险性，较危险
(3)凹陷深度超过 6%管道直径
(4)凹陷内部有应力腐蚀开裂或其他裂纹
(5)如果凹陷深度超过 2%管道直径，且应变不超过 4%，除了特殊评估安全的之外，凹陷影响了环焊缝和直焊缝的韧性
(6)焊缝处应变超过 4%的凹陷
(7)任何深度凹陷影响了材料韧性，具有使材料变脆性增强的趋势
修复方法：非金属复合材料修复凹陷不被接受</td></tr>
<tr><td>1 年内修复：
(1)光滑的凹陷在上部 8：00~4：00 位置，有深度达 6%管道直径的凹陷
(2)深度大于 2%管道直径的凹陷在环焊缝或直焊缝上，影响管子弯曲</td></tr>
<tr><td>监测：
(1)深度超过 6%管道直径的凹陷在管道底部 8：00~4：00 位置(下部 1/3)
(2)光滑的凹陷在上部 8：00~4：00 位置，有深度达 6%管道直径的凹陷，工程分析不超过临界应变
(3)深度大于 2%管道直径的凹陷在环焊缝或直焊缝上，影响管子弯曲，且工程分析不超过临界应变</td></tr>
</table>

第 3 章　管道修复方法与程序

3.1　缺陷修复管理程序

针对内检测、试压检测中发现的缺陷，在 6 个月内进行缺陷检查和制作修复计划表，按图 3-1 所示程序实施修复管理。

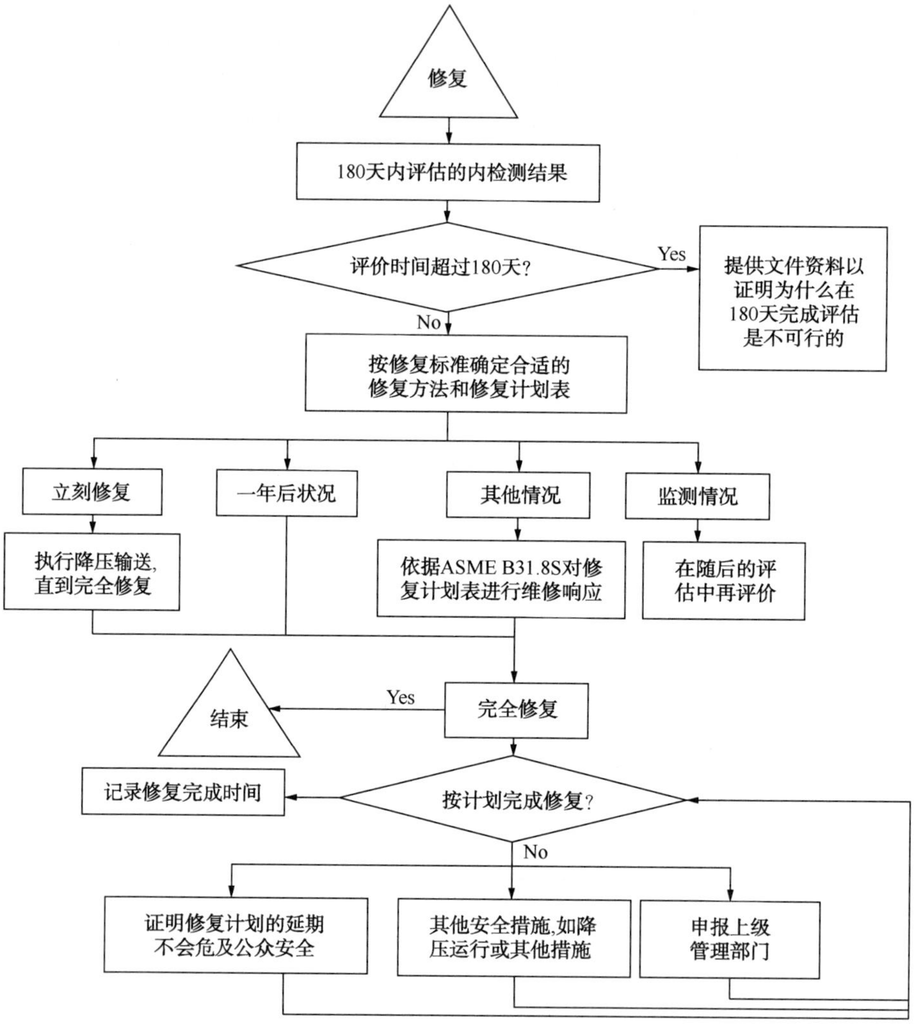

图 3-1　缺陷修复管理程序

3.2 缺陷的修复响应时间要求

3.2.1 修复响应时间

(1)管道运营公司应按照管道内外检测、试压、直接评估中发现的危险缺陷的严重程度，确定缺陷点维修的先后顺序时间表，维修计划应从发现缺陷时开始。

(2)制定时间表时，可将维修响应分为3类：

①立即响应：危险迹象表明缺陷处于失效点；

②计划响应：危险迹象表明缺陷很严重，但不处于失效点；

③进行监测：危险迹象表明在下次检测之前，缺陷不会造成事故。

(3)根据内检测的检测结果显示的危险缺陷的特征，管道公司应迅速检查，立即对危险缺陷的检测结果进行响应。对其他危险迹象的检测结果，应在6个月内进行检查，并制定相应的响应计划。响应计划(检查和评价)应包括实施方法和响应时间。

(4)缺陷的维修响应时间可参考SY/T 6621《输气管道系统完整性管理规范》确定，如图3-2所示。图中纵坐标为预测失效压力(P_f)/最大允许操作压力($MAOP$)；横坐标为响应时间。图中三条线所代表的是：①在大于规定的最低屈服强度50%条件下操作的管道；②在大于规定的最低屈服强度30%但小于或等于50%条件下操作的管道；③在小于或等于规定的最低屈服强度30%条件下操作的管道。

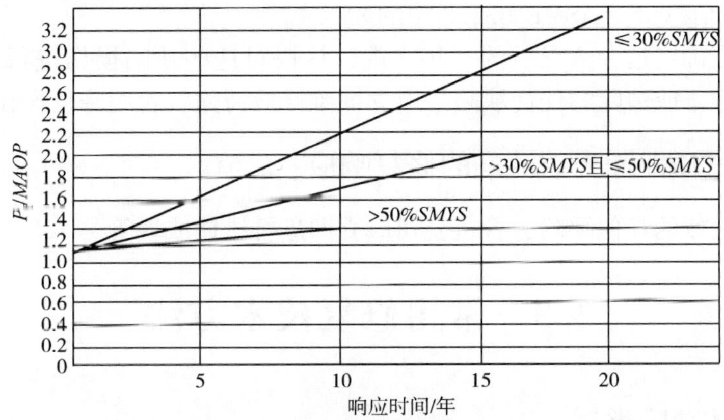

图3-2 缺陷维修的响应时间

(5)对于计划响应或进行监测的缺陷，只要在规定的时间内进行再检测并得出结果，管道公司可进行再检测，而不需要检查和评价检测结果。

对于计划响应的危险点，只要在按计划响应之前，缺陷不会发展到临界尺寸，管道可以继续运行，而不需立即作出响应。

对于进行监测的危险点，在进行下一次内检测或试压或直接评估之前，不需要进行检查和评价，在计划内检测之前，不会扩展到临界尺寸。

(6)当缺陷的预测失效压力等于最大允许操作压力1.10倍时，需要立即修复；当预测失效压力大于最大允许操作压力 1.10 倍时，应按图 3-2 规定的时间进行检查和评价；对发现需要立即维修或清除的任何缺陷，应立即维修或清除，否则要降低操作压力。

3.2.2 对于裂纹检测器检测出裂纹的修复响应

所有检测出的裂纹，均需立即响应。一旦发现有裂纹存在，运营公司应在 5 天之内对这些裂纹进行检查和评价。对需维修或清除的任何缺陷进行检查和评价之后，应立即进行维修或清除，或者降低操作压力以减轻危险。

3.2.3 对于漏磁检测器或机械损伤的修复响应

对管道强度有影响、可能立即或近期内造成管道泄漏或破裂的损伤缺陷，需立即响应。这类缺陷包括带划痕的凹坑。一旦发现这种情况，管道公司应在 5 天之内，对这类缺陷进行确认。

需要按计划响应的迹象，应包括在等于或大于规定最低屈服强度 30%条件下运行的管道上的下述任何迹象：

(1)超过公称管径 6%的扁平凹坑；

(2)有或没有可见刻痕并存的机械损伤；

(3)带裂纹的凹坑；

(4)深度超过公称管径 2%且影响韧性环焊缝或直焊缝的凹坑；

(5)影响非韧性焊缝的任何深度的凹坑；

(6)有关其他信息，见 ASME B31.8 中的 851.4。

管道公司应在确定这种情况后的 1 年之内，尽快对这些缺陷损伤进行检查。在检查和评价后，对需要维修或清除的任何缺陷，应立即维修或清除，否则降低操作压力。

3.2.4 对试压泄漏失效缺陷的修复响应

对试压泄漏失效的任何缺陷，管道公司应立即进行维修或换管。

3.3 常用修复技术方法

3.3.1 管体缺陷类型

油气管道常见管体缺陷包括泄漏(包括打孔盗油泄漏)、外腐蚀、内部缺陷或腐蚀、管体凿槽或其他金属损失、电弧烧伤或夹渣、凹坑、硬点、裂纹、焊缝缺陷、皱弯或弯曲缺陷、砂眼及氢致裂纹。

3.3.2 管体缺陷常用修复方法

管体缺陷常用修复方法包括打磨、堆焊、补板、A 型套筒、B 型套筒、环氧钢套筒、复合材料、机械夹具及换管等修复技术。对于管体打孔盗油(气)泄漏，常采用管帽或补板修复。油气管体不同缺陷类型宜选用的修复方法见表 3-1，各种修复方法对比见表 3-2。

表 3-1　不同类型缺陷修复方法

缺陷类型[①]	打磨	A 型套筒	压缩套筒	B 型套筒	复合材料套筒	沉积焊接金属	螺栓紧固夹具	阻止泄漏夹具	补丁、缀片	带压开孔封堵[②]
1. 泄漏(任何原因引起)或缺陷>0.8*WT*	否	否	否	永久	否	否	永久	临时[③]	否	永久
2. 外腐蚀										
2a. 浅至中度深坑<0.8*WT*	否	永久	永久	永久	永久	永久	永久	否	临时	永久
2b. 深坑>0.8*WT*	否	否	否	永久	否	否	永久	否	否	永久
2c. 焊缝选择性缺陷	否	否	永久	永久[④]	否	否	永久[④]	否	临时	否
3. 内部缺陷或腐蚀	否	永久[⑤]	永久[⑤]	永久	永久[⑤]	否	永久[⑤]	否	否	否
4. 划痕或其他管体金属损失	永久[⑥]	永久[⑦]	永久[⑦]	永久[⑧]	永久[⑦]	永久[⑦]	永久[⑧]	否	否	永久
5. 电弧灼伤、内含物或叠层	永久[⑥]	永久	永久	永久	永久[⑦]	永久[⑦]	永久	否	否	永久
6. 硬点	否	永久	永久	永久	否	否	永久	否	否	永久
7. 凹陷										
7a. 平滑凹陷	否	永久[⑨]	永久[⑨]	永久	永久[⑩]	否	永久	否	否	否
7b. 焊缝或管壁应力集中的凹陷	永久[⑪]	永久[⑦,⑨,⑩]	永久[⑦,⑨,⑩]	永久	永久[⑦,⑨,⑩]	否	永久	否	否	永久
7c. 环焊缝应力集中的凹陷	永久[⑪]	否	永久[⑦,⑨,⑩]	永久	否	否	永久[⑫]	否	否	否
8. 裂纹										
8a. 浅裂纹<0.4*WT*	永久[⑥]	永久[⑦]	永久	永久[④]	永久[⑦]	永久[⑦]	永久[④]	否	临时	永久
8b. 深裂纹>0.4*WT*	否	永久[⑦]	永久	永久[④]	永久[⑦]	永久[⑦]	永久[④]	否	否	永久
9. 焊缝缺陷										
9a. 体缺陷	永久[⑥]	永久[⑦]	永久	永久	永久[⑦]	否	永久	否	否	永久
9b. 线缺陷	永久[⑥]	永久[⑦]	永久	永久[④]	永久[⑦]	否	永久[④]	否	否	永久
9c. 电阻焊缝上或附近缺陷	否	否	永久	永久[④]	否	否	永久[④]	否	否	否

续表

缺陷类型①	打磨	A型套筒	压缩套筒	B型套筒	复合材料套筒	沉积焊接金属	螺栓紧固夹具	阻止泄漏夹具	补丁、缀片	带压开孔封堵②
10. 环焊缝缺陷	永久⑥	否	否	永久	否	永久⑬	永久⑫	否	否	否
11. 褶皱、扭曲或屈服	否	否	否	永久⑭	否	否	否	否	否	否
12. 鼓泡、HIC	否	永久	永久	永久	否	否	永久	否	否	否

①任何缺陷都可以通过换管方式进行修复。
②带压开孔只能用于足够小能用其去除的缺陷。
③阻止泄漏夹具只能用于能被夹具封堵的小泄漏处。
④确保缺陷长度小于压缩套筒的长度。
⑤确保内部缺陷或腐蚀缺陷没有继续向外部生长；需要对缺陷进行监控或将来进行修复。
⑥如缺陷金属可以去除或者局部金属损失不多的话，可以进行不超过0.4*WT*(*WT*为管壁厚度)的打磨。
⑦如损伤的材料已经打磨去除并且通过检验，就可以进行不超过0.8*WT*的打磨。
⑧推荐在去除损伤材料后对输送管道进行检验。
⑨推荐使用填充材料和工程疲劳强度评定。
⑩需要遵守操作规程上对最大凹陷尺寸的限制。
⑪需要满足操作规程对最大允许打磨量的限制。
⑫开口套筒夹具应能传递轴向载荷且保证结构完整性。
⑬对打磨去除的缺陷在焊前和焊后要进行检查。
⑭对凹陷、扭曲等变形缺陷在解除约束应力后尺寸减小的缺陷，宜按照原尺寸评价结论修复。

表3-2 各种修复方法对比

指标类型 维修方法		安全性要求和特点	服役寿命	补强效果	施工工艺	维修费用	适用范围	发展趋势
焊接类型	堆焊	需降压至2.0MPa，具有焊穿、氢脆和冷脆风险性	取决于防腐效果	取决于焊接材料与管体材料的匹配性	焊接材料和工艺要求严格，需要预先研究确定	费用低	深度25%壁厚以下的小体积型缺陷，不适合于裂纹型缺陷	国外高强钢禁用
	打补丁	需降压至2.0MPa，具有焊穿、氢脆和冷脆风险性	取决于防腐效果	焊疤下面部分与管体的贴紧度需要注意	焊接材料和工艺要求严格	费用相对较低	小面积多个点腐蚀的体积型缺陷，不适合于裂纹型缺陷	国外高强钢禁用
	打套筒	需降压至2.0MPa，具有焊穿、氢脆和冷脆风险性	取决于防腐效果	套筒与管体的贴紧度需要注意	焊接材料和工艺要求严格	费用相对较低	大面积腐蚀减薄的体积型缺陷，不适合于裂纹型缺陷	国外高强钢禁用

续表

指标类型 维修方法		安全性要求和特点	服役寿命	补强效果	施工工艺	维修费用	适用范围	发展趋势
夹具类型	泄漏夹具	不需降压，没有焊穿、氢脆和冷脆危险性	临时抢修，取决于密封条寿命	可以基本达到强度，但取决于夹具与管体的贴紧度，橡胶密封	表面清理干净即可，施工相对简单	费用相对较高	适合于抢修用，使用时间限于短期内	抢修使用，临时维修使用
	A型套筒	不需降压，没有焊穿、氢脆和冷脆危险性	取决于防腐效果	一般可以达到强度要求	工艺相对简单	费用不高	适合于管体无变形、外部腐蚀型缺陷	不停输修复的发展趋势
	B型套筒	需要降压、停输焊接，有焊穿、氢脆和冷脆危险性	取决于防腐效果	一般可以达到强度要求	焊接工艺相对复杂	费用较高	适合于大面积腐蚀缺陷，但对裂纹型缺陷不适合	国外使用时需要停输焊接，主要在严重缺陷处且不能换管的位置使用
	夹具注环氧	不需降压，没有焊穿、氢脆和冷脆危险性	取决于防腐效果	一般可以达到强度要求，但环氧树脂的弹性模量决定了管体的变形情况	工艺相对复杂	费用较高	适合于大面积腐蚀缺陷，但对裂纹型缺陷不适合	不停输修复的发展趋势
复合材料类型	玻璃纤维补强	不需降压，没有焊穿、氢脆和冷脆危险性	取决于强度随时间衰减速率	由于弹性模量低，管体需要产生塑性变形后才能达到补强要求	工艺相对简单	费用适中，成本低	适合于体积型腐蚀缺陷，但在二次应力复杂区域慎用	可供选择方法之一
	芳纶纤维补强	不需降压，没有焊穿、氢脆和冷脆危险性	吸湿、阳光紫外线照射下强度会随时间衰减	弹性模量介于玻璃纤维和碳纤维之间，略低于管体	工艺相对简单	费用适中，介于玻璃纤维和碳纤维之间	适合于体积型腐蚀缺陷，但在二次应力复杂区域慎用	可供选择方法之一
	碳纤维补强	不需降压，没有焊穿、氢脆和冷脆危险性	强度不随时间衰减，50年以上	弹性模量与管体一致，管体一旦承压，便可达到补强效果	工艺相对简单	费用适中，成本稍高	适合于体积型腐蚀缺陷，但在二次应力复杂区域慎用	可供选择方法之一

3.4 发现管道异常或缺陷时的对策

当发现管道有缺陷时，传统修复采取的措施包括管道停输、放空油气介质或换管有缺陷的管道。管道停输可导致停输损失和引起服务中断方面的代价，管道操作人员倾向于在不停输的工作状态下进行修复，从而实现恢复管道完整性而不用将缺陷管道切除。

当发现管道异常和缺陷时，管道能否继续安全运行是管理者面临的主要问题。对所有类型的压力管道系统而言，停输并更换管道(即缺陷段换管)是首选方案。在下列条件下，并且也只限于下列管道条件时需要使用临时或永久修复：

(1)换管材料加工制造难以获取。

(2)停输管道会导致用户不可接受的服务中断风险，造成市场不可接受的损失。

(3)排空液体或放空气体输送介质时，如果管道停输将会造成安全或环境风险。

(4)如果选择了永久性修复作为管控措施，周密的修复程序和熟练的维修人员将会减小施工风险，也是成功恢复的关键因素。

在某些条件下，将有缺陷的管段部分换管而不是修复该管段可能是更合理的，但需要停输管道，并降低有缺陷处管道的压力，移除有缺陷的管段，使用备用管材替换，该修复方法称为“换管”的修补方法。

如果缺陷没有造成管道断裂，选用哪种维修方法通常根据管道异常或缺陷大小和位置而定；如果该缺陷可能已经泄漏，或者没有泄漏但明显影响管道完整性或危及公共安全，管道停输和换管将是更合理的选择。

在役管道的缺陷发现后，应优先考虑安全应急措施问题而不是立即修复。例如在管道内检测过程中发现缺陷，在开挖之前应考虑开挖顺序并准确评估缺陷，在开挖前首先评估是否需要降低压力或者降低压力的大小，确保开挖的安全性，收集管段缺陷处的关键性信息，以及测量现场的缺陷特征。具体方法和措施如下所述。

3.4.1 发现缺陷后降压

缺陷是指管道上能直接观察到的并影响管道安全运行的缺欠，如点蚀、坑蚀、裂纹、凹坑或屈曲等。异常特征是指可能存在缺陷，但该缺陷并不能通过直接的观察发现。

1. 发现孤立缺陷的对策

管道操作人员发现的缺陷，可能是外部人员报告的泄漏、挖掘机偶然挖到管道以及挖掘管道作业时发现的缺陷，除了明显的表面缺陷外，为慎重起见，需要管道操作维护人员降低管道工作压力以保证缺陷不会在短时间内对管道的完整性构成威胁，或直接降低到低于发现缺陷时管道压力的80%。缺陷不会立即对管道的完整性构成潜在危险的判断，是通过适用性标准(比如 ASME B31G)进行评估，确认未发现危险或在发现缺陷后失效压力高于当前压力水平的20%，并且采取了降压措施。

2. 发现泄漏的对策

当管道运行人员进行可燃气体泄漏检测时，可能会发现一个或多个泄漏。谨慎的做法就是降低操作压力到检测时压力的80%，并保持这个压力作为最大的工作压力直到所有的泄漏都检测完毕且经过修复。需要引起注意的是降压必须沿管道所有有泄漏的位置强制进行，降压的目的是要使所有泄漏部位降低的压力至少低于发现泄漏位置压力的20%。不正确的操作是允许在压气/泵站降压到发现缺陷时压力90%时就停输管道。如果要正确地停输管道，停输的压力水平必须至少比所有泄漏部位最低的压力低20%以上。一旦压力调整按上述方式得到控制，管道运行人员就可以进行开挖、检查和修复这些缺陷。

3. 管道内检测缺陷的对策

管道内检测数据提供给管道运行人员已发现缺陷的位置以及严重程度的清单，但对严重程度而言，可信度取决于使用的检测器、检测器运行质量、信号处理人员的能力以及管道操作人员进行管道内部检查的经验水平。如果可信度较高，管道运行人员就能在检查前确定缺陷潜在影响程度，并根据严重程度确定修复的顺序，这种情况下，也需要在开挖前降压处理；如果可信度不高，可能严重缺陷不能被检测到，管道运行人员应该继续降低压力到检测时最高压力水平的80%，该压力必须保持到所有的缺陷经过检测、维修，或者确信剩余的未检测到的缺陷不能在短时间内对管道完整性构成危害为止。

3.4.2 其他需要考虑的降压条件

在前面的讨论中可以看出，当发现缺陷或异常时都需要降低管道压力。需要降压的基本原因是：即使管段特征异常或缺陷的严重程度并不很明显，但很可能已经濒临失效，降压到发现缺陷或异常时压力的80%能在最大程度上保证缺陷或异常不会在它们的检测维修期间发生破裂事故；此外，不同条件下的修复措施对降压也有要求，如套筒修复的有效性取决于降压的程度并且期望降压水平高于20%；另外，土体的位移、管道的附件外力支撑可能在缺陷上面附加未知或不可预测的二次应力，在这种情况下，慎重起见也需要考虑降低大于20%的压力。

3.4.3 开挖安全

开挖在役管道必然伴随有明显的潜在风险，如使用重型机械开挖时非常靠近管道并可能会严重损坏或损伤管道，且存在沟侧两边发生塌陷的风险。管理者应充分考虑这些危险，并关注挖掘行为是否确保足够的安全，以及依据相应的法律法规、安全规程及安全操作文件进行。

3.4.4 修复的关键信息

为了作出合理的维修方案，管线运行人员必须了解管道运行的参数和风险因素，这些参数和风险因素可以分为以下类别：管道材料、管道运行参数、管道变形、管道位置、缺陷的性质和严重程度。

1. 管道材料

为实现管体修复，管道操作人员必须了解管道直径、管道壁厚和管道材料等级，熟悉焊缝类型、化学成分(根据研磨参数分布范围)、断裂韧性、韧脆转变温度和夏比冲击功(CVN)。另外，还需了解管道材料是否历史上发生过泄漏、缺陷以及修复的历史记录信息等。获取的参数信息越多，管道运行人员在选择修复方法时就越有把握。

2. 管道运行参数

为了达到修复目的，管道操作人员必须知道最大工作压力(MOP)或最大容许工作压力(MAOP)。其他能影响修复决议的参数包括压力波动的大小和频率、极限工作温度、在修复中存在的液体类型以及它的流速。这些特征了解得越透彻，管道操作人员在选择修复手段时就越自信。

3. 管道变形

当管道有椭圆变形时，修复时须了解其弯曲半径或椭圆度。同时了解是否存在附属组件(三通、接管等)紧靠修复部位，是否有焊缝或环焊缝。了解在修复部位是否有其他机械连接、环焊缝等的特征，这些因素有助于确定管段挖掘长度及容许的管道移动量等。

4. 管道位置

可能影响修复方法选择的位置因素包括：管道位置(位于海上或陆上、位于地面上或地面下)、地形地貌、进场难易程度、人口居住地距离(高后果区等)以及环境敏感程度。

5. 缺陷的性质和严重程度

与缺陷性质有关的重要因素有：

(1)泄漏与否？

(2)它是裂纹、凹陷还是擦伤？

(3)是否是因腐蚀产生的壁厚减薄？

(4)如果发生腐蚀，它是外部腐蚀还是内部腐蚀？

(5)缺陷是否与直焊缝或环焊缝有关系？或存在于直焊缝或环焊缝中？

关于缺陷的严重程度，必须测量得到全部的轴向长度和缺陷的最大深度，周向长度也是非常必要的。如果存在凹陷，需要了解凹陷的深度和面积。如果以上参数收集不到或不容易收集，只有按假设“最坏情况”来处理。

大多数类型的特征异常(除了腐蚀导致的壁厚减薄)可通过对管道的潜在影响范围来进行评估。通常可以采用适用性分析或工程危险性评估，来确定异常特征是否会影响管道的可用性。如果某个缺陷特征的性质和严重程度对管道完整性无影响时，一般不采用管体修复手段而只是修复防腐层。

3.5 管体修复作业流程

3.5.1 作业流程

油气管道管体缺陷修复时，应遵守管道维修的 HSE 管理规定。管体缺陷修复作业流程如图 3-3 所示。

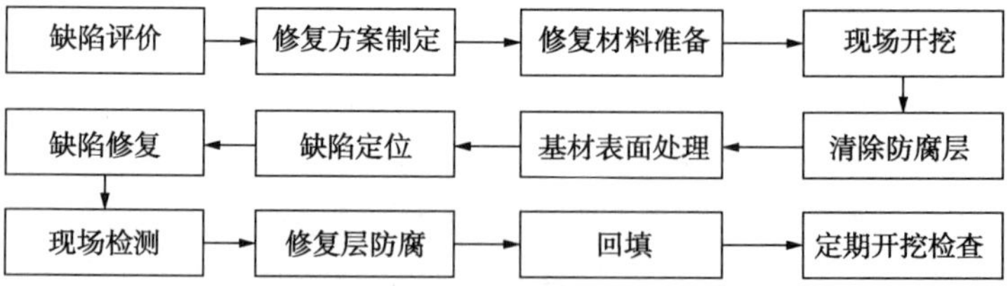

图 3-3 管体缺陷修复作业流程图

3.5.2 管体缺陷评价

通过检测发现管体存在缺陷时，首先判断缺陷类型；然后对缺陷进行评价，确定是否需要修复；若需要修复，给出修复时间。

3.5.3 修复方案制定

参考油气管体不同缺陷类型与修复技术的对应表(见表3-1)，结合缺陷管道的实际状况，确定相应的修复方法；根据缺陷信息，制定修复方案。

3.5.4 修复材料准备

根据制定的修复方案，准备修复材料；A型套筒的尺寸确定参见Q/SY 1592—2013中的A.2.3.5，B型套筒的尺寸确定参见Q/SY 1592—2013中的A.2.4.5，纤维复合材料修复层的厚度与轴向长度确定参见Q/SY 1592—2013中的A.4.1.5。

3.5.5 现场开挖

待修复缺陷管道轴向开挖应超出缺陷至少500mm，管道两侧至少开挖650mm，管道下方至少开挖500mm。遇管体出现连续缺陷时，宜长距离修复，作业坑的开挖长度应根据管道直径、壁厚、材质、输送介质等进行计算确定。作业时应尽量减少接头数量，支撑墩长度宜与作业坑长度相当。

3.5.6 旧防腐层清除及基材表面处理

在挖掘之后和修复之前，应将输送管道完全暴露并清理至裸金属，以使所有的缺陷特征都显现出来。旧防腐层清除方法可采用溶剂清除、动力工具清除、手工工具清除、水力清除等方法或几种方法联合。清除后的表面应无明显的旧涂层残留，清除过程中不能损伤管体金属。

3.5.7 缺陷定位

采用直尺、超声波测厚仪等仪器检测缺陷信息并记录，记录管道的实际壁厚。如果大规模的腐蚀致使管体金属损失或管体表面遭到大面积的破坏，应在管体远离最深腐蚀坑的位置打磨出平面区域，获得实际壁厚。

3.5.8 缺陷修复

(1)针对已确定的修复技术和修复方案，进行缺陷修复，并填写管体缺陷与修复记录表。打磨修复时，应控制打磨尺寸在临界范围内。

(2)A型套筒安装前，套筒覆盖的管体表面应清理至近白级(Sa2.5)；如果使用填充材料，填充材料应填满所有缺口、深坑、空隙，套筒应紧密地贴近管体；套筒侧缝焊接可采用搭接角焊双面胶条方法完成，胶条的强度和厚度至少与套筒的相同，胶条采用角焊焊接在套筒上，焊角长度等于套筒厚度，焊接应符合焊接程序规范。

(3)B 型套筒焊接时，首先进行单 V 形带垫板对接侧缝焊接，焊接时应保证有足够的壁厚以防止管道焊穿，焊接中保持通风，直至焊接完成。套筒末端与管道的填角焊接应遵照相应的焊接工艺规程，角焊缝的焊接工艺应当严格地与材料和焊接情况相匹配，确保侧边对接焊缝和无裂缝末端角焊缝的全穿透。

(4)纤维复合材料修复前，应进行性能测试；修复时，应确保纤维复合材料缠绕时与管道表面紧密接触，无任何空隙、死角；根据确定的修复层总轴向长度，以缺陷部位为中心进行缠绕，确保纤维与管道轴向垂直。

3.5.9 现场检测

修复以后，应进行相应的检测，检测内容包括但不限于：

(1)当打磨是唯一的维修方法时，应通过磁粉探伤或染色探伤检验应力集中是否被去除；

(2)用 10%硫酸溶液检查通过打磨修复的弧形灼伤区域，以确保所有的冶金缺陷特征已经被去除；

(3)目视检查所有焊件的工作质量，确保没有明显的缺陷；

(4)按照无损检测标准对套筒末端的所有角焊焊缝进行 100%检测；

(5)按照无损检测标准对 B 型套筒的环焊缝进行 100%检测。

3.5.10 修复层防腐及回填

修复层防腐处理前，应清除所有暴露表面上的铁锈、锈皮、焊渣、焊接飞溅、焊剂、焦层和其他外来金属。油和油脂可用非油溶剂去除，锐边、毛刺、预焊、电弧灼伤和渣粒可在喷砂处理之前打磨去除。如果喷砂处理的表面要保持一段时间，则应对其进行特定的涂覆处理；然后，参照涂料数据表，进行涂覆，相邻的涂层要逐渐连接，不能有尖锐或突变的边缘。在最后的涂覆完成后，回填之前应至少有 5 天的固化时间。

防腐层检查合格后的管道应及时回填，在地质较硬地段应将细土、砂、硬土块分开堆放，以利回填。对于弹性敷设的管段，如果管体有较大变形，回填前在应力释放侧全段用干土垒实加固，防止管道进一步变形。防腐和回填按照 SY/T 5918 相关规定执行。

3.5.11 后期工作

管道修复完成，在后期运营管理中，宜注意以下事项：

(1)维修工作完成后，应进行液压实验，并对被修复管道进行全面检查后，通知调度运行单位，管道已处于可投入运行状态；

(2)管道启动后，对所修复管段进行现场监控以防泄漏，直至管道恢复正常运行；

(3)管道运行中，应对被修复管段定期开挖检查。

第4章　管道复合材料修复新技术

4.1 概　　述

针对现场施工经验及对多种修复产品开挖验证其修复效果的检测评价研究发现，修复点在补强修复并回填一段时间后，出现修复材料与管体脱黏、分层、空鼓、压边搭边和边界端头无封口或封口不完整等修复问题，说明目前市场上的国内外补强修复产品存在修复材料本身和施工工艺等问题。造成这些问题的施工工艺原因主要包括修复点管体表面处理不彻底、胶黏剂涂刷不均匀或局部漏涂、纤维布缠绕折皱或预紧力不足、修复层端头无封口措施等。材料自身的问题包括缺陷填充材料易脆裂、底层胶黏剂与管体黏结力差、碳纤维因导电而发生电偶腐蚀和修复套袖底层抗阴极剥离性能差等。

针对现场施工和开挖验证发现的问题，结合最新的化工产品对整个补强修复复合材料体系进行了产品改进和技术提高，研究开发了新型修复管道碳纤维复合材料体系和产品、钢质管道补强修复带锈转化表面处理技术及其产品、预浸法复合材料管道补强修复技术及其产品和钢质管道复合修复层均匀加压固化技术及产品。通过上述技术改进，以提高修复补强技术的有效性及修复工程质量，确保修复补强效果和防腐效果的可靠性。

4.2 关键技术

针对修复材料与管体脱黏、分层、空鼓、压边搭边和边界端头无封口或封口不完整等修复问题，结合最新的化工产品对整个补强修复复合材料体系进行了产品改进和技术提高，主要包括：管体缺陷复合修复材料胶黏剂、绝缘底胶及填料改进研究；钢质管道补强修复带锈转化表面处理技术研究；预浸法管道补强修复复合材料胶黏剂研究；钢质管道复合修复层均匀加压固化工艺研究。

4.2.1 管体缺陷复合修复材料胶黏剂、绝缘底胶及填料改进

1. 缺陷填充材料

缺陷填充材料由甲、乙两组分组成，甲、乙两组分的配比为(6~7)：1。其各组分的质量比见表4-1。该填充材料在室温条件下(大于15℃)，指触干燥时间为1~2.5h，工作温度范围为-60~150℃，压缩强度为85~100MPa，线膨胀系数为$15\times10^{-6}K^{-1}$(接近钢材)。

表 4-1 缺陷填充材料组分质量比

组分	材料	质量比
甲组分	E-51 环氧树脂	30~70
	钢粉	50~100
	银粉	10~40
	无规羧基丁腈橡胶	10~25
乙组分	改性胺固化剂	5~20
	气相二氧化硅	1~10
	2，4，6-三(二甲氨基甲基)-苯酚	2~10
	KH550 硅烷偶联剂	0~15

2. 抗阴极剥离绝缘底胶

抗阴极剥离绝缘底胶也由甲、乙两组分组成，甲、乙两组分的配比为(80~100)：28。其各组分的质量比见表 4-2，底胶厚度为 0.1~1mm。该底胶 25℃固化 168h 后，钢-钢拉伸剪切强度为 20.2~21.3MPa(GB/T 7124)，根据 GB/T 23257 其剥离强度达 170N/mm，阴极剥离测试无明显变化。

表 4-2 抗阴极剥离绝缘底胶组分质量比

组分	材料	质量比
甲组分	CYD128 环氧树脂	100
	端环氧基丁腈橡胶	10~30
乙组分	JA112 型固化剂	20~45
	KH550 硅烷偶联剂	1~5

碳纤维布为增强体，是复合材料的主要承载原材料，其抗拉强度为 2500~5000MPa，拉伸弹性模量为 100~350GPa，每平方米质量为 200~400g，延伸率为 1.0%~2.5%，幅宽为 50~1500cm，长度为每卷 100m。

3. 层间胶黏剂

层间胶黏剂为复合材料基体，是将管体载荷传递给增强体碳纤维布的材料。层间胶黏剂材料由甲、乙两组分组成，甲、乙两组分的配比为(2~4)：1。其各组分的质量比见表 4-3。采用碳纤维(T300)增强后的复合材料拉伸强度高达 1228~1414MPa，弹性模量达 95GPa 左右。

表 4-3 层间胶黏剂材料组分质量比

组分	材料	质量比
甲组分	E-51 环氧树脂	30~60
	CYD128 环氧树脂	40~70
	纳米固体橡胶胶粉	1~15
	活性稀释剂 678	0~20
	消泡剂 550	0~2

续表

组　分	材　料	质量比
乙组分	改性胺固化剂	30~60
	气相二氧化硅	3~8
	KH550 硅烷偶联剂	1~5

4. 全尺寸试验验证

采用电动手工打磨的方法在试验管道外表面自制了常见的矩形缺陷和沟槽缺陷，对缺陷进行碳纤维修复补强，试验管段依据《输送钢管静水压爆破试验方法》(SY/T 5992)进行爆破试验。采用阶梯式加载方式加压至 41.2MPa 时，未补强母材出现撕裂型破坏，而缺陷处无明显变化，如图 4-1 所示。

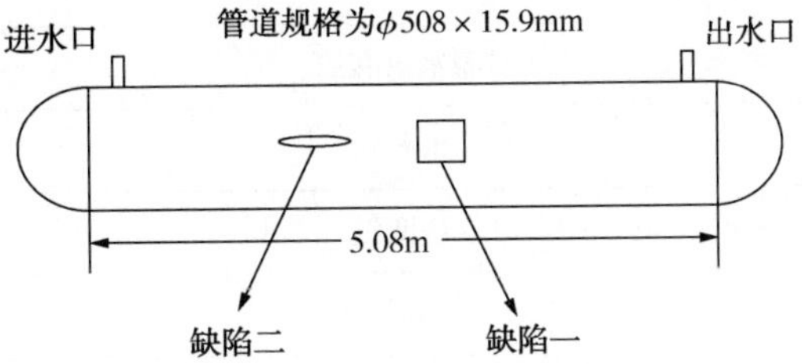

图 4-1　全尺寸水压爆破试验过程

4.2.2　钢质管道补强修复带锈转化表面处理技术

带锈管材的带锈转化液由磷化液和成膜液组成，它与基材附着力良好，更耐腐蚀，可保护管材基体金属不受水和其他腐蚀介质影响。

1. 磷化液

它的作用是将钢质管材的氧化物与磷酸作用生成耐腐蚀的磷酸盐钝化膜，与磷酸及亚铁氰化钾一起作用生成不溶于水的、具有较强遮盖性能的防锈颜料，从而防止基材进一步腐蚀。其反应如下：

$$3FeO+2H_3PO_4 \rightarrow Fe_3(PO_4)_2\downarrow+3H_2O$$

$$Fe_2O_3+2H_3PO_4 \rightarrow 2FePO_4\downarrow+3H_2O$$

$$3Fe_3O_4+8H_3PO_4 \rightarrow Fe_3(PO_4)_2\downarrow+6FePO_4+12H_2O$$

$$3H_4Fe(CN)_6+2Fe_2O_3 \rightarrow Fe_4[Fe(CN)_6]_3+6H_2O$$

为了溶解磷酸还加入溶剂，如水、乙醇、异丙醇、正丁醇。磷化液各组分的质量比见表 4-4。

表 4-4　磷化液各组分质量比

组　分	材　料	质量比
反应物	磷酸	70~90
	亚铁氰化钾	10~30
溶剂	乙醇	100

2. 成膜液

为了使锈层转化物更牢固地固定在钢基体上，需要使用溶解于溶剂中的与基体具有牢固附着力的成膜液，成膜液由高分子材料、防锈颜料、促进剂和溶剂等组成。高分子材料有环氧树脂、酚醛树脂、聚乙烯醇缩甲醛、聚乙烯醇缩乙醛、聚乙烯醇缩丁醛等；防锈颜料有四盐基锌黄、滑石粉和磷酸铬等；促进剂有硫酸钴和二氧化锰等。成膜液各组分的质量比见表4-5。

表4-5 成膜液各组分质量比

组　分	材　料	质量比
高分子材料	10%聚乙烯醇缩丁醛	70~90
	E-44环氧树脂	5~10
	脱水蓖麻油	1~5
防锈颜料	滑石粉	1~5
促进剂	硫酸钴	0.1~0.5
	二氧化锰	0.1~0.5
溶剂	二甲苯	2~5
	丁醇	2~5

带锈转化液为双组成，甲组分为磷化液，乙组分为成膜液，甲、乙两组分的配比为(2~3)：1。刷涂或喷涂用量为9~14m^2/kg，使用时现配现用，转化膜25℃表干需2h，25℃实干需24h，外观平整、光滑，转化膜固化后冲击50kg·cm合格。另外，转化膜室温固化24h、48h和168h，按GB/T 9286进行划格法附着力试验为0级。根据GB/T 23257其剥离强度达170N/mm，阴极剥离测试无明显变化。该转化膜使用温度范围为-40~60℃。

4.2.3 预浸法管道补强修复复合材料胶黏剂

钢质管道修复补强预浸料由增强体和基体树脂组成，其预浸料的制备和使用方法如下所述。

1. 增强体

增强体为碳纤维布，作为预浸料成型复合材料的主要承载原材料，其抗拉强度为2500~5000MPa，拉伸弹性模量为100~350GPa，每平方米质量为200~400g，延伸率为1.0%~2.5%，幅宽为50~1500cm，长度为每卷100m。

2. 基体树脂

基体树脂是将管体载荷传递给增强体碳纤维布的材料，它由混合树脂、潜伏性固化剂、增韧剂和溶剂组成。基体树脂各组分的质量比见表4-6。

表 4-6　预浸料基体树脂组分质量比

组　分	材　料	质量比
混合树脂	固体环氧树脂	50~70
	液体环氧树脂	30~50
潜伏性固化剂（钝化咪唑）	2-甲基咪唑	0.3~1
	液态聚乙二醇	1~10
	乳酸	0.3~1
增韧剂	端环氧基丁腈橡胶	5~20
溶剂	丙酮	100

3. 潜伏性固化剂制备方法

自制的钝化咪唑是由咪唑与酸铬合反应而成，酸性越强，钝化效果越好，基体树脂储存稳定性也越好，但固化温度也越高，必须恰当选择。钝化咪唑制备过程为：将 0.3~1mL 的 2-甲基咪唑搅拌溶解于 1~10mL 液态聚乙二醇中，控制反应温度不超过 60℃，搅拌滴加 0.3~1mL 乳酸，滴加完后，再搅拌 2h，冷却至室温，静置过夜备用。

4. 基体树脂制备方法

基体树脂制备过程为：在 5000mL 烧杯中加入 0.5~1.5kg 丙酮溶液，开始搅拌，搅拌过程中加入 50~200g 端环氧丁腈橡胶，使之溶解均匀，再逐步加入 500~700g 固体环氧树脂使之溶解，再加入 300~500g 液体环氧树脂，搅拌溶解成均一液体，再加入 6~30g 自制钝化咪唑，即制备完成。室温高时，丙酮挥发快，可适量补充，将该基体树脂溶液密封，备用。保质时间为室温不超过 72h，如储存温度为-28℃则保质时间为 2 个月。

5. 预浸料制备方法

在适当的容器中，倒入已恢复至室温的基体树脂溶液，再放入准备好的单向碳纤维布，溶液必须淹没碳纤维布，盖上容器盖子，浸 2~3min，取出碳纤维布平整放于隔离纸上，置于干净的室内，室温（室温 23℃±2℃，相对湿度≤65%）晾干 72h，即可使用。

6. 预浸料储存方法及注意事项

23℃±2℃下密封储存保质期为 15 天，-28℃下密封储存保质期为 3 个月。预浸法试验过程如图 4-2 所示。该预浸料制成的复合材料使用温度为-40~60℃。预浸料制备场地必须严禁烟火，并配备灭火器材。低温储存后使用预浸料必须是恢复至室温后（从冷藏柜中取出至少 2h），才能开启密封袋。

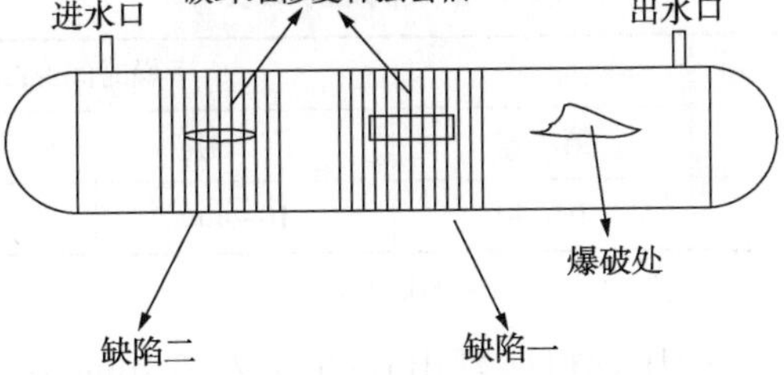

图 4-2　预浸法试验过程

4.2.4 钢质管道复合修复层均匀加压固化工艺

根据现场施工要求，管道复合修复补强层均匀加压固化装置为耐热加压气囊，应满足以下技术要求：

(1)温度要求　与界面接触要求耐140~150℃。

(2)尺寸要求　宽度为300~350mm，长度可绕过管径为250~1016mm的管道，可对接成圆筒(如管径增大，可延长制作长度)。

(3)耐压要求　工作压力0.3MPa，应保证气囊沿钢管轴向方向剖面线与钢管轴向平行。

(4)固定的要求　可使气囊方便地附着于管道并使压力均匀地传递于管道上。

根据以上技术的要求，首先对加压气囊的骨架材料进行了选择。根据以往研制的经验，要有效地传递空气压力，需要胶面柔软、传递介质薄的材料。同时，要达到耐温140~150℃、工作压力0.3MPa条件下使用，在单层情况下，只有采用K27的芳纶材料才能满足要求。因此，选择K27芳纶材料，其物理性能见表4-7。

表4-7　K27芳纶材料性能参数

项目名称	指标值	项目名称	指标值
经向拉伸强度/(N/m)	9083	厚度/mm	0.2
纬向拉伸强度/(N/m)	8600	热空气老化性能/℃	500

但是，鉴于采用的K27芳纶材料的黏着性能较差，考虑到耐温性能，选择使用氯丁胶作为附着的橡胶材料，其配方如下：氯丁胶121（山西大同橡胶厂），80~100份；氧化锌，2~8份；氧化镁，3~6份；硬脂酸，1~3份；通用炭黑，15~30份；硫酸钡，5~15份；变压器油，5~15份；邻二丁酯，10~20份；NA-22，0.2~0.8份。

考虑到现场施工的方便性和可操作性，设计了便于和管道圆周贴合的耐热加压气囊结构。通过多次试制和工艺摸索，最终制定出了耐热加压气囊制作工艺流程：

(1)胶液配制。按照干胶：溶剂(乙酯)=(1~2)：4的比例配制胶液。

(2)囊胚缝纫。裁取长度(根据管道周长确定)×340的芳纶布2片，在其一面先浸渍5%的KH550酒精溶液，放置于60℃的烘箱中烘干。按照表4-8规定涂刷，注意固定涂刷中的形状，作为囊皮加强层使用。裁取长度(根据管道周长确定)×310的芳纶布1片作为芯布，与处理好的囊皮(胶面朝外)贴合，然后进行缝纫。缝纫好后即作为囊胚备用，停放时间不能超过24h。

表4-8　干燥时间表

胶液名称	浓　度	干燥时间/min			
		第一遍	第二遍	第三遍	第四遍
主体胶液	(1~2)：4	10~40	10~40	10~40	晾干隔离

注：表中时间指在温度25~35℃、湿度75%以上的操作时间。

(3)主体胶片的制取。使用压延机压延出0.8mm和0.4mm的胶片，制取时采用垫布隔离，使用前展开停放，充分收缩，停放时间大于12h、小于96h。

(4)加压气囊成型。在囊皮的缝纫线外的夹层(即未涂胶液一侧)补涂 KH550 处理剂和胶液粘贴 0.4mm 的胶片，然后在囊胚外层粘贴 0.8mm 胶片。注意粘贴前胶片和囊胚上要涂刷胶液，停放 10~20min，刚好干透，表面用手触摸不湿不黏即可。粘贴时注意排尽囊中的空气。注意安装内胎气嘴的位置需要提前标定，不粘贴 0.4mm 的胶片，从外密封。

(5)胶囊硫化。将胶囊放入模具，表面刷涂少量滑石粉，机台参数设定为 5MPa，145℃下硫化 40min 即可。

(6)使用颚式平板硫化机，将两个内胎气嘴装好即可。

(7)气密试验。一个内胎气嘴接入压力表，一个内胎气嘴接气管，升压至 0.3MPa 不漏气并保压即可。

均匀加压气囊使用方法：

(1)将两个内胎气嘴一个接入气压表，一个接于打气筒，缠卷于修复补强层加压表面，复合修复补强层和气囊中间用耐热聚酯薄膜隔离。

(2)使用绑带捆扎固定，避免胶囊过度膨胀。

(3)缓慢加压充至 0.3MPa，利用气压表控制压力，使用专用工具按压内胎气嘴中的气针排放多余的气压。

(4)使用后排尽压力后再进行拆卸，拆卸后表面涂抹滑石粉密闭储放，避免日光直射及和有机溶剂混杂，避免针刺和尖锐物体。

图 4-3 为加压气囊制作过程照片。修复补强完成一周后，对试验管道表面的复合材料套袖进行整体剥离，并进行拉伸试样取样和性能测试，试验数据见表 4-9。结果表明，复合材料制作过程中适当均匀地加一定压力，将多余基体树脂挤出，去除鼓泡、空洞，使增强材料较好贴合并致密，同时增强与管体的黏结力，从而避免脱黏、分层和空鼓等缺陷的产生，提高复合材料的强度。

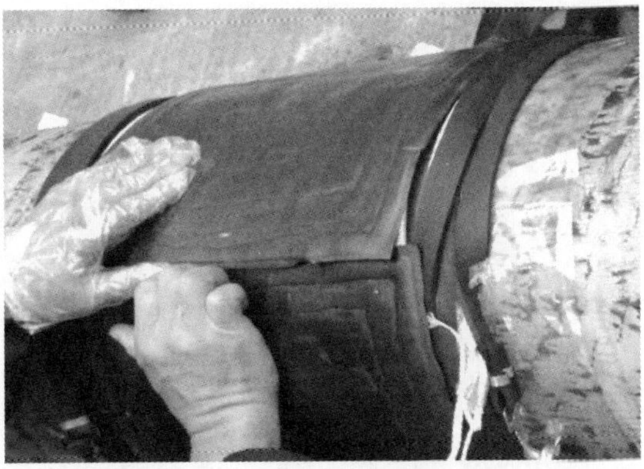

图 4-3　加压气囊制作过程照片

表 4-9　有无加压固化修复补强层厚度及力学性能变化情况

项　目	修复补强层厚度/mm	层间剪切强度/MPa	拉伸强度/MPa	弹性模量/GPa	剥离强度/(N/cm)
不加压固化	2.47	37.2	950	85.4	145
均匀加压 0.3MPa	2.16	41.5	1147.5	97.6	190
变化量	减小 12.5%	增大 11.6%	增大 20.7%	增大 14.3%	增大 30%

4.3　技术特点

(1)研制开发出专用的复合材料体系及改进的施工方法，可有效避免脱黏、分层、空鼓等施工问题及缺陷填充材料的脆性断裂、底层胶黏剂阴极剥离和电偶腐蚀等问题，确保复合材料修复体系与钢质管体之间具有良好的匹配性，使管道承压能力达到或超过无缺陷时状态。

(2)带锈转化液的使用可减少补强修复管道表面处理工序，提高施工效率，降低人工打磨成本，确保修复补强效果和防腐效果的可靠性。

(3)预浸法修复补强技术可有效避免胶黏剂涂刷不均匀或局部漏涂，确保修复补强复合材料抗拉强度和弹性模量稳定，现场安装简单，可有效提高现场施工质量和补强效果。

(4)不锈钢薄带紧固均匀加压固化工艺能有效避免整个复合体系固化期间脱黏、分层及空鼓的产生，明显提高修复层和管体黏结力，确保施工的可靠性和有效性。加热固化还可以保证在潮湿寒冷的恶劣环境下修复体系能够快速有效固化，提高复合修复补强技术抗环境影响的能力，缩短施工周期。

第 5 章　夹具注环氧套筒修复技术

5.1 概　　述

随着石油工业的发展，管道数量越来越多，不仅由于土壤腐蚀、山体滑坡、外力损伤等自然原因造成管道腐蚀穿孔、开裂和爆破的事故增多，而且人类生产活动对管道造成的有意和无意损伤的频率也在加大。在管道发生紧急事故时如何快速抢修已经成为一个具有经济价值和社会意义的问题。传统的停气、割管、换管的技术用于管道抢修费力、费时，难以达到快速恢复油气输送生产的目的。

为了保证输油气管道的安全运行，国内科研院所研发了油气管道管体修复技术(夹具注环氧修复技术)，实现了管道管体缺陷的不停输、非焊接、永久性修复，大大减少了停输放空作用。该技术包括以下内容。

1. 修复工艺研究

确定环氧套管修复技术最佳实施方案，参照国内外有关标准，制定修复施工工艺，对制定的各工艺工序进行论证研究。

1)钢材表面预处理工艺

管道清理：PE 清理工序、表面除锈工序、表面处理工序；套管内表面清理：表面除锈工序、表面处理工序。

2)套管组焊工艺

套管安装工序、焊接(选择焊接规范)、表面清理、超声波探伤(焊缝返修)。

3)注入工艺

端口密封、注胶(组分比例、温度控制、压力控制)。

4)外防腐工艺

套管外表面清理：表面除锈工序、表面处理工序；套管防腐补口：热收缩带(套)防腐(热缩、压碾)、检漏(修补)。

2. 修复设备选用

关键非标作业机具主要是 PE 清理机和表面除锈机。

(1)PE 清理机　针对 PE 涂层，研究清理方法；

(2)表面除锈机　表面预处理达到规定的质量要求。

3. 修复材料选用

(1)钢套管　选择与管道相同或相近的材质，考虑钢套管能够与管道实现强度匹配，保证复合套管修复强度。

(2)电焊条　选择能够使套管达到高强匹配的手工焊接材料，对于 X65(API)钢级的套管，采用 E8010 低氢纤维素焊条。

(3)环氧填料　选择无溶剂双组分液态环氧树脂涂料。

(4)密封胶　选择工业用聚酯密封胶商品。

(5)防腐底漆　选择双组分液态环氧树脂涂料。

(6)套管防腐层　选择热收缩带(套)作为套管防腐补口材料(套管长 2m)，考虑修复用防腐材料与管道防腐材料的相容性，并且有相应技术标准支持。

4. 夹具设计

包括焊接型的夹具和螺栓型的夹具。

5. 环氧材料设计、合成和流变性能测试

在设计合成的基础上，主要测试环氧树脂的流变性能，预测环氧注入效果。

6. 注环氧相关设备的配套研究

包括注环氧设备研制、焊机和喷砂设备的选择研究以及现场对接时的相关机具研制等。

7. 管道、夹具和环氧三种材料的力学性能测试

为力学分析和全尺寸试验做准备，包括：①管道和夹具的弹性模量、抗拉强度、屈服强度、延伸率、冲击韧性、韧脆转变温度等；②环氧树脂的弹性模量、抗压强度、剪切强度等。

8. 注环氧过程的力学分析和模拟计算

①根据上述所测的管道、夹具和环氧的力学性能，利用三维有限元程序，计算分析管道不同大小损伤缺口和穿孔情况、不同受力情况的应力应变响应行为；②计算维修前后安全服役的最大操作压力、失效载荷等。

9. 全尺寸爆破试验验证

制造不同大小损伤缺口情况，在力学分析计算的基础上，进行全尺寸实物爆破试验。

5.2　管道夹具设计

补强夹具设计结构为全组焊结构件，由半圆钢管、直法兰、加强筋板组成。夹具制造过程较为复杂，主要是要保证夹具直线精度和椭圆度，夹具安装在钢管上的环型缝隙误差不小于±2mm，这主要是考虑环氧树脂与钢夹具受力均匀而决定的。

夹具采用焊接结构具有好的密封性，该结构用于管线补强最为理想。但焊接结构具有较大的焊接应力与变形，焊缝和热影响区的高值抗残余应力会促使焊缝处脆性断裂、疲劳断裂、应力腐蚀开裂。因此夹具焊接要求合理地设计结构，正确地选用焊接材料、焊接方法和工艺，严格地进行质量控制，保证制造精度和使用要求。

夹具采用焊接结构，与其他结构相比，具有单件及小批量制造周期短的优点，适合项目开发研究。与铸造结构相比，夹具材料成本较铸造成本低20%～30%，但人工成本较高，加工难度大。夹具制造实际中所遇到的情况是焊后变形量大，以至无法使用，需经过焊接工艺调整，最终制造出变形量较小的夹具。

1. 钢管夹具管片

1)强度条件

夹具为薄壁圆筒，应力分析是设计夹具的理论基础，其由强度理论确定的当量应力或应力强度是破坏的判据。适用于管道补强条件下的钢壳夹具设计计算的标准主要是 GB/T 150、JB/T 4732(第一和第四强度理论)，标准分别参照了 ASME Ⅷ-1 和 ASME Ⅷ-2。夹具设计的关键是计算壁厚，其壁厚按完全承压状态下考虑。

2)夹具设计壁厚的计算公式

$$t = PD/(2[\sigma]_t\phi - P) + C_2 \tag{5-1}$$

式中 t——夹具设计壁厚，mm；

P——设计压力，MPa；

D——夹具内径，mm；

$[\sigma]_t$——设计温度下夹具材料的许用应力，MPa；

ϕ——焊接接头系数或许用应力折减系数，$\phi<1$；

C_2——腐蚀裕量，mm。

焊缝区是夹具强度比较薄弱的地方，焊缝区强度降低是由于焊接应力导致出现缺陷所致，强度和塑性降低是由热影响区形成粗大晶粒区造成的，结构钢性约束又造成夹具焊接应力过大，焊缝区强度主要决定于焊接的金属材料、焊缝结构和焊接质量，夹具为组焊件，焊缝多且长，焊接接头系数为 0.9。

2. 钢管夹具最小设计长度计算

假如不考虑补强点区域的大小、剩余壁厚，环氧树脂固化后的剪切强度决定了夹具最小使用长度，与抗压强度和钢管管径无关。

夹具最小设计长度为：

$$L=2P_1S/P_2 \tag{5-2}$$

式中 L——夹具最小计算长度，mm；

P_1——管线设计压力，MPa；

P_2——环氧树脂固化后的剪切强度，MPa；

S——夹具环缝隙，mm。

5.3 环氧材料的开发

环氧浇注夹具套管的一个关键技术是浇注环氧的性能和质量，它与传统的环氧液体涂料不同，不仅要求 100%固含量，而且要求固化后体积收缩率低、固化后涂层与套管之间附着力好，并且要求与管体的热膨胀系数接近、抗老化性能强等。

5.3.1 基料配方设计

原有的环氧产品除黏度、韧性、热膨胀系数和反应放热性之外，其他性能都能满足使用要求。除反应放热性通过调整固化剂体系进行改性外，其他性能的改进都是通过调整基料性能实现的。对基料体系的调整，主要是通过加入适量的低黏度增韧剂，在增加体系弹性的同时也可以有效地减低体系的黏度，同时体系的弹性增加后也可以有效地避免由于钢管和环氧注胶的热膨胀系数不一致而导致的危险。在体系增韧剂的选择中分别采用了 D11、E220、橡胶改性环氧及液态聚硫胶四种增韧剂，设计了 106 个实验配方。通过实验测试，最后筛选出 8 个比较理想的配方。配方的具体组成见表 5-1。

表 5-1 基料配方

名 称	1#	2#	3#	4#	5#	6#	7#	8#
有机树脂	492	492	492	492	416	384	356	336
D11			200		168	232	288	328
E220		200						
橡胶改性环氧				200				
液态聚硫胶	200							
无机填料	308	308	308	308	416	384	356	328
合计	1000	1000	1000	1000	1000	1000	1000	1000

5.3.2 固化剂配方设计

对固化剂体系的调整主要是为了适当降低体系的放热峰温度，主要是通过加入低反应性固化剂实现的。实验过程设计了 52 个实验配方，最后筛选出 6 个性能比较理想的配方。配方的具体组成见表 5-2。

表 5-2 固化剂配方

名 称	E	F	G	H	I	J
L 固化剂	900	800	700	900	800	700
ARADUR76	100	200	300			
天津低热				100	200	300

5.3.3 制备工艺

1. 实验设备(见表 5-3)

表 5-3 实验设备

名 称	厂 家	名 称	厂 家
真空高速分散机	秦皇岛欧路化工机械公司	交流稳压器	北京求真稳压器厂
高速分散机	迪玛特公司	直流稳压稳流电源	宁波中策电子公司
光学显微镜		铜/硫酸铜参比电极	河南产
拉力实验机		铂电极	江苏江扬电子仪器厂
旋转黏度计	上海精密科学仪器公司	可调式电热板	河北卸甲电器厂
干膜测厚仪	上海求真电子技术公司	涂层剥离刀	STANLEY
湿膜测厚仪	BYK Messkamm	电子天平	上海精密科学仪器公司
电热恒温水浴锅	天津中环实验电炉公司		

2. 制备工艺

1) 基料的制备

将有机树脂加入真空高速分散机的反应釜中，将转速调到 1200r/min 左右，搅拌大约

30min，开始加入无机填料，再搅拌大约 30min，开始抽真空，在抽真空状态下搅拌约 2h。

2) 固化剂的制备

将固化剂的各组分加入高速分散机的反应釜中，将转速调到 600r/min 左右，搅拌大约 60min 即可。其生产工艺流程如图 5-1 所示。

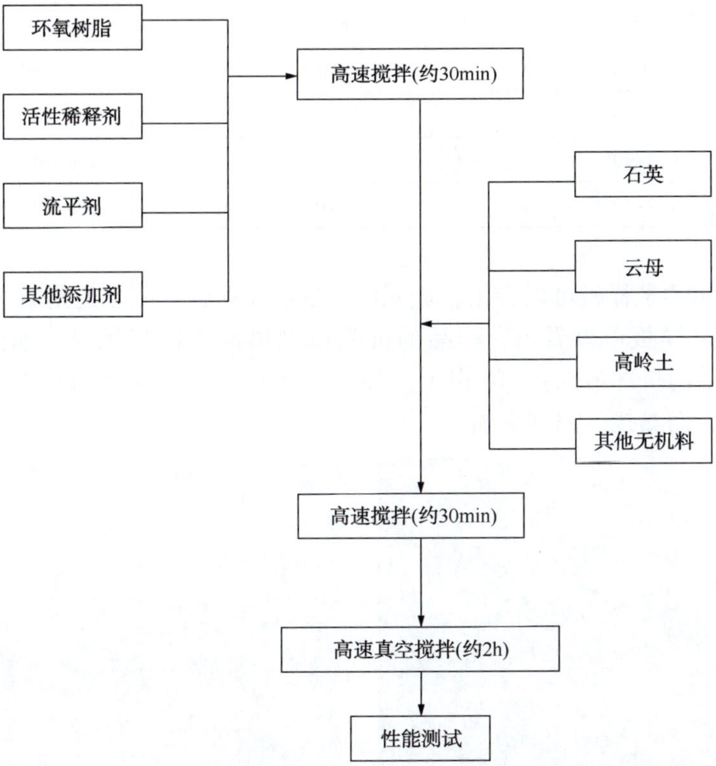

图 5-1 生产工艺流程图

3. 检测数据和性能

样板涂覆之前应先进行喷砂处理，达到 SSPC SP10、NACE 2 或 Sa2.5 的要求，基料与不同固化剂按比例混合均匀后进行涂膜，涂膜总厚度不低于 0.5mm，常温下固化，一周后测试性能。测试方法执行以下标准：SY/T 0315、GB/T 9761、GB/T 1759、GB/T 1725、ISO 2815:1973E、DIN 30672-02、ASTM 4151、ASTM D1640。所开发产品中，性能较好的配方测试结果见表 5-4。

表 5-4 性能测试结果

基 料	3#	4#			8#	备 注
固化剂	L	L	E	F	L	
配比	22	20	22	23	19	
附着力	一级	一级	一级	一级	一级	测试样板见图 5-2
阴极剥离/mm	5.2	6.0	6.0	6.2	5.6	测试样板见图 5-3
放热峰/℃	93	85	82	81	54	

续表

基料		3#	4#	8#	备注
抗压强度/MPa		<65	<60	>70	
黏接强度/MPa		<9	<10	>12	
剪切强度/MPa		<9	<8	>11	测试样板见图 5-5
基料黏度/cP	25℃	4.90×10⁴	26.0×10⁴	23.2×10⁴	
	35℃	1.6×10⁴	13.4×10⁴	9.3×10⁴	
	45℃	0.8×10⁴	2.7×10⁴	4.6×10⁴	
	25℃与 L 混合	1.0×10⁴	2.3×10⁴	2.3×10⁴	

注：1cP = 10^{-3}Pa · s。

由图 5-2 所示测试样板可以看出，经 48h、75℃水煮后，产品的附着力达到一级效果。由图 5-3 所示测试样板可以看出，产品的抗阴极剥离性能极其优异。如图 5-4 所示，在 20℃条件下，产品的抗冲击性在 10J 以上。如图 5-5 所示，用厚度为 0.6mm 铁片进行测试时，铁片被拉断，而黏接处完好无损。

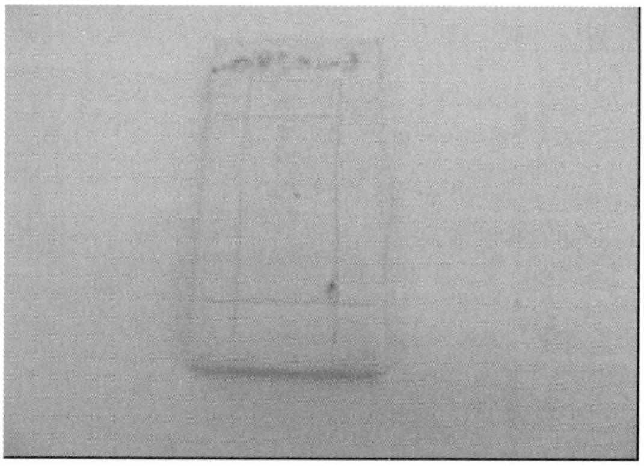

图 5-2　8#产品附着力测试样板

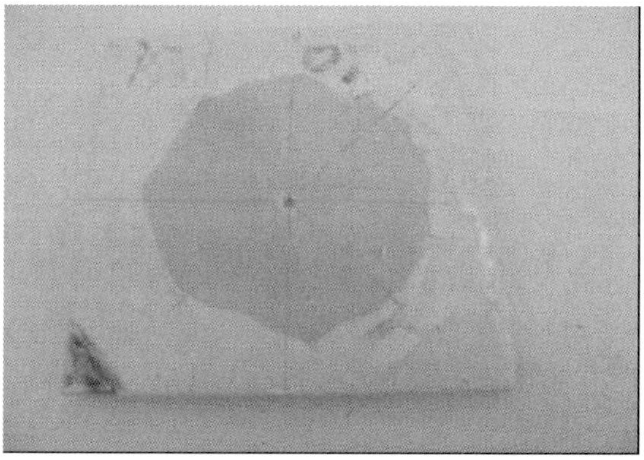

图 5-3　8#产品的阴极剥离测试样板

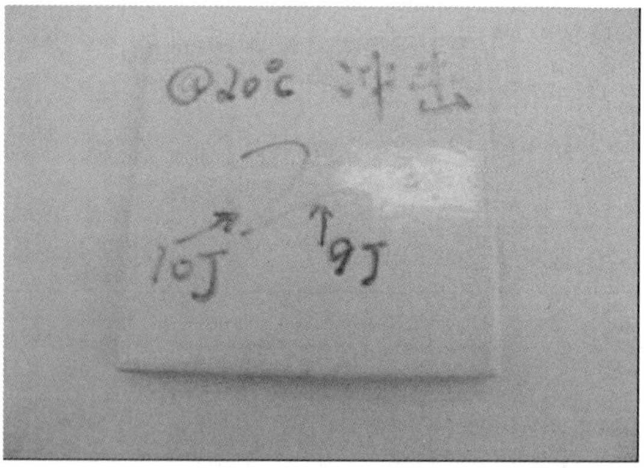

图 5-4　8#产品的抗冲击性能测试样板

图 5-5　8#产品的剪切强度测试样板

由实验结果看出：8#配方的各项指标均能满足使用要求。最终确定产品配方的产品性能如表 5-5 所示。

表 5-5　产品配方的产品性能

项　目	8#配方产品性能	原有产品性能	国外同类产品性能
黏接强度	12.2MPa	19MPa	12.6MPa
剪切强度	11.8MPa	16MPa	>18MPa
抗压强度	72.3MPa(变形 50%,产品完好)	108MPa(变形<15%即破碎)	70MPa
压缩变形率	>50%	<15%	
抗 2.5 度弯曲性(-18℃±3℃)	无裂缝	有裂缝	
阴极剥离实验	3.5mm	4mm	
抗 1.5J 冲击(-30℃)	通过	通过	
附着力	一级	一级	
断面孔隙率	2 级	2 级	
黏接面孔隙率	1 级	1 级	
基料同固化剂的混合黏度(25℃)	23000cP	150000cP	
产品反应放热峰	54℃	115℃	
产品凝胶化时间 200g(25℃)	27min	21min	
产品固化前后的收缩率	0.25%	0.38%	0.45%
产品的固含量	≥99.5%	≥99.5%	≥99.5%
产品固化温度	环境温度在 10℃以上时，无需加热固化	环境温度在 10℃以上时，无需加热固化	

由表 5-6 所示的测试结果可知，通过对原有产品的改性，所开发的新产品在保持原有产品的主要性能的情况下，其产品韧性得到了大幅度的提高，反应放热峰得到了大幅度的降低，体系的黏度也得到了有效的降低，该产品完全适合于管道修复用注胶。其性能达到或超过了国外同类产品。

表 5-6　8#产品的黏度与温度的关系

基料温度	25℃	35℃	45℃
基料黏度/cP	23.2×10^4	9.3×10^4	4.6×10^4
固化剂温度/℃	25	25	25
固化剂黏度/cP	858		
混合料黏度/cP	2.3×10^4	1.1×10^4	0.6×10^4

对 8#产品进行了模拟实况的注胶实验，实验效果如图 5-6 所示。

将所注样管切开后，观察到所注胶料密实、与金属的黏接效果好、无任何缝隙。

图 5-6　8#产品注胶效果

5.4　管道修复的力学分析及理论模拟计算

5.4.1　ϕ508 管道夹具注环氧数值模拟

1. 穿孔缺陷模拟

原钢管直径 508mm，原管壁厚度 8mm，中间有一个直径 40mm 的孔，模拟管道穿孔的情况。夹具外径 540mm，夹具壁厚 8mm，环氧厚度 8mm，上面是夹具注环氧，采用焊接套管形式。材料：X60 钢；杨氏模量：207GPa；波松比：0.3；屈服强度：$\sigma_s=415\text{MPa}$；抗拉强度：$\sigma_b=525\text{MPa}$；延伸率：22%。本算例中判断材料承载流变应力：$\sigma'=\dfrac{\sigma_s+\sigma_b}{2}=470\text{MPa}$。采用 Mises 屈服准则。材料：环氧树脂；杨氏模量：1.048GPa；波松比：0.3。

通过有限元计算表明，在内压达到 14.7MPa(管体设计压力为 9.4MPa)时：环氧承受的最大压应力为 28MPa；夹具承受的最大 Mises 应力为 270MPa，远低于 X60 钢的屈服强度；管体所受的最大 Mises 应力在缺陷处和无缺陷管段上基本同时产生，达到了 465MPa，略低于流变应力 470MPa。但是由于环氧填充了缺陷周围空间，将限制局部缺陷处的进一步变形。在环氧树脂压缩强度能够达到 52MPa 时，夹具能够充分地限制穿孔泄漏，当没有缺陷的管段达到流变应力时，缺陷处仍然是安全的。内压在 14.7MPa 时的应力分布如图 5-7～图 5-10 所示。

综合分析表明，这种夹具注环氧方法能够有效地起到补强作用，使补强后的缺陷处管段强度与无缺陷管段一致或者更高。以上结论是有一定的限制条件的：

(1)环氧充分固化，并且没有过多的杂质。如果是带压堵漏，很有可能掺进一定程度的杂质，造成环氧性能下降。

(2)环氧和钢管之间充分黏接，没有缝隙，这一点在实际中很难达到。由于缝隙和局部缺陷的存在，使得在加压的过程中，钢管和环氧之间可能会形成裂纹，造成裂纹撕裂，发生破坏。

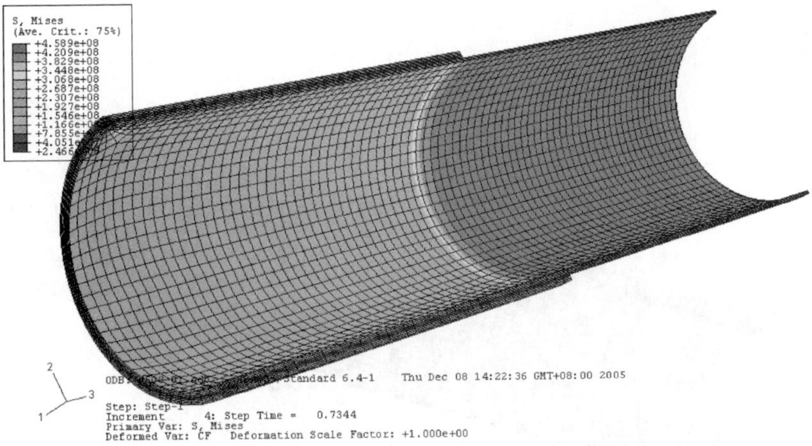

图 5-7　内压 14.7MPa 时试件 Mises 应力分布图

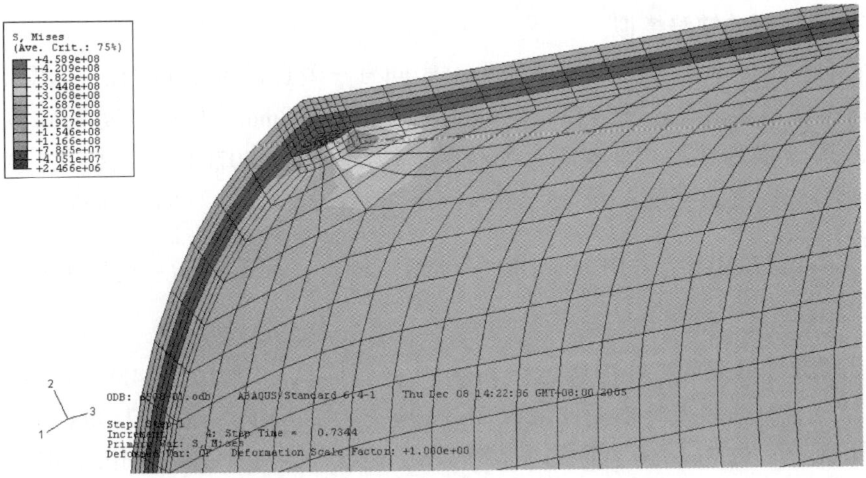

图 5-8　内压 14.7MPa 时缺陷局部 Mises 应力分布图

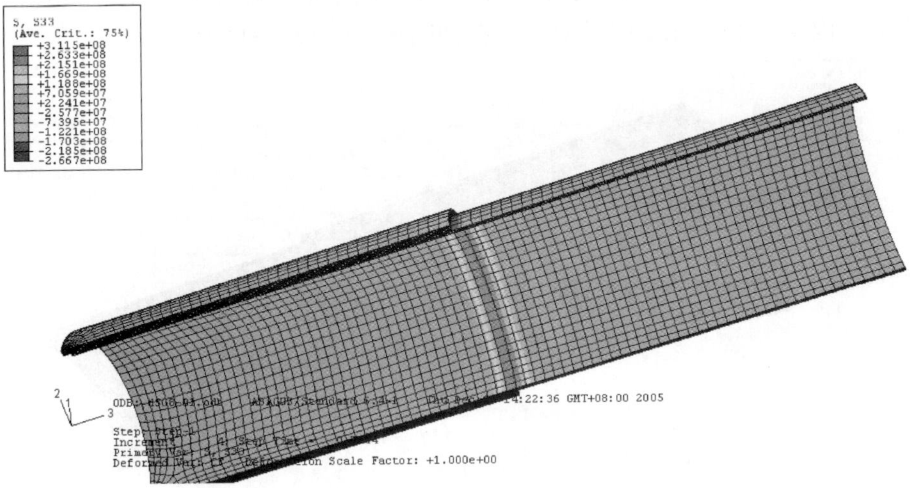

图 5-9　内压 14.7MPa 时轴向应力分布图

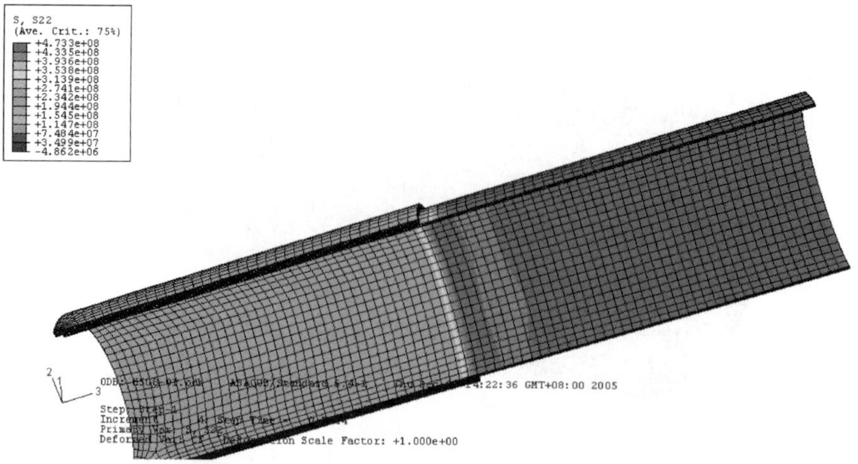

图 5-10 内压 14.7MPa 时环向应力分布图

2. 有残余壁厚的缺陷模拟

原钢管直径 508mm，原管壁厚度 8mm，中间有一个直径 40mm 的孔，深度是 75%壁厚，模拟管道深度腐蚀的情况。夹具外径 540mm，夹具壁厚 8mm，环氧厚度 8mm，上面是夹具注环氧，采用焊接套管形式。材料：X60 钢；杨氏模量：207GPa；波松比：0.3；屈服强度：$\sigma_s=415\text{MPa}$；抗拉强度：$\sigma_b=525\text{MPa}$；延伸率：22%。本算例中判断材料承载流变应力：$\sigma'=\dfrac{\sigma_s+\sigma_b}{2}=470\text{MPa}$。采用 Mises 屈服准则。材料：环氧树脂；杨氏模量：1.048GPa；波松比：0.3。

通过有限元计算表明，在内压达到 14.6MPa(管体设计压力为 9.4MPa)时：环氧承受的最大压应力为 20MPa；夹具承受的最大 Mises 应力为 266MPa，远低于 X60 钢的屈服强度；管体缺陷处所受最大 Mises 应力达到了 420MPa，略低于流变应力 470MPa。但是由于环氧填充了缺陷周围空间，将限制局部缺陷处的进一步变形。在环氧树脂压缩强度能够达到 52MPa 时，夹具能够充分地限制穿孔泄漏，当没有缺陷的管段达到流变应力时，缺陷处仍然是安全的。内压在 14.6MPa 时的应力分布如图 5-11~图 5-14 所示。

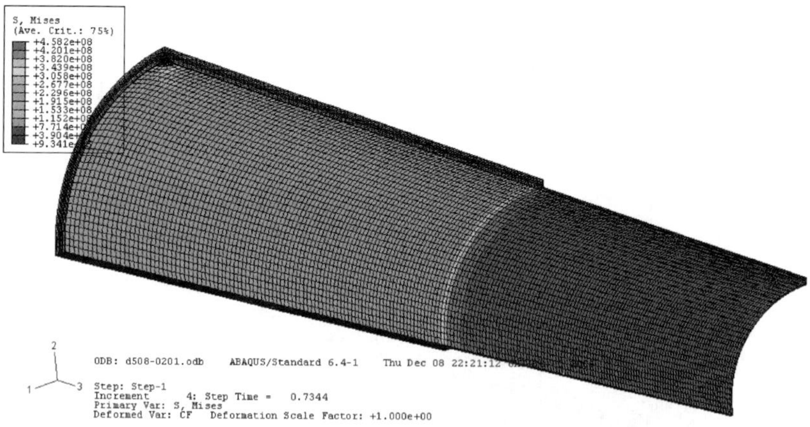

图 5-11 内压 14.6MPa 时试件 Mises 应力分布图

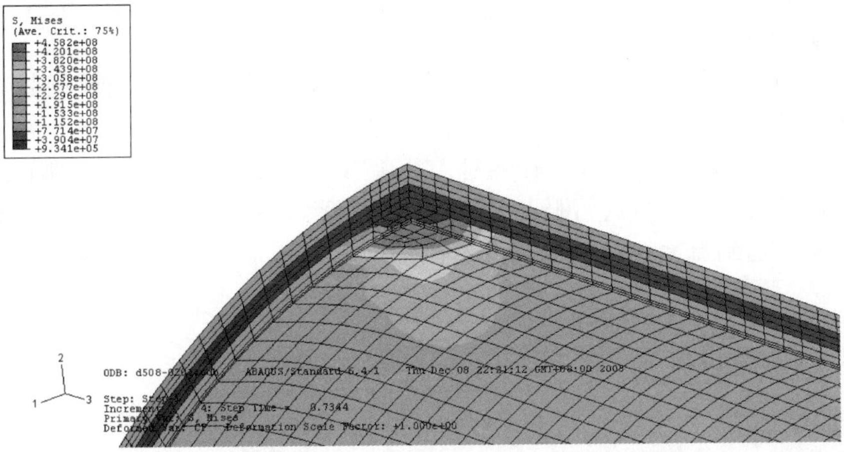

图 5-12 内压 14.6MPa 时缺陷局部 Mises 应力分布图

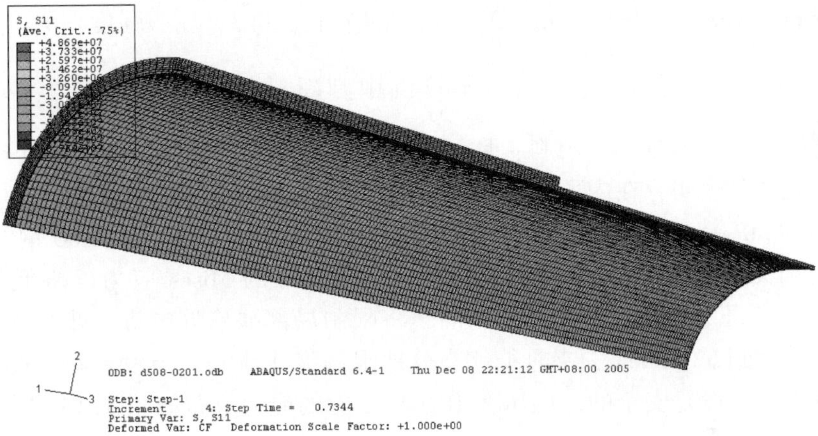

图 5-13 内压 14.6MPa 时压应力分布图

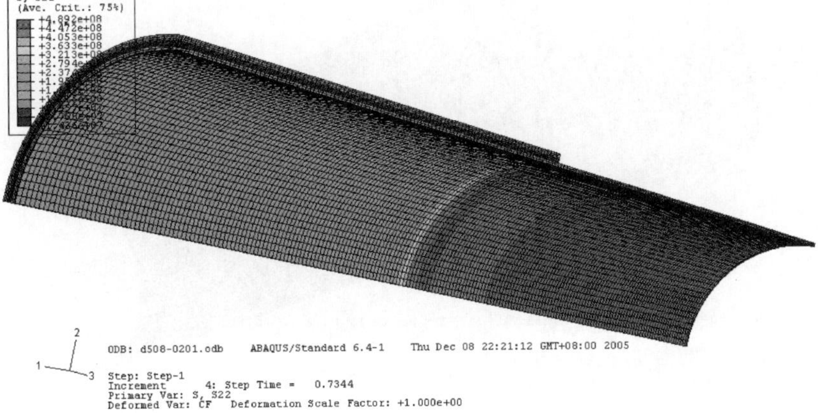

图 5-14 内压 14.6MPa 时环向应力分布图

在数值模型中，假设缺陷处没有填充任何物质，如果填充了环氧或者腻子等材料，最终的补强效果可能会略好一些。

综合分析表明，这种夹具注环氧方法能够有效地起到补强作用，使补强后的缺陷处管段强度与无缺陷管段一致或者更高。

当缺陷深度达75%并且不进行补强时，管道内压加至8MPa时管体缺陷处屈服，没有缺陷情况下管道在13MPa接近屈服点，承压能力降低了38%。管道内压加至12MPa时含缺陷管体最大应力达到流变应力，可能发生泄漏。总之，夹具注环氧能够起到明显的补强效果。

5.4.2 ϕ660管道夹具注环氧数值模拟

1. 穿孔缺陷模拟

原钢管直径660mm，原管壁厚度7.14mm，中间有一个直径40mm的孔，模拟管道穿孔的情况。夹具外径692mm，夹具壁厚8mm，环氧厚度8mm，上面是夹具注环氧，采用焊接套管形式。材料：X60钢；杨氏模量：207GPa；波松比：0.3；屈服强度：$\sigma_s=415$MPa；抗拉强度：$\sigma_b=525$MPa；延伸率：22%。本算例中判断材料承载流变应力：$\sigma'=\frac{\sigma_s+\sigma_b}{2}=470$MPa。采用Mises屈服准则。材料：环氧树脂；杨氏模量：1.048GPa；波松比：0.3。

通过有限元计算表明，在内压达到10.0MPa(管体设计压力为6.4MPa)时：环氧承受的最大压应力为30MPa；夹具承受的最大Mises应力为305MPa，远低于X60钢的屈服强度；在管体缺陷处和无缺陷管段上基本同时达到了457MPa的Mises应力，略低于流变应力470MPa。但是由于环氧填充了缺陷周围空间，将限制局部缺陷处的进一步变形。在环氧树脂压缩强度能够达到52MPa时，夹具能够充分地限制穿孔泄漏，当没有缺陷的管段达到流变应力时，缺陷处仍然是安全的。内压在10.0MPa时的应力分布如图5-15~图5-18所示。

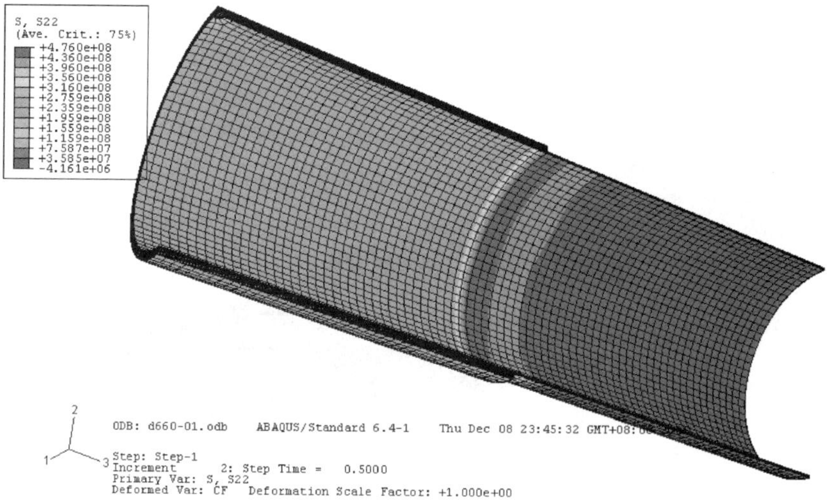

图5-15 内压10.0MPa时缺陷局部Mises应力分布图

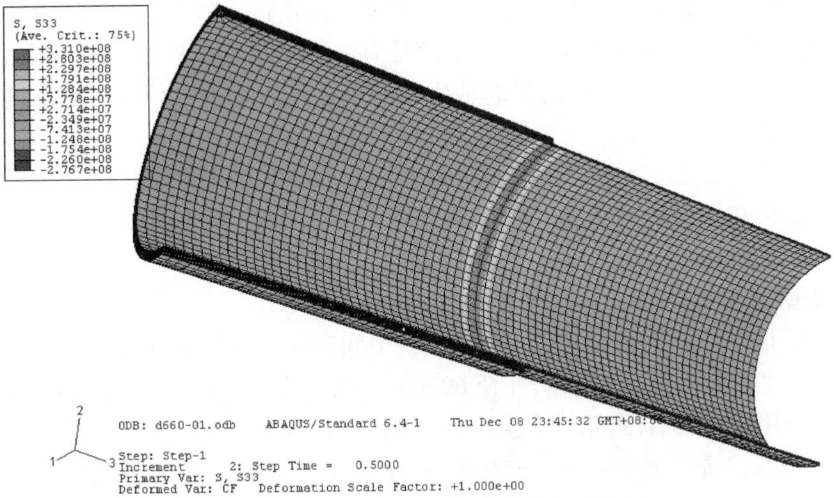

图 5-16　内压 10.0MPa 时轴向应力分布图

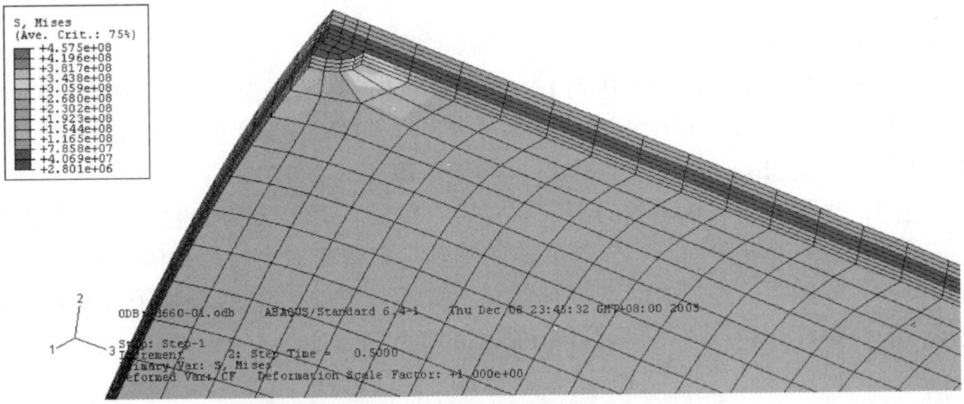

图 5-17　内压 10.0MPa 时环向应力分布图

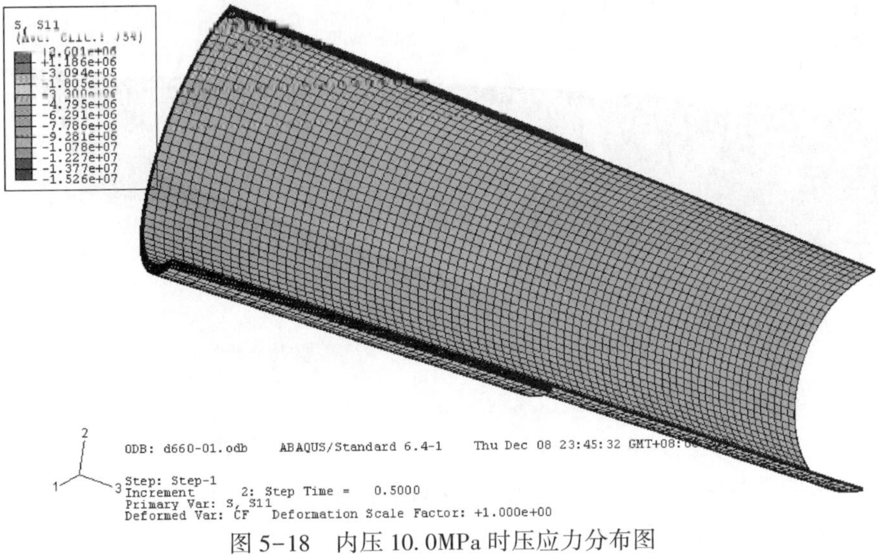

图 5-18　内压 10.0MPa 时压应力分布图

综合分析表明，这种夹具注环氧方法能够有效地起到补强作用，使补强后的缺陷处管段强度与无缺陷管段一致或者更高。以上结论是有一定的限制条件的：

(1)环氧充分固化，并且没有过多的杂质。如果是带压堵漏，很有可能掺进一定程度的杂质，造成环氧性能下降。

(2)环氧和钢管之间充分黏接，没有缝隙，这一点在实际中很难达到。由于缝隙和局部缺陷的存在，使得在加压的过程中，钢管和环氧之间可能会形成裂纹，造成裂纹撕裂，发生破坏。

2. 有残余壁厚的缺陷模拟

原钢管直径 660mm，原管壁厚度 7.14mm，中间有一个直径 40mm 的孔，深度是 75%壁厚，模拟管道深度腐蚀的情况。夹具外径 692mm，夹具壁厚 8mm，环氧厚度 8mm，上面是夹具注环氧，采用焊接套管形式。材料：X60 钢；杨氏模量：207GPa；波松比：0.3；屈服强度：$\sigma_s=415\text{MPa}$；抗拉强度：$\sigma_b=525\text{MPa}$；延伸率：22%。本算例中判断材料承载流变应力：$\sigma'=\dfrac{\sigma_s+\sigma_b}{2}=470\text{MPa}$。采用 Mises 屈服准则。材料：环氧树脂；杨氏模量：1.048GPa；波松比：0.3。

通过有限元计算表明，在内压达到 10.0MPa(管体设计压力为 6.4MPa)时：环氧承受的最大压应力为 20MPa；夹具承受的最大 Mises 应力为 304MPa，远低于 X60 刚的屈服强度；管体缺陷处所受最大 Mises 应力为 418MPa，略低于流变应力 470MPa。但是由于环氧填充了缺陷周围空间，将限制局部缺陷处的进一步变形。在环氧树脂压缩强度能够达到 52MPa 时，夹具能够充分地限制穿孔泄漏，当没有缺陷的管段达到流变应力时，缺陷处仍然是安全的。在数值模型中，假设缺陷处没有填充任何物质，如果填充了环氧或者腻子等材料，最终的补强效果可能会略好一些。内压在 10.0MPa 时的应力分布如图 5-19 和图 5-20 所示。

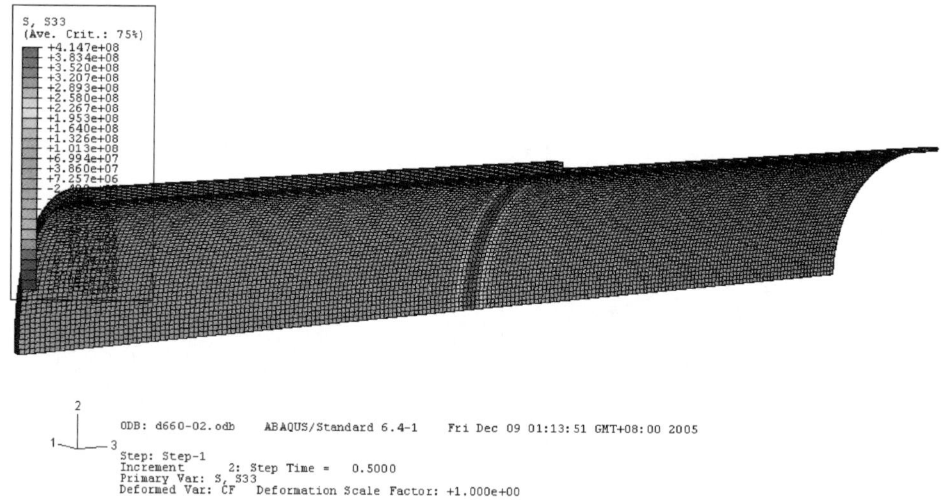

图 5-19 内压 10.0MPa 时环向应力分布图

综合分析表明，这种夹具注环氧方法能够有效地起到补强作用，使补强后的缺陷处管段强度与无缺陷管段一致或者更高。

当缺陷深度达75%并且不进行补强时，管道内压加至4MPa时管体缺陷处屈服，没有缺陷情况下管道在9.0MPa接近屈服点，承压能力降低了56%。管道内压加至8.5MPa时含缺陷管体最大应力达到流变应力，可能发生泄漏。总之，夹具注环氧能够起到明显的补强效果。

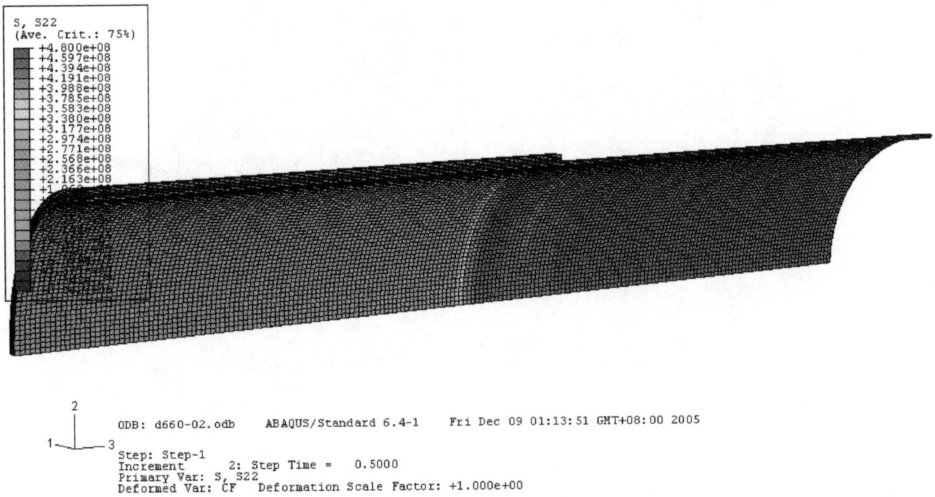

图5-20 内压10.0MPa时轴向应力分布图

5.4.3 ϕ711管道夹具注环氧数值模拟

1. 穿孔缺陷模拟

原钢管直径711mm，原管壁厚度7.14mm，中间有一个直径40mm的孔，模拟管道穿孔的情况。夹具外径743mm，夹具壁厚8mm，环氧厚度8mm，上面是夹具注环氧，采用焊接套管形式。材料：X60钢；杨氏模量：207GPa；波松比：0.3；屈服强度：$\sigma_s=415$MPa；抗拉强度：$\sigma_b=525$MPa；延伸率：22%。本算例中判断材料承载流变应力：$\sigma'=\frac{\sigma_s+\sigma_b}{2}=470$MPa。采用Mises屈服准则。材料：环氧树脂；杨氏模量：1.048GPa；波松比：0.3。

通过有限元计算表明，在内压达到10.0MPa(管体设计压力为6.0MPa)时：环氧承受的最大压应力为6MPa；夹具承受的最大Mises应力为268MPa，远低于X60刚的屈服强度；管体缺陷处所受最大Mises应力为411MPa，低于流变应力470MPa。但是由于环氧填充了缺陷周围空间，将限制局部缺陷处的进一步变形。在氧树脂压缩强度能够达到52MPa时，夹具能够充分地限制穿孔泄漏，当没有缺陷的管段达到流变应力时，缺陷处仍然是安全的。内压在10.0MPa时的应力分布如图5-21~图5-25所示。

综合分析表明，这种夹具注环氧方法能够有效地起到补强作用，使补强后的缺陷处管段强度与无缺陷管段一致或者更高。以上结论是有一定的限制条件的：

(1)环氧充分固化，并且没有过多的杂质。如果是带压堵漏，很有可能掺进一定程度的杂质，造成环氧性能下降。

(2)环氧和钢管之间充分黏接，没有缝隙，这一点在实际中很难达到。由于缝隙和局部缺陷的存在，使得在加压的过程中，钢管和环氧之间可能会形成裂纹，造成裂纹撕裂，发生破坏。

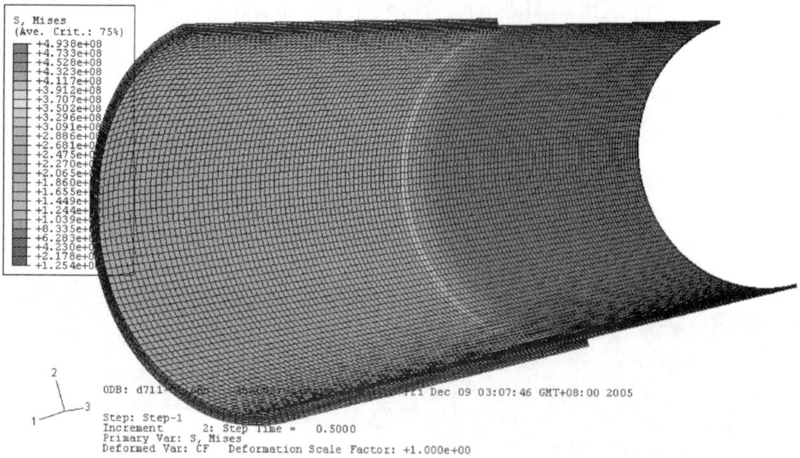

图 5-21 内压 10.0MPa 时试件 Mises 应力分布图

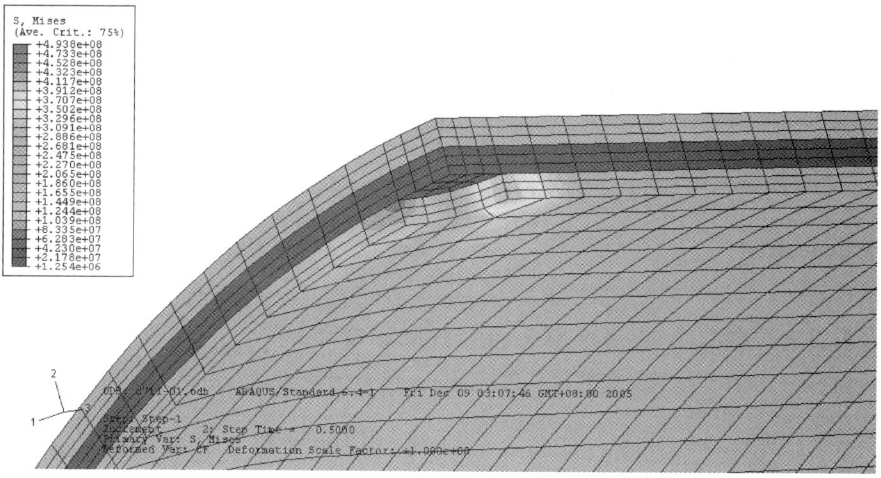

图 5-22 内压 10.0MPa 时缺陷局部 Mises 应力分布图

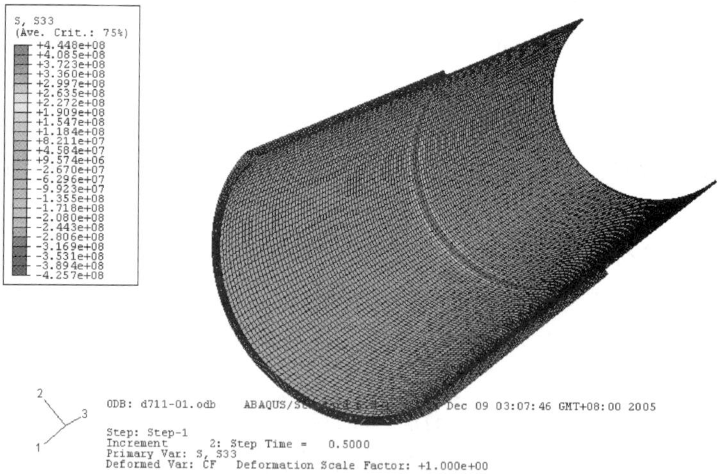

图 5-23 内压 10.0MPa 时轴向应力分布图

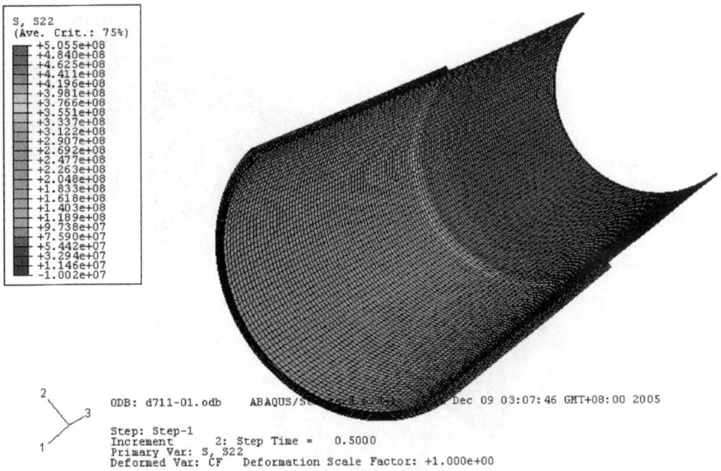

图 5-24　内压 10.0MPa 时环向应力分布图

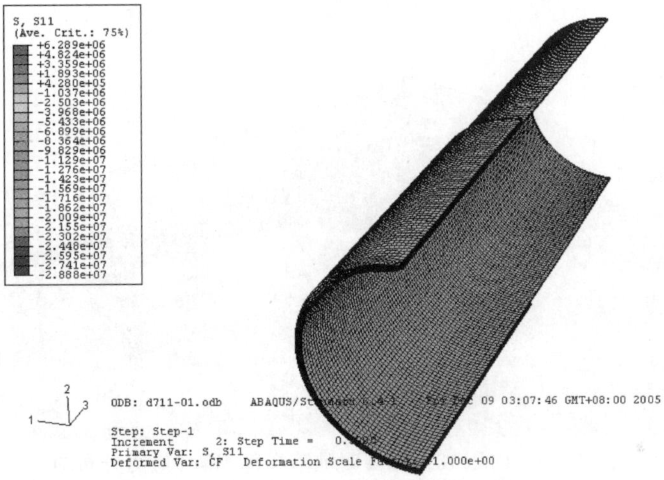

图 5-25　内压 10.0MPa 时压应力分布图

2. 有残余壁厚的缺陷模拟

原钢管直径 711mm，原管壁厚度 7.14mm，中间有一个直径 40mm 的孔，深度是 75%壁厚，模拟管道深度腐蚀的情况。夹具外径 743mm，夹具壁厚 8mm，环氧厚度 8mm，上面是夹具注环氧，采用焊接套管形式。材料：X60 钢；杨氏模量：207GPa；波松比：0.3；屈服强度：$\sigma_s=415MPa$；抗拉强度：$\sigma_b=525MPa$；延伸率：22%。本算例中判断材料承载流变应力：$\sigma'=\frac{\sigma_s+\sigma_b}{2}=470MPa$。采用 Mises 屈服准则。材料：环氧树脂；杨氏模量：1.048GPa；波松比：0.3。

通过有限元计算表明，在内压达到 10.0MPa(管体设计压力是 6.0MPa)时：环氧承受的最大压应力为 20MPa；夹具承受的最大 Mises 应力为 304MPa，远低于 X60 刚的屈服强度；管体缺陷处所受最大 Mises 应力为 412MPa，略低于流变应力 470MPa。但是由于环氧填充了缺陷周围空间，将限制局部缺陷处的进一步变形。在环氧树脂压缩强度能够达到 52MPa 时，夹具能够充分地限制穿孔泄漏，当没有缺陷的管段达到流变应力时，缺陷处仍然是安全的。内压在 10.0MPa 时的应力分布如图 5-26~图 5-30 所示。

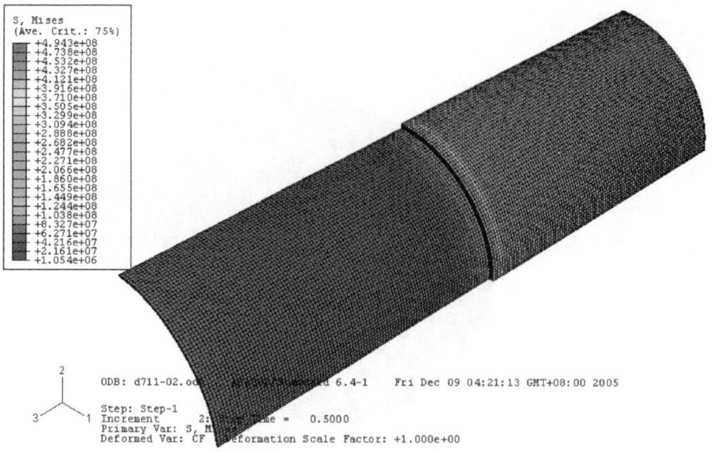

图 5-26　内压 10.0MPa 时试件 Mises 应力分布图

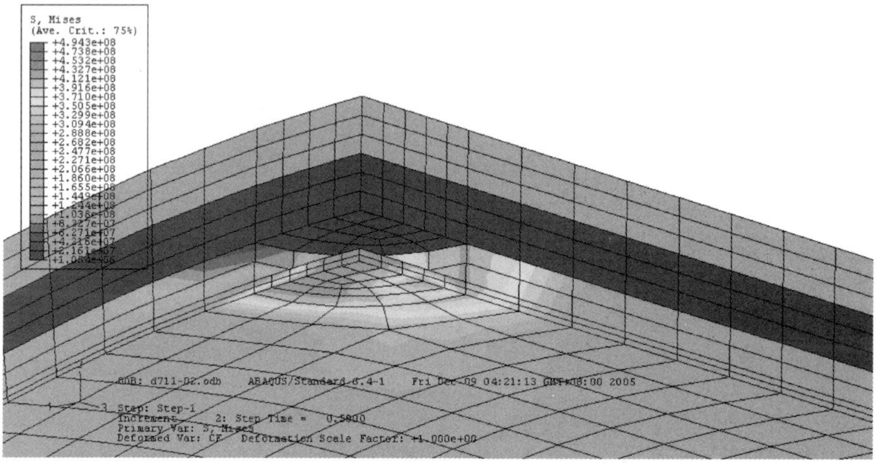

图 5-27　内压 10.0MPa 时缺陷局部 Mises 应力分布图

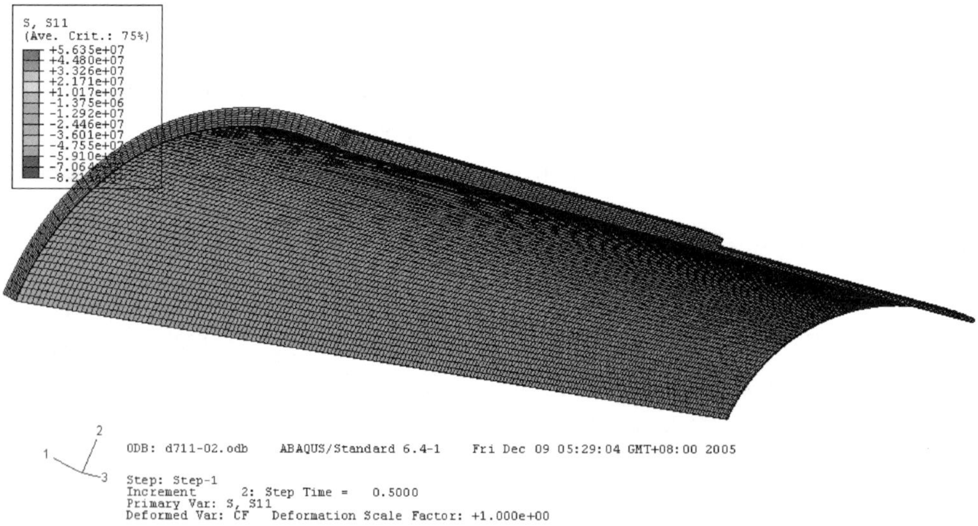

图 5-28　内压 10.0MPa 时压应力分布图

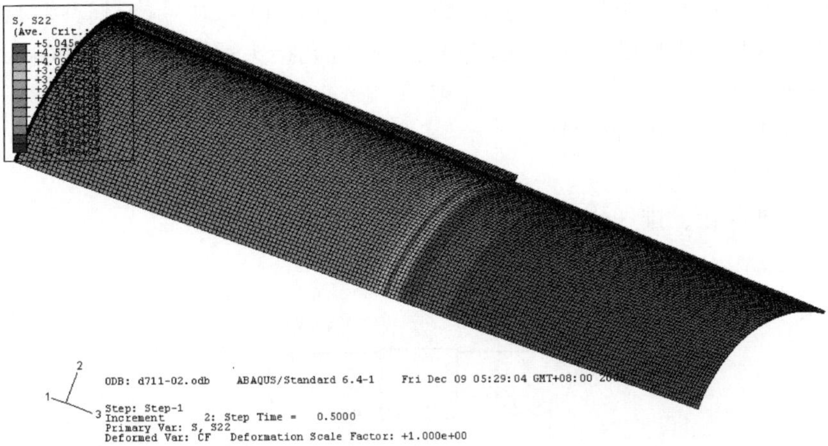

图 5-29　内压 10.0MPa 时环向应力分布图

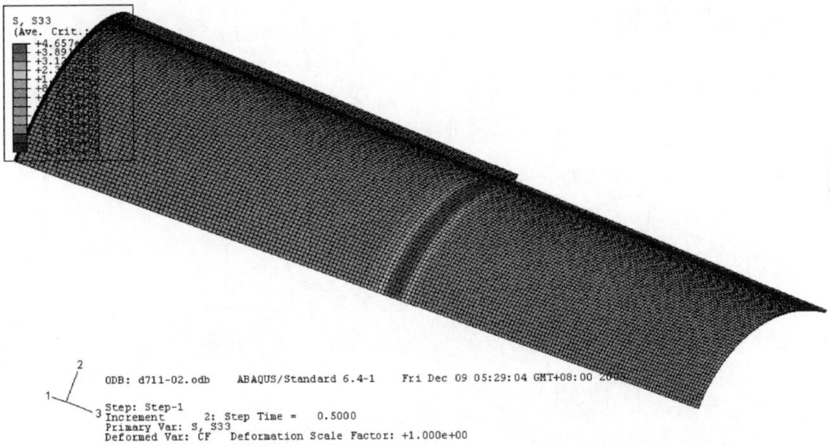

图 5-30　内压 10.0MPa 时轴向应力分布图

在数值模型中，假设缺陷处没有填充任何物质，如果填充了环氧或者腻子等材料，最终的补强效果可能会略好一些。综合分析表明，这种夹具注环氧方法能够有效地起到补强作用，使补强后的缺陷处管段强度与无缺陷管段一致或者更高。

当缺陷深度达 75%并且不进行补强时，管道内压加至 4MPa 时管体缺陷处屈服，没有缺陷情况下管道在 8.3MPa 接近屈服点，承压能力降低了 54%。管道内压加至 8.0MPa 时含缺陷管体最大应力达到流变应力，可能发生泄漏。总之，夹具注环氧能够起到明显的补强效果。

5.5　全尺寸爆破实验

5.5.1　实验准备工作

1. 管材准备

实验管道取不同长度，两端用椭球形钢封头电焊连接，管道的两端分别钻两个直径为

20mm、27mm 左右的圆孔，分别用焊条焊接两个长 120mm 的 20 号棒材管接口作为排气孔、进水孔，其中进水口接头螺纹尺寸为 M27×1.5，排气孔接头螺纹尺寸为 M20×1.5。

2. 管材表面准备

管材表面按实验要求进行处理。

3. 缺陷的制作

实验用管的进水孔、排气孔的位置如图 5-31 所示。

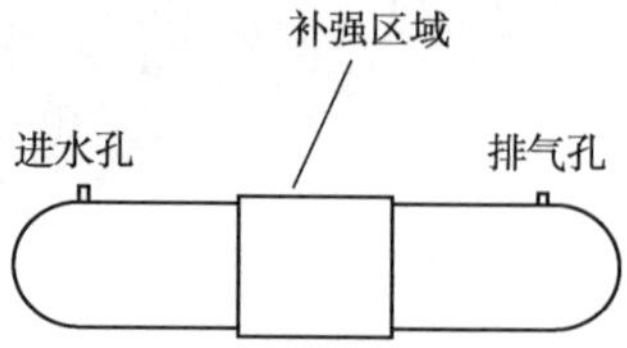

图 5-31 爆破实验用管示意图

5.5.2 实验装置安装

实验装置安装如图 5-32 所示。

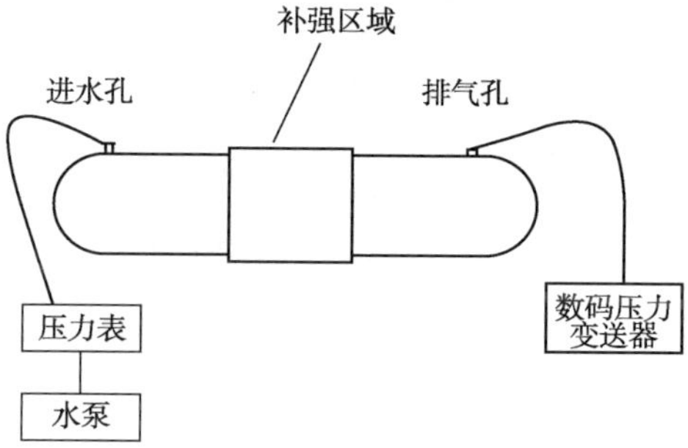

图 5-32 爆破实验装置示意图

5.5.3 测定步骤

1. 步骤一

连接注水管道对实验用管进行注水，直至试样全部充满水为止。此时应注意排除空气，使管内不留有空气。

2. 步骤二

将加压泵接头与进水孔相连，压力传感器接头与排气孔相连，对试样进行试压，观察接头处是否漏气。

3. 步骤三

在检查试样不漏气的情况下，进行逐级加压。加压过程为：首先给试样加压至 3MPa，然后保压 5min；再加压至 5MPa，然后保压 5min；再按每级 2.0MPa 进一步增压，并且每级保压 20min，直至试样破坏。

4. 步骤四

实验过程中，注意观察压力变送器的变化，并相应记录压力随时间的变化值。

5.5.4　实验记录及数据整理

本爆破实验共进行了7次，如图5-33~图5-36所示。

第一次实验：1#管在升压至3.0MPa的过程中夹具与管壁接缝处发生泄漏。

第二次实验：2#管升压至4.9MPa，夹具与管壁接缝处发生泄漏。

第三次实验：3#管升压至5.3MPa，夹具与管壁接缝处发生泄漏。

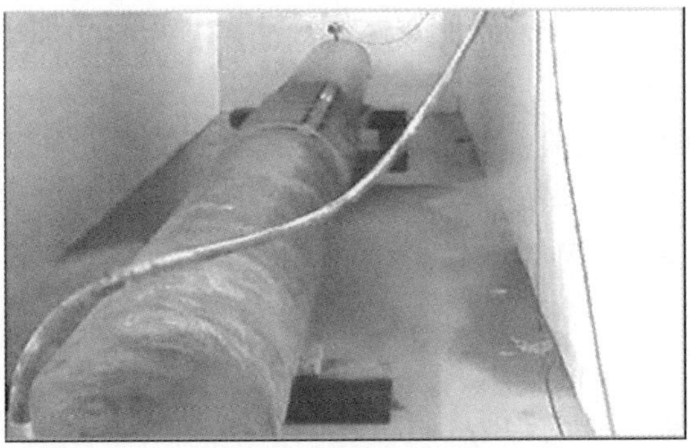

图5-33　1#管道爆破实况图

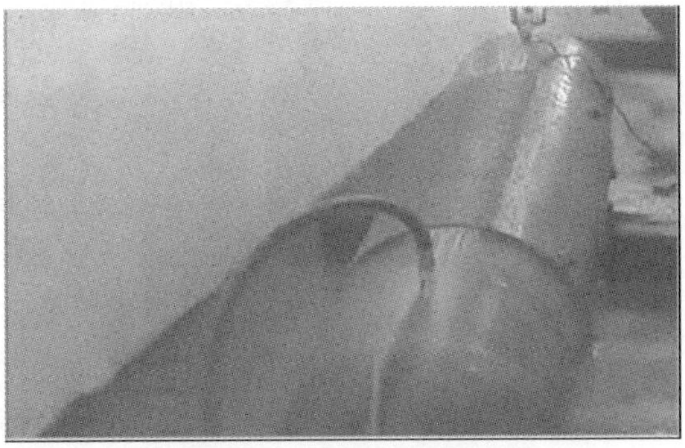

图5-34　5#管道爆破实况图

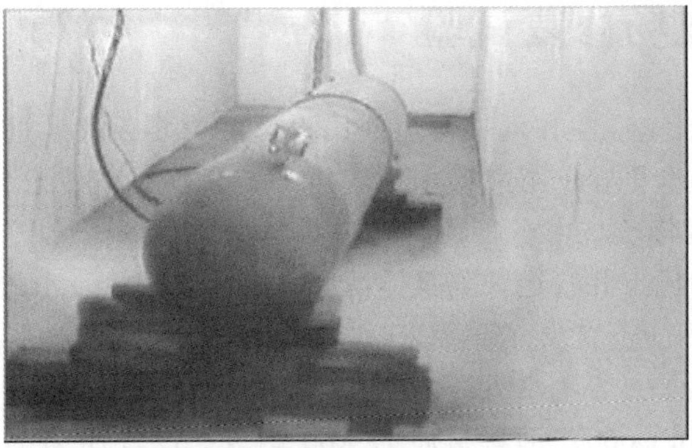

图5-35　7#管道爆破实况图

图5-36　7#管爆破后现场图(爆破处位于管道下方)

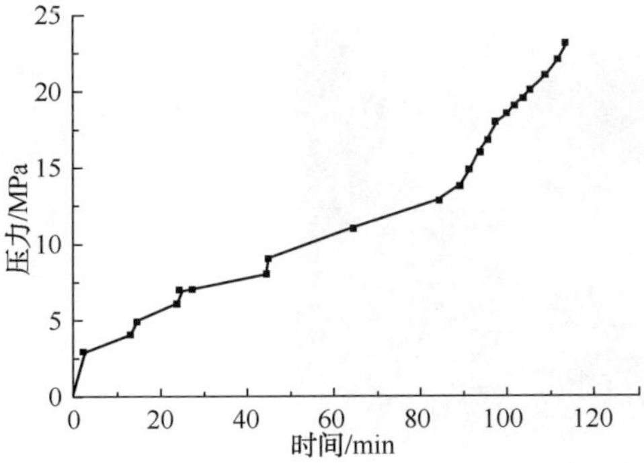

图5-37　5#管爆破实验压力-时间关系图

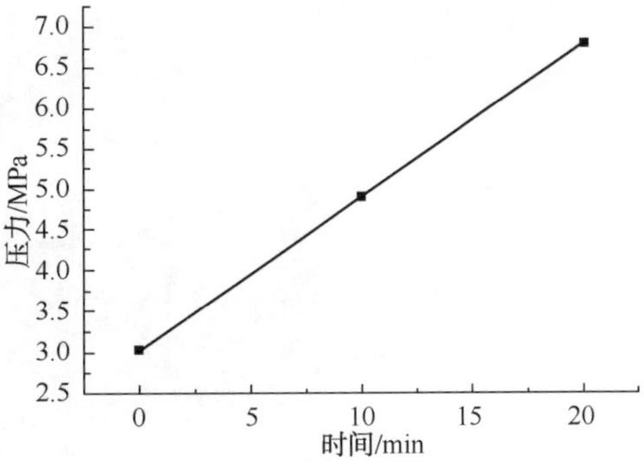

图5-38　6#管爆破实验压力-时间关系图

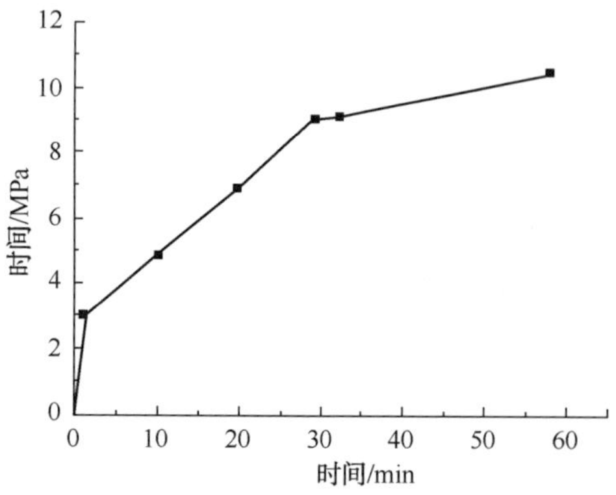

图 5-39　7#管爆破实验压力-时间关系图

第四次实验：4#管升压至 5.3MPa，夹具与管壁接缝处发生泄漏。

第五次实验：5#管升压至 23MPa 仍未发生任何泄漏，管道保持完整，随后停止继续打压。其实验过程的压力与时间的关系图如图 5-37 所示。

第六次实验：6#管升压至 6.8MPa，夹具与管壁接缝处发生泄漏。其实验过程的压力与时间的关系图如图 5-38 所示。

第七次实验：7#管打压至 10.4MPa，管道于预制裂纹处发生爆破。其实验过程的压力与时间的关系图如图 5-39 所示。

5.5.5 实验结论

通过以上实验，认为修复后的管材能短时间承受较高的压力。爆破部位为未补强的缺陷处，破坏为典型的撕裂型破坏。补强的缺陷处管体无明显变化。

5.6 管道现场修复试验

管道夹具注环氧树脂修复技术是保证管道完整性和延长管道使用寿命的重要手段。近十年来国内外对于该应用技术一直处在不断开发与应用过程中。近年来新材料、新技术、新工艺不断出现，也在不断地完善现有的管道修复技术。

根据管道夹具注环氧树脂补强修复技术的优点和管道缺陷具体情况确定了工程量，2006 年开始在永清-通州、琉璃河-永清、小下庄-汪庄子支线三条管线上使用管道夹具注环氧树脂补强修复技术，其中永清-通州有 15 处、琉璃河-永清有 2 处、小下庄-汪庄子支线有 3 处。

夹具共设计了两种规格，分别为 ϕ711 和 ϕ660，钢管材质为 X60 钢级，设计压力为 8MPa，故采用对应 ϕ711、ϕ660 钢管的两种夹具进行补强。现场施工人员克服地下水位过高的难题，在淤泥中作业，如图 5-40 所示。

图 5-40　现场修复作业试验

根据管道夹具注环氧树脂补强修复技术的灵活适用性，2006 年 6 月 7 日北京华油天然气有限责任公司利用该技术对该公司采育输气站地面汇管入口处弯头(ϕ660，20 号，90°)进行了应急修复，施工效果良好。其施工工艺流程如图 5-41 所示。

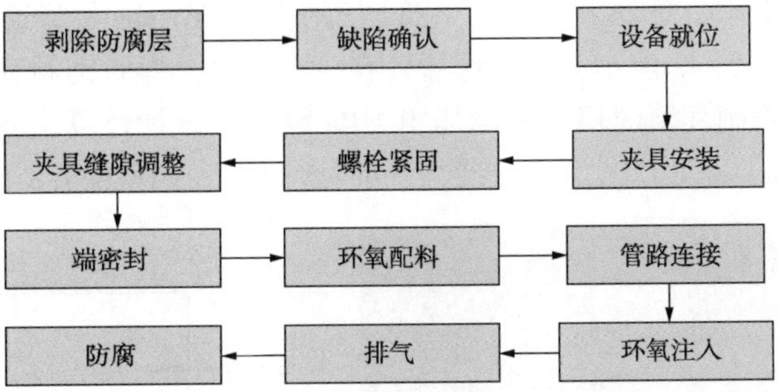

图 5-41　夹具注环氧现场施工工艺流程图

现场施工工艺流程如下：

(1)设备就位、管路连接　将泵放在离注入口较近的位置(根据现场情况，离注入口 1~2m 的地方)，出料软管(1~2m 长)管口连接到套管底部注入口，检查钢壳套管的排气口螺栓和排气管。

(2)配料　按无溶剂液态环氧树脂使用要求将 A 组分和 B 组分准确称重，称重的数量根据套管注入量确定，然后将无溶剂液态环氧树脂和固化剂按比例在合适的容器里搅拌均匀，A 组分和 B 组分一次搅拌最多不要超过 15kg，以延缓放热反应速度，在注入量大的情况下按 15kg 一份的量酌情分成若干份。

(3)注入　将泵进料软管(1~1.5m 长)插入配料容器内，启动泵电机并在低速范围内运转，注意注入时进料管口始终保持在低液位以免空气进入料管，要保证液体的连续性，进料管要始终在第一个配料容器内，每次配料即将用完时，及时倒入刚混合配制的料，当排气口溢出料后，停止泵电机，观察排气管液面高度，当套管排气液面下降后，点动泵电机补充填料，5~10min 后排气管液位稳定，说明填料和套管的气体排净，关闭注入口阀门，拆除连接管路，注入结束。

(4)管路清洗　将泵进出料软管管口插入装有二甲苯和丁醇混合溶液的容器中，启动泵，将溶剂在泵内及进出料软管内循环，防止填料凝结堵塞，一份溶剂为 10kg，可以反复使用；由于有高挥发低闪点溶剂，注入泵采用了具有防爆性能的铜齿轮。清洗后的注入系统可以进行下一个套管的注入施工，每次注入施工前都要排净溶剂。

(5)注入收尾　注入设备离开工作场地，清理工作场地内留下的杂物(包括含有溶剂的棉纱、用过的配料容器等，不得丢弃)。

5.7　大口径弯管道缺陷的修复应用实践

5.7.1　大口径弯管道缺陷变形情况

在中国石化管道储运有限公司鲁宁线管道内检测中发现，ϕ711mm 管道弯管处管体存在严重腐蚀缺陷(见图 5-42)，存在极大的安全隐患，必须尽快进行补强修复处理。

5.7.2 修复方案制定

针对该弯管腐蚀缺陷，计划采用一套 1.5m 长的内径 761mm 与管道弯曲度相近的弯曲钢制套筒进行修复，如图 5-43 所示，因为弯管处有一定曲率，弯曲钢制套筒内径要比直管钢制套筒内径要大，弯曲钢制套筒规格按照承压 10MPa 设计，设计计算主要采用 GB 50251《输气管道工程设计规范》和 GB/T 150《压力容器》，同时参照了 ASME B31.8 等标准。

图 5-42 腐蚀缺陷

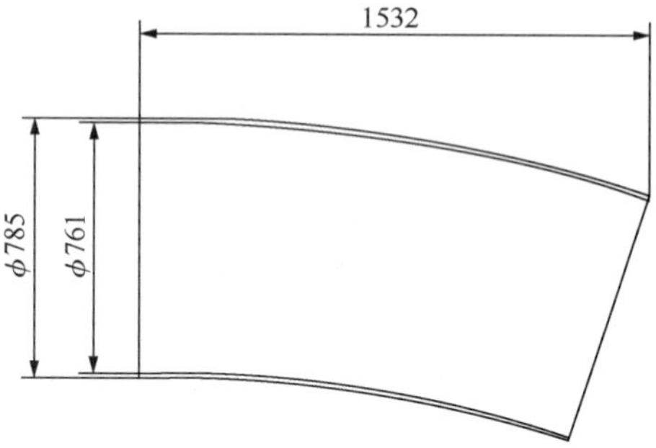

图 5-43 弯曲钢制套筒示意图

5.7.3 修复工艺

1. 弯管管道表面处理

首先去除缺陷部位防腐层，去除过程中应避免伤及管道，采用电动角磨机去除修复段的原环氧粉末涂层，清除过程中不应损伤管体金属；清除防腐层后，对弯曲钢管金属表面及和弯曲钢制套筒夹具内外表面进行喷砂处理，达到 GB 8923 规定的 Sa2.5 级，两侧各 10cm 宽度的原管道防腐层也要喷砂至粗糙。

图 5-44 钢制套筒安装

2. 弯曲钢制套筒安装与密封

弯曲钢制套筒安装过程中注意对管道和光缆的保护，如图 5-44 所示，注意弯曲钢制套筒的固定，安装完成后用橡胶密封带对弯曲钢制套筒夹具两端进行密封。

3. 环氧树脂注入

连接注入泵与注入胶管，连接弯曲钢制套筒夹具注入口和注入胶管，打开注入阀门，如图 5-45 所示，环氧树脂和固化剂混合搅拌，混合比例按环氧树脂使用要求严格配比。

将环氧树脂注入弯曲钢制套筒夹具内，要保证注入过程的连续性。观察排气口，当排气口全部都有环氧树脂流出时，立即停泵，待环氧树脂利用自身重力排空并填充缝隙，3min 后重新注入，要保证排空口有一定的流出量，此时停止注入，关闭注入阀门，注入完毕。

4. 外防腐

将调配好的无溶剂液态环氧树脂涂料在弯曲钢制套筒夹具和剥离防腐层的钢管上涂 2 遍，第 1 遍表干后可涂第 2 遍，总厚度不得小于 800μm，涂层实干后对涂层外部进行黏弹体、光固化带的防腐层安装，如图 5-46 所示。

图 5-45 注入环氧树脂

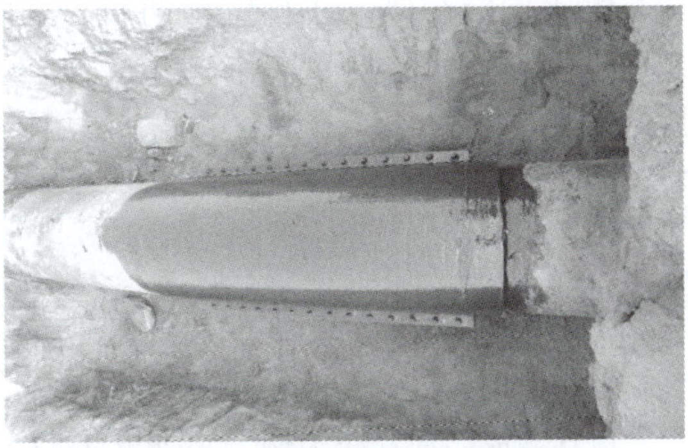

图 5-46 无溶剂液体环氧树脂涂装

5.7.4 质量检测

1. 外观检测

环氧注胶料固化后拆除两端的密封带，可清晰地检查到注胶层无缝隙和气泡等缺陷，经检查两侧区域均无缝隙和气泡等缺陷。

2. 电火花检漏

黏弹体安装完毕后进行电火花检漏，检漏电压为 15kV，检测无漏点。

5.7.5 推广应用

目前该修复技术已经在中石油北京天然气管道有限公司、中石油管道有限责任公司、中国石油西部管道公司、中国石化管道储运有限公司、中国石化销售有限公司华北分公司及中国石化销售有限公司华南分公司得到了广泛的应用，已完成了 1900 多处各种类型缺陷的不停输修复，推进了我国管道不停输修复技术的应用。

第 6 章 管道内检测缺陷修复优化方案

通过内检测可发现大量管道金属损失、凹陷以及焊缝异常，以往的修复方法均是采用基于缺陷深度的修复方式。除了基于深度的修复方法以外，还有基于缺陷风险的修复方法，因此优化方案变得极为重要。为此，采用指标系数法确定维修的缺陷点，解决内检测缺陷修复的难题。

6.1 内检测数据概要

1. 金属损失

以乌兰成品油管线为例，共查出 7343 个金属损失点，超过 10%壁厚深度的缺陷点共 248 个，最大金属损失深度为壁厚的 45%，是一处内部金属损失。金属损失缺陷分布如图 6-1～图 6-3 所示。

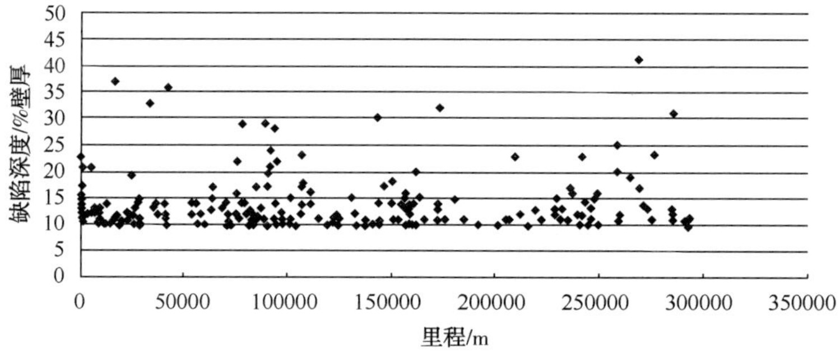

图 6-1 全线 7343 个金属损失点沿线路分布图

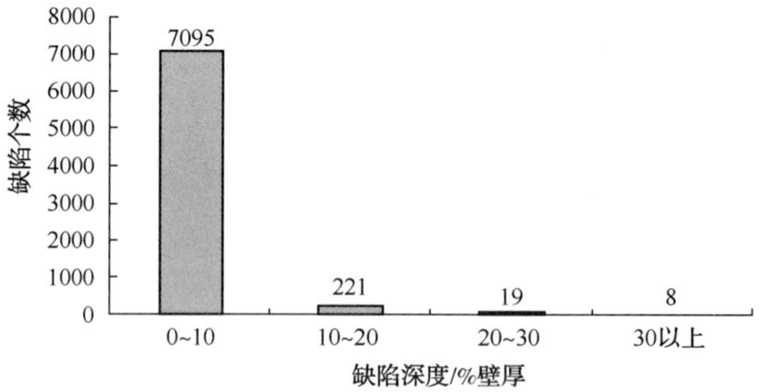

图 6-2 乌首站-鄯善段管道金属损失缺陷分布

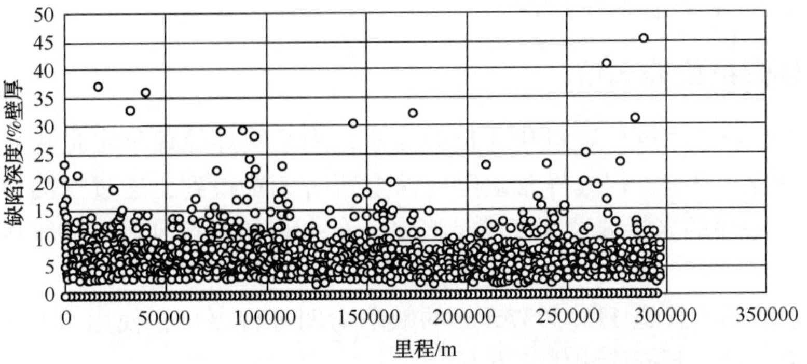

图 6-3　乌首站-鄯善段管道金属损失缺陷大小分布

2. 焊缝异常

检测出的管道焊缝异常共 156 处，其中环焊缝缺陷 41 处，螺旋焊缝缺陷 115 处。环焊缝缺陷长度为 15mm，最大宽度为 257mm（实际焊缝缺陷的最大环向长度）。其具体信息见表 6-1。

表 6-1　乌首站-鄯善段管道检测发现的较大焊缝异常

序号	里程/m	部件/缺陷类型	部件/缺陷识别	壁厚/mm	时钟	距上游环焊缝距离/m	长度/mm	宽度/mm	位置
3	260.6	缺陷	环焊缝缺陷	8	3：53	-7.24	15	257	内部

3. 凹陷

本次检测共发现凹陷 45 处。最大变形量为 5.5%D，该处凹陷绝对里程为 7517.58m，检测到的凹陷轴向长度为 96mm，环向宽度为 235mm。

4. 金属外接物

本次检测共探测到 8 个金属外接物。这些铁磁性物体可能会对管道防腐层和阴极保护产生影响，分为接近和接触，这些靠近管道的不明物体应详细分析，开挖验证后视情况进行处理。

6.2　内检测各类缺陷维修的阈值

6.2.1　凹陷维修阈值

根据《钢质油气管道凹陷评价方法》（SY/T 6996—2014）中基于深度的凹陷评价方法，下列凹陷应修复：

（1）弯折凹陷；

（2）含有划痕、裂纹、电弧灼伤或焊缝缺陷的凹陷；

（3）在焊缝上且深度大于 2%管道直径的凹陷；

（4）含有腐蚀且腐蚀深度大于 40%管道壁厚的凹陷；

（5）含有腐蚀且腐蚀深度为 10%～40%管道壁厚，按 SY/T 6151 评价需要修复的凹陷；

(6)深度大于6%管道直径的凹陷。

6.2.2 环焊缝维修阈值

维修计划确定可采用软件定量化评价的方法，为了使焊缝评价定量化得以实施，需要对其参数进行假设。目前，焊缝异常缺陷的深度暂时无法得到，通过查阅相关文献，统计深度为1/8~1/7壁厚的当量裂纹深度满足概率分布90%的正态分布，一般认为这个数值是符合实际情况的。

下面以乌兰成品油管道115.39376km的缺陷为例进行评价，使用API 579标准，对焊缝进行定量评价，确定开挖检测优化方案。

1. 环焊缝定量评价

评价提出的21号焊缝异常缺陷如表6-2所示。

表6-2 21号缺陷详细情况

序号	里程/m	部件/缺陷类型	部件/缺陷识别	壁厚/mm	时钟	距上游环焊缝距离/m	宽度/mm	长度/mm	位置
21	180455.79	缺陷	环焊缝缺陷	10	5：25	0	24	143	内部

评价过程和结果如下：

1)输入评价数据

Type of Analysis：					
API 579 and API 1104 analysis					
			Evaluate	Known Flaw	
Fracture Analysis(Stationary Crack)					
System of Unit	SI		User Information		
Geometry：			Flaw Location：		
Cylinder			Weld Metal		
Internal Circumferencial Flaw			Thermally Stress Relieved		
Surface Crack			Parallel To Weld Axis		
			Double V-Groove Weld		
			Pipe		
Heat Input For Final Weld Pass		kJ/mm			
Dimensions：					
OutSide Diameter(OD)	0.559	(m)			
Wall Thickness(t)	0.008	(m)			
Initial/Flaw Length(2c)	0.143	(m)			
Initial/Flaw Depth(a)	0.001	(m)			

续表

Infer from Internal Pressure					
P =	10	MPa			
Second Stress：					
Cyclic Stress：					
material/Tensil Properties：					
Material Style：Carbon Steel/Structure Steel					
X65					
Young´Modulus	210000	MPa			
T =	10	Deg. C	T =	10	Deg. C
Parent Metal			Weld Metal		
Yield Strength：	450	MPa	Yield Strength：	472. 5	MPa
Tensil Strength：	530	MPa	Tensil Strength：	530	MPa
Fracture Toughness：					
Stress Intensity（Kc）					
Kc =	132. 5	MPa * m^(1/2)			

2)评价过程

评价计算过程如图 6-4~图 6-11 所示。

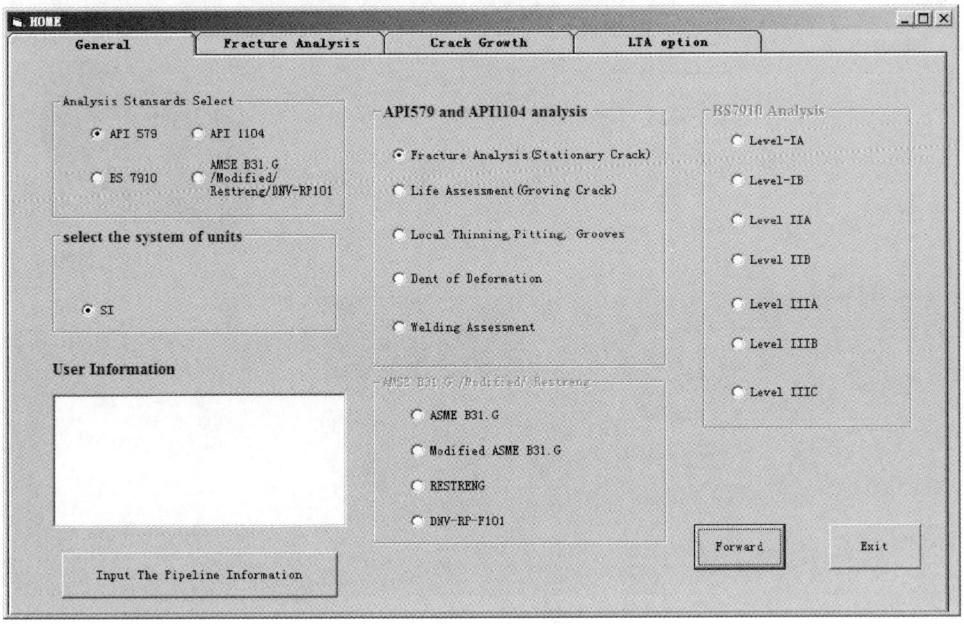

图 6-4　评价界面

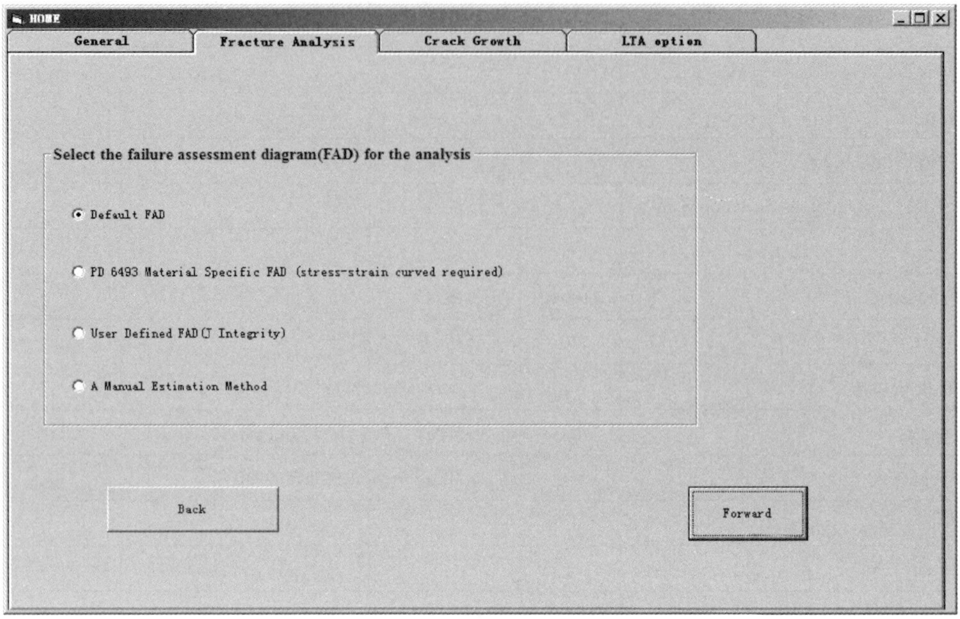

图 6-5　选取 FAD 图评价

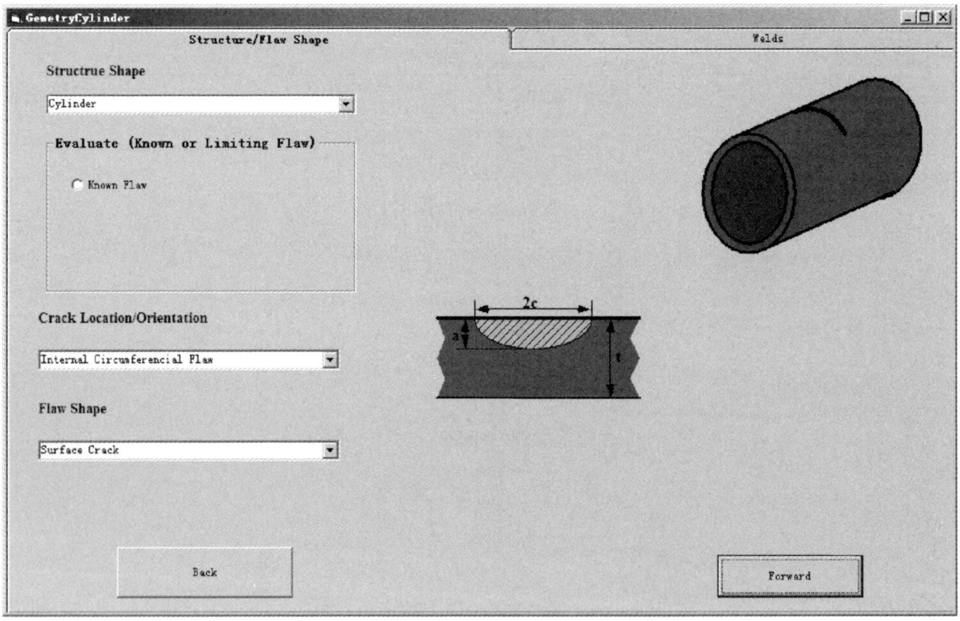

图 6-6　管道焊缝评价尺寸

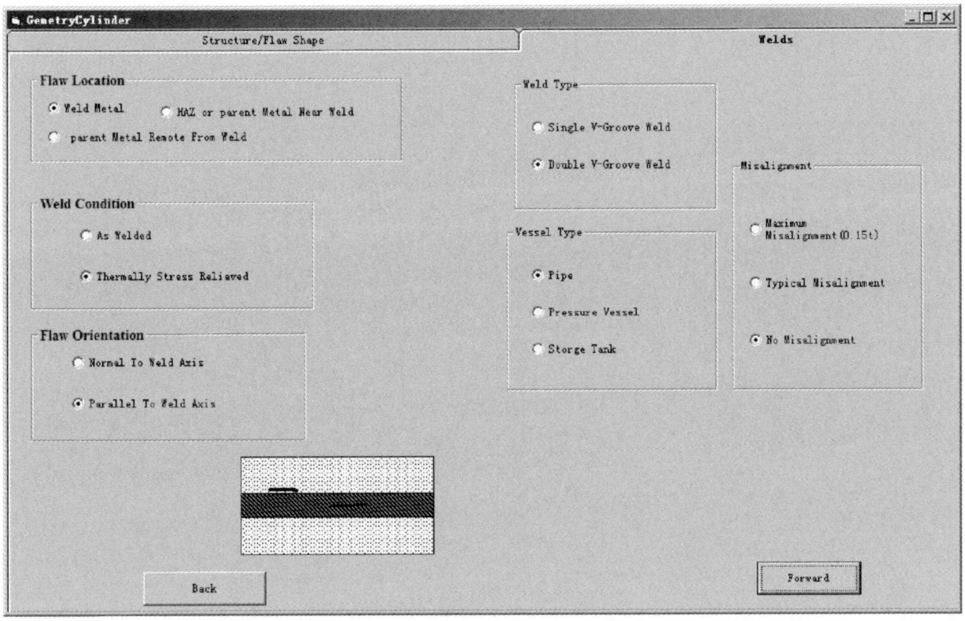

图 6-7　焊缝位置情况

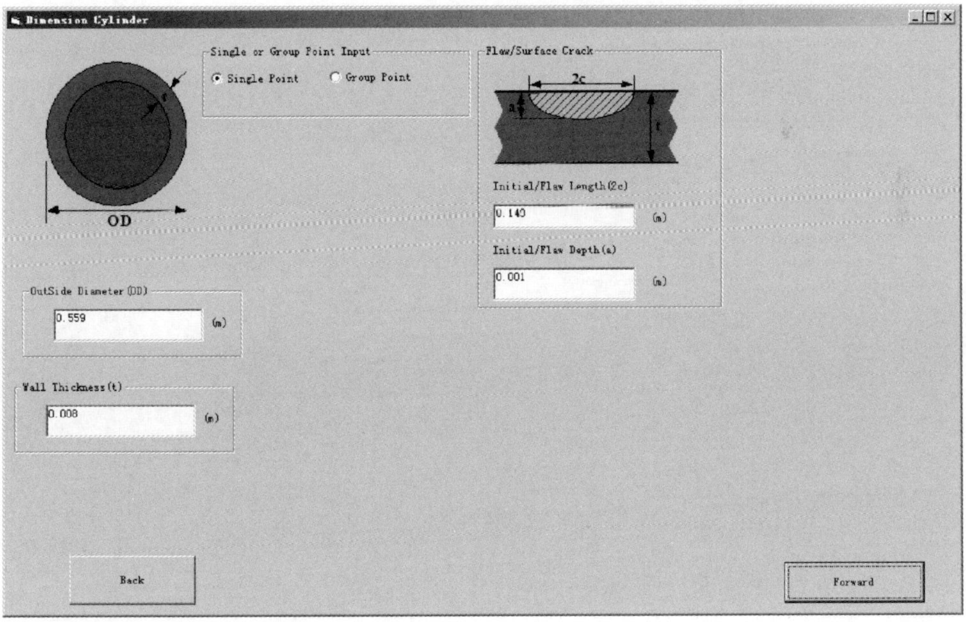

图 6-8　缺陷尺寸布局

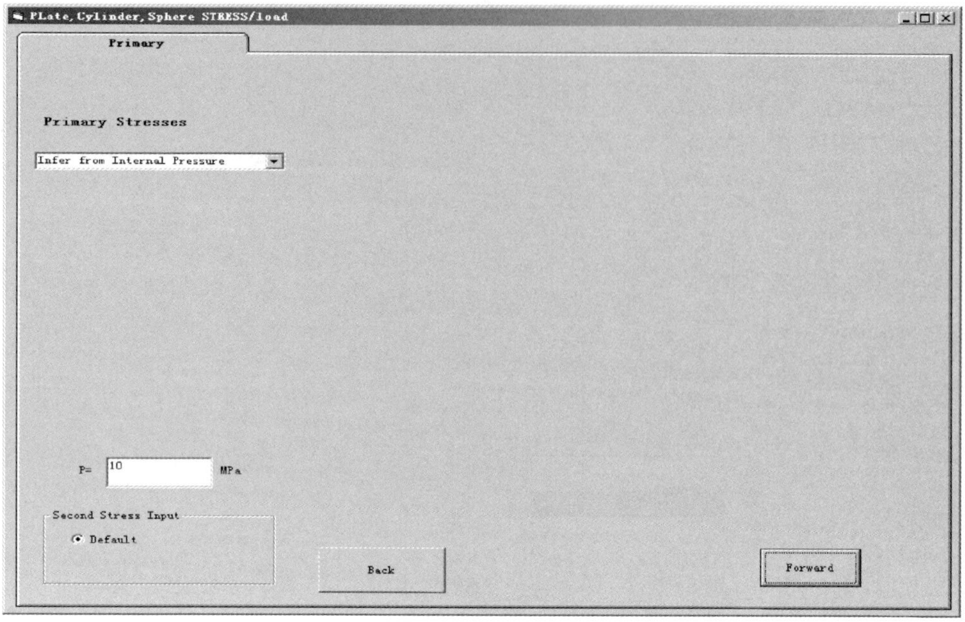

图 6-9 载荷数据

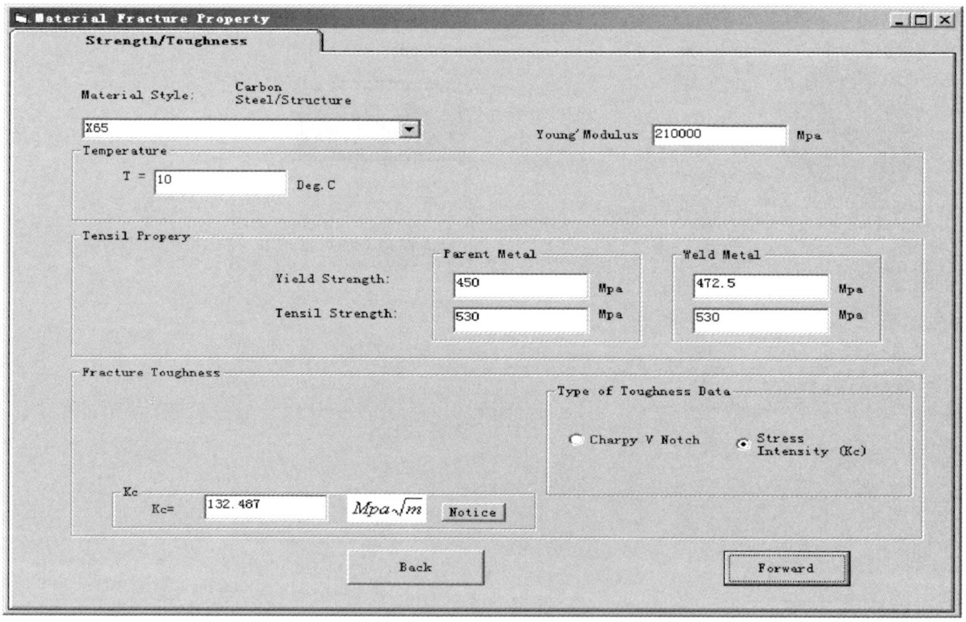

图 6-10 材料参数

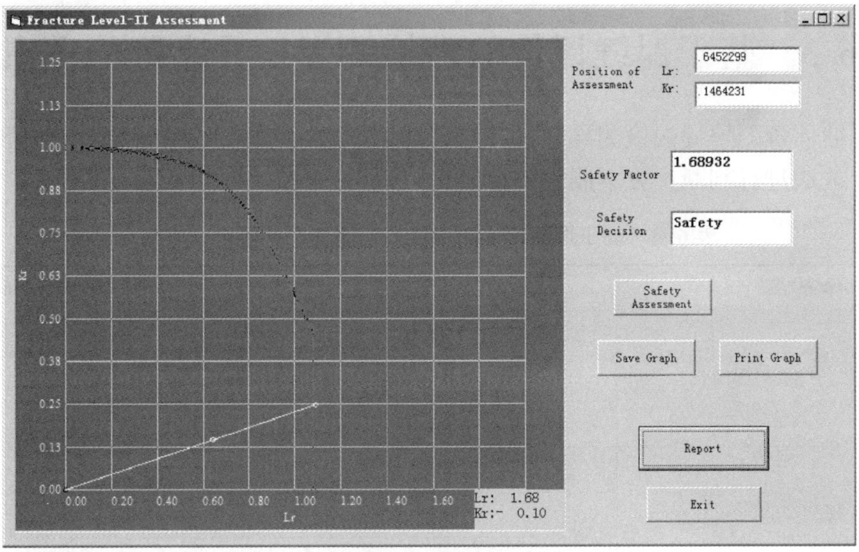

图 6-11　缺陷评价结果

从以上分析可知，环焊缝处于安全状态，安全系数为 1.68。

2. 螺旋焊缝定量评价

选择 31 号进行评价，评价其中缺陷最大的一个，如表 6-3 所示。

表 6-3　序号 31 缺陷详细情况

序号	里程/m	部件/缺陷类型	部件/缺陷识别	壁厚/mm	时钟	距上游环焊缝距离/m	长度/mm	宽度/mm	位置
31	46005.15	缺陷	螺旋焊缝缺陷	8	6∶11	-9.9	85	175	内部

按照 1/7 壁厚的内部缺陷计算，失效评价曲线如图 6-12 所示，从评价安全系数图来看，环焊缝所受载荷较大，但仍然在安全范围内，在有缺陷的情况下，导致安全系数降低，环焊缝的异常点应引起重视。该缺陷是焊缝中最大的，建议开挖检查，视情维修。

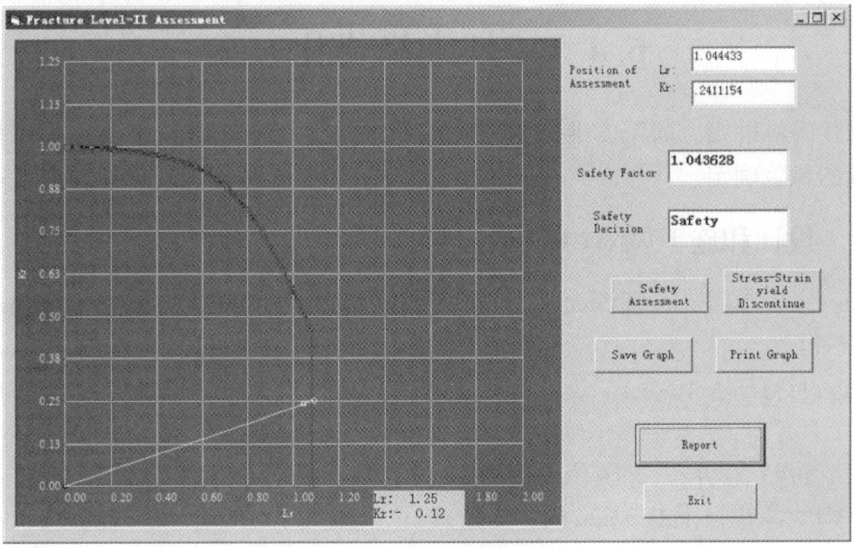

图 6-12　失效评价图

6.3 基于焊缝评价的内检测焊缝异常维修方案

基于焊缝评价的焊缝内检测异常开挖验证优化方案，需按照焊缝定量评估的安全系数的定量评价方法进行判断。方案制定的原则见表 6-4。

表 6-4 基于焊缝评价的焊缝内检测异常开挖验证准则

焊缝类型	焊缝评价安全系数	开挖验证时间
环焊缝(大于 8%圆周周长)	>1.5	2 年内
	>1.0 且<1.5	1 年内
	<1.0	立即维修
螺旋焊缝	>1.5	2 年内
	>1.0 且<1.5	1 年内
	<1.0	立即维修

金属损失缺陷的维修阈值：

(1) 内检测金属损失缺陷深度超过 60%管道壁厚以上的，立即维修；

(2) 在高后果区内，内检测金属损失缺陷深度超过 40%管道壁厚以上的，立即维修；

(3) 在非高后果区内，内检测金属损失缺陷深度在 40%~60%管道壁厚之间的，180 天内维修；

(4) 内检测金属损失缺陷深度在 30%~40%管道壁厚之间的，360 天内维修；

(5) 内检测金属损失缺陷深度在 25%~30%管道壁厚之间的，二年内维修；

(6) 内检测金属损失缺陷深度在 20%~25%管道壁厚之间的，三年内维修；

(7) 内检测金属损失缺陷深度在 15%~20%管道壁厚以上的，四年内维修；

(8) 内检测金属损失缺陷深度在 15%管道壁厚以下的，无需维修。

6.4 计划维修优化方案

基于前述维修准则，同年度维修的缺陷点的维修计划在先后顺序上宜采用打分法，按照所处位置的风险确定。

6.4.1 设计和施工风险(100 分)

(1) 管道埋深(20 分)　埋深大于 1.5m 得 20 分；1~1.5m 得 15 分；1~0.6m 得 10 分；小于 0.6m 不得分。

(2) 管道设计压力(10 分)　设计压力 6.89~10MPa 得 5 分；设计压力 6.89MPa 以下得 10 分。

(3) 地区等级(20 分)　3~4 级地区得 10 分；1~2 级地区得 20 分。

(4) 压缩机/泵出口下游 32km 内(10 分)　位于压气站/泵站下游 32km 内得 5 分；位于

压气站、泵站下游 32km 以外得 10 分。

(5)施工位置位于山区和河流众多区域、施工环境恶劣(30 分) 位于山川和河流众多区域得 10 分；位于城市交叉混杂区域得 20 分；位于平原农田得 30 分。

(6)管径因素(10 分) 管径大于 762mm 得 5 分；管径小于 762mm 得 10 分。

6.4.2 环境风险(100 分)

(1)干湿交替环境(40 分) 存在季节性河流的区域，且管道途径该区域得 10 分；管道位于冻胀融沉、水塘众多区域得 20 分；管道环境位于长江以南区域，无季节性河流得 30 分；管道环境位于长江以北区域，无季节性河流、稳定区域得 40 分。

(2)管道介质运行温度变化环境(10 分) 管道运行介质温度保持在 10℃以上得 10 分；温度保持在 5~10℃得 5 分；温度保持在 5℃以下不得分。

(3)盐碱区域(20 分) 管道位于盐碱区域酸碱性大不得分；位于盐碱区域外得 20 分。

(4)滩海海水区域(10 分) 管道位于滩海区域不得分；位于滩海之外得 10 分。

(5)外部环境温度变化大(20 分) 外部环境冬夏季平均温差大于 10℃不得分；外部环境冬夏季平均温差大于 5℃得 10 分；外部环境冬夏季平均温差在 0~4℃得 20 分。

6.4.3 阴极保护系统(100 分)

(1)防腐层阴极剥离(20 分) 管道阴极剥离试验防腐层剥离强度低于平均值的不得分；防腐层剥离强度高于平均值 0~30%得 10 分；防腐层剥离强度高于平均值 30%以上的得 10 分。

(2)保护电位(30 分) 管道断电保护电位一直处于-0.85~1.15V 的得 30 分；全年 95%以上管道断电保护电位一直处于-0.85~1.15V 的得 20 分；全年 85%以上管道断电保护电位一直处于-0.85~1.15V 的得 10 分；全年 85%以下管道断电保护电位一直处于-0.85~1.15V 的不得分。

(3)电流密度(20 分) 电流密度小于 0.5μA 的得 20 分；电流密度为 0.5~1μA 的得 15 分；电流密度大于 2~10μA 的得 10 分；电流密度为 10~20μA 的得 5 分；超过 20μA 不得分。

(4)阴极保护率(20 分) 阴极保护率达到 100%得 20 分；阴极保护率为 95%~100%得 15；阴极保护率为 90%~95%得 10 分；阴极保护率为 85%~90%得 5 分；其他不得分。

(5)阴极保护系统运行年限(10 分) 运行年限 5 年以下得 10 分；运行年限为 5~10 年得 8 分；运行年限为 10~15 年得 5 分；运行年限 15 年以上得 0 分。

6.4.4 腐蚀风险(100 分)

(1)缺陷状况(10 分) 补扣抽测合格率达到 100%得 10 分；补扣抽测合格率达到 90%得 5 分；补扣抽测合格率达到 80%得 3 分；低于 80%不得分。

(2)土壤腐蚀性测试(10 分) 土壤腐蚀性测试腐蚀性强的得 3 分；土壤腐蚀性测试腐蚀性中等的得 5 分；土壤腐蚀性测试腐蚀性低的得 10 分。

(3)交直流感应电流(20 分) 存在特高压大直流干扰的得 0 分；只存在高压线输电交流干扰的得 5 分；只存在地铁、铁路等干扰的得 5 分；不存在干扰的得 20 分。

(4)应力腐蚀(10分) 存在高pH值土壤，高应力状态，有应力腐蚀现象发生的不得分；存在高pH值土壤，且应力大于400MPa，无应力腐蚀现象发生的得5分；存在高pH值土壤，且应力大于200MPa，无应力腐蚀现象发生的得7分；不存在高pH值土壤，且应力小于200MPa，无应力腐蚀现象发生的得10分。

(5)测试桩(10分) 测试桩齐全得10分；测试桩95%齐全得5分；低于90%不得分。

(6)密间隔检测(10分) 开展过2次密间隔电位测试得10分；开展过1次密间隔电位测试得5分；未开展过密间隔电位测试得0分。

(7)管道内检测检测内外部腐蚀状况(20分) 管道内外检测缺陷特别多，每百公里20%以上深度缺陷达到100处以上的得0分；管道内外检测缺陷较多，每百公里20%以上深度缺陷达到50处以上的得10分；管道内外检测缺陷较少，每百公里20%以上深度缺陷达到30处以上的得15分；管道内外检测缺陷少，每百公里20%以上深度缺陷达到10处以下的得20分。

6.4.5 管道基本情况(100分)

(1)管道运行年限(20分) 运行年限大于30年得0分；运行年限为20~30年得5分；运行年限为10~20年得10分；运行年限为5~10年得15分；运行年限小于5年得20分。

(2)管线用户重要度(10分) 管线存在省级大城市用户得0分；管线存在地级城市得5分；管线存在小城市用户得7分；管线存在乡镇用户得10分。

(3)管道缺陷失效案例(30分) 发现缺陷失效案例3起不得分；发现缺陷失效案例2起得5分；发现缺陷失效案例1起得10分；未发现缺陷失效案例得30分。

(4)管道ECDA评估(10分) 按照标准开展全面的ECDA评估得10分；未开展不得分。

(5)缺陷修复质量评估(30分) 每2年开展一次缺陷修复质量调查的得30分；每5年开展一次缺陷修复质量调查的得20分；每10年开展一次缺陷修复质量的得10分；未开展缺陷修复质量的得0分。

6.4.6 缺陷修复计划优化

按照金属损失缺陷的风险评价得分情况，优化同批次内检测缺陷修复的顺序，确保同批次分主次进行修复，如果今年计划实施有变化，宜选择得分低(风险大)的缺陷进行修复。

第 7 章　特殊地段的管道抢维修技术

7.1　概　　述

管道穿越河流和沼泽地等特殊地段的方式根据地质、水流环境的不同而不同，有隧道穿越、定向钻、大开挖、水淹式等。由于穿越式相较于跨越式有着不受水流速度、水域宽度、通航等限制且安全可靠等特点，所以成为很多管道工程通过河流的首选方案。

特殊地段通常是指浅水区(水下管道至多 3m 深)和沼泽区。浅水、沼泽区是指由于河道改道而在埋地管线上方形成的大片水域。浅水、沼泽区域特殊的地质条件决定了一旦管道发生泄漏，维抢修机械进场困难，抢修设备无法运输，修复条件难以满足。因此，开展浅水、沼泽区管道抢维修技术与风险评价研究虽然具有很大挑战性，但是对于保证浅水、沼泽区管道安全、经济运行，减少管道事故发生概率，延长管道使用寿命，合理分配维护费用，降低经济及社会损失具有十分重大的意义。

7.2　浅水、沼泽区管道破坏形式

参考国外管道事故的统计结果，根据我国油气管道发生的事故情况统计，在破坏因素中占第一位的是腐蚀破坏，第二位的是第三方破坏，第三位的是失稳、强度破坏，第四位的是疲劳破坏和人员误操作，第五位的是设计失误。受我国油气管道早期施工设计经验欠缺、政治原因、工期提前、设计方案频繁变更、水土流失和绿色植被破坏等原因的影响，这几种因素在我国穿越管道的破坏中所占比例较大。

1. 疲劳破坏

疲劳破坏是指在河水流动、河床地质运动和地震载荷冲击等交变载荷作用下，管道穿越段的应力在小于其许用应力的状态下，发生结构或者功能失效。管道由于受到河床下切和水流冲刷等原因影响，出现部分或者全部裸露，进而使部分管道处于悬空状态——管跨，在水流冲击作用下会产生周期性的涡旋发放现象，形成涡激振动。当此周期性的激振力的激振频率与管道本身的固有频率构成共振时，管道会出现大振幅的振动，形成疲劳累积损伤，这是导致管道发生疲劳破坏的主要原因，这也是穿越管道所特有的现象。

2. 第三方破坏

第三方破坏是指在穿越管道附近，由于人类的生命活动(如工矿企业生产、河底挖沙、捕捞作业、偷盗设备及原油等因素)导致管道在结构或者性能方面的失效。我国穿越管道在河滩、岸边地段经常受到人为破坏，此类事故能占到总事故的 25%左右。近年来第三方破坏的事故有渐增的趋势，主要原因是偷盗输油设备及原油情况增多。

3. 腐蚀破坏

腐蚀损伤是引起水下管道破坏的主要因素之一。管内腐蚀是管道内部的微生物、湿气、氯化物、O_2、CO_2 和 H_2S 等腐蚀性成分综合作用的结果，一般由油水混输、油水交替输送引起，特别是含硫油气管道会产生酸性物质，对管道的腐蚀非常大；管外腐蚀包括水流腐蚀、大气腐蚀、水下土壤腐蚀，是引起水下管道腐蚀破坏的主要原因，水中溶解的氧量和河水流速也会影响水底管道的腐蚀速度。

4. 设计失误

设计失误是指在输油管道穿越段的设计过程中，在设计方法、计算模型、计算结果、安全系数选取、水文地质勘察获取的资料不足等设计方面的各种失误而导致管道发生的破坏，这种现象在我国的早期输油管道设计中存在较多。

5. 人员误操作

人员误操作是指穿越管道在施工、设计、运营、维护等过程中，因人为因素或者因在设备、仪器操作过程中的误差等原因造成的管道失效。在我国由于相关部门的内部保护和人情观念，此类事故上报率极低，大多以其他破坏形式上报。

6. 失稳、强度破坏

失稳、强度破坏是指穿越管道大面积腐蚀，壁厚变薄，强度降低，由于轴向力变大，横向干扰力加强，或者外力过大(如洪水冲击、泥石流、地震引起的土壤不均匀沉降等)原因产生的失效。该失效的发生主要取决于管道的强度、动力特性和外载荷的特点及其相关规律。

7.3 浅水、沼泽区管道抢维修方案制定

1. 水下先进抢维修技术

水下先进抢维修技术主要包括机械连接修理法、钢套维修法、水下机械式三通维修法、水下焊接维修法。机械连接维修技术是利用机械连接器对管道破损段进行封装或整体替换的维修方法，根据连接方法的不同可分为螺栓式法兰连接法、卡爪式法兰连接法和螺栓夹具连接法。水下焊接是在水环境中进行的焊接作业，水下焊接修补有 3 种方法，即水下湿法焊接、水下局部干法焊接和水下干式焊接，近年来又出现了水下摩擦叠焊、等离子焊等新方法。

2. 浅水、沼泽区管道抢维修前期准备工作

1)抢维修应急响应程序

(1)预案启动响应　当接到抢修令后维抢修队随即启动应急响应程序，组织力量参加抢险救援。

(2)先遣组赶往现场　先遣人员在下达抢修令后 10min 内出发，赶往现场与场站对接。

(3)物资装车　人员集合，由维抢修队负责人下达抢修令，分配抢修任务。任务下达后，各小组随即装运抢修物资，在 30min 内组织抢险设备、物资装车完毕并分批赶往抢修现场。

(4)现场勘查　先遣人员到达现场，判断事件程度，核实现场情况。协助站场人员设置安全警戒、隔离措施。向属地管理处应急处置领导小组组长汇报。

2)抢修前的准备工作

(1)根据管道泄漏气量情况，确定降低管道工作压力或停输；

(2)对管道泄漏气体扩散易引燃的范围采取措施；

(3)抢修人员统一穿戴好防火防毒面具，采用铜质工具开挖抢修操作坑；

(4)管道泄漏点实施封堵之前，禁止使用机械开挖管道泄漏点抢修操作坑；

(5)抢修现场配备专业消防人员及消防车，对抢修现场实施监护；

(6)配备大量排量不等的水泵、泥浆泵和各功率的发电机来加强施工作业面的排水。

3)抢维修现场布置

抢维修现场包括各种抢维修工具、运输车辆等，如推土机、卡车、吊车、越野车、冲锋艇、直升机、小货车等。因此需在岸边划定抢维修工作准备区，以便消防应急车辆、现场指挥车辆、抢修车辆等停靠。

4)抢修辅助作业

抢修辅助作业是为抢维修现场施工提供后勤支持和保障的一些设备，主要包括照明、通风、动力供给(气、电、液压源)、消防作业等。在进行抢维修施工的过程中，辅助作业是决定抢险抢修能否顺利进行的重要保证。

3. 冲管、漂管的修复

由于水流的长期冲蚀或者施工等原因，管线露出河床或者悬空，容易引发冲管、漂管和管道悬空事故。冲管、漂管和管道悬空往往是管道断裂事故的隐患，必须及时修复。所需设备包括船、木桩、管线夹紧装置、弹性橡胶带、灌浆装置、挖泥船、微波测距仪、回音测深仪等。操作步骤分为：挖泥船埋覆；打桩回淤；泥浆橡胶袋加固。

4. 钢板桩围堰技术

当管道发生破损甚至泄漏必须进行封堵、换管等操作时，其抢维修流程与冲管、漂管的抢维修方案有显著不同，应采取围堰的方式。钢板桩围堰是一种无土围堰法，其好处在于钢板桩可以重复使用。钢板桩采用自密封设计，在工作状态下，钢板桩相互啮合，互为支护。由于抢维修工作重在高效，为节约抢修时间，采用钢板桩施打形成封闭围堰的施工方案。钢板桩围堰技术的优点包括：钢围堰适用于当地可用土方少或外购成本高，湖床或河床为非石方地质的地区；钢围堰承受水压力大，密封效果好，能保证在较高水头压力下不会弯曲变形；出现局部泄漏时处理方法简单，对于钢板桩局部变形所造成的泄漏，可采用防水布在迎水面对泄漏处及其两侧进行包裹的办法进行处理，简单快捷；可有效避免坍塌情况发生，为防止钢板桩倾倒，采用管桩支护或钢索牵引约束，可避免堤坝坍塌的情况出现；对环境破坏、影响小，采用钢围堰处理河流、湖泊等地段，不仅减少了对水体的污染，也可避免施工对管线作业带以外的河床或湖床的影响。

1)围堰技术要点

围堰平面方式可根据具体情况确定，对于管道破坏长度较短、所需抢维修设备非大型设备、可采用冲锋舟牵引浮箱装载设备的方式通过的情况，可采用内围堰法(见图 7-1)，即在河道中央围出一块独立的区域，抽水后形成干作业面；对于水面较宽、水深较浅且管道破坏距离较长、需要大型设备抢修的情况，可采用 U 形围堰法(见图 7-2)，即围堰不需要横贯整个水面范围，而要留出一段并将两条拦河坝端部顺水流方向修筑挡水坝，三坝形成U形围堰，围堰之外仍然可以通水。该方法相较于导流法的优点是不用增加导流渠的工作量，且围堰用料要比修整个截流坝要少。

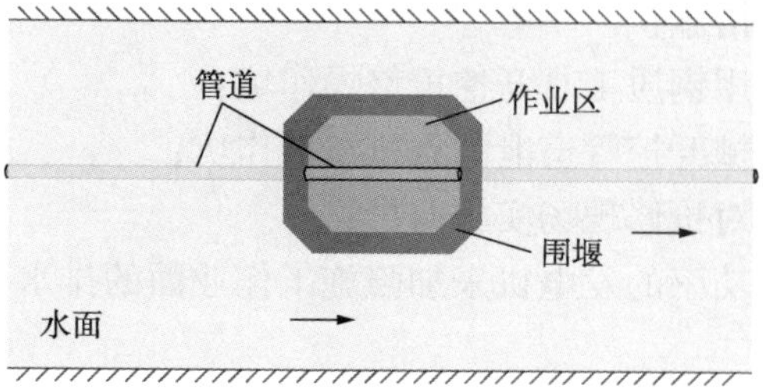

图 7-1　内围堰法平面图

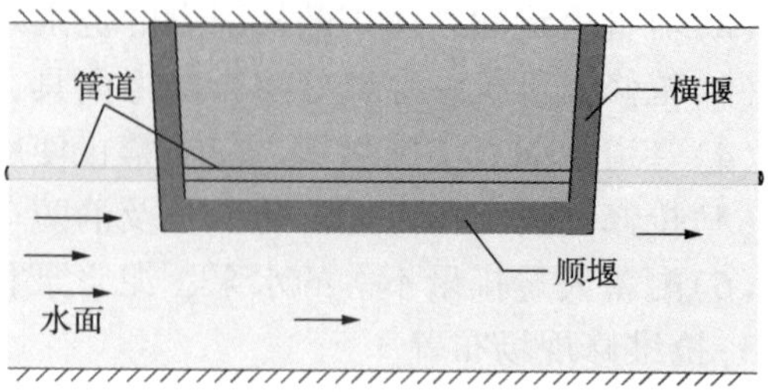

图 7-2　U 形围堰法平面图

围堰平面大小可由以下方法确定：以管沟中心线为中心横向7m、纵向大于换管段5m设置围堰，作业坑的设计为底部宽度4m，坡度45°，长度为欲换管长加3m，深度为管底部下1m。

2）施工步骤

施工时采用打钢板桩围堰施工，具体施工措施如下：

（1）围堰前的准备

先调查各河涌的涨、退潮情况，以确定围堰施工的具体时间及位置，降低围堰的施工难度。为了吊运钢板桩，需要在钢板桩顶以下10cm处的中心位置用气割等方法割开一个洞，洞的直径约为5cm。当吊运钢板桩时，需将吊线和钢板桩用钩环牢固地连接起来。钢板桩的下部要束上足够的绳子，以确保其在吊装时不会剧烈晃动。

（2）打设钢板桩

①安装导向架　通过设置导向架可以确保打桩时的稳定和打桩位置的准确。导向架的结构形式取决于导向架是设置在陆地上还是水上。常用夹紧式导向架，在平行于钢板桩墙定位轴线的两边，每隔2~4m打入一个导桩，并在导桩与钢板桩之间附上导梁。

②打钢板桩　对于水深小于2m的区域，可采用单排钢板桩围堰，对于水深大于2m的区域，采用双排钢板桩围堰，双排钢板桩围堰采用打设双排正反密扣拉森钢板桩、内填土袋的形式，两排钢板桩间距为1.5m。考虑到坝的防渗功能，可在两条坝的迎水面上用无纺布做防渗层。筑坝断面如图7-3所示。

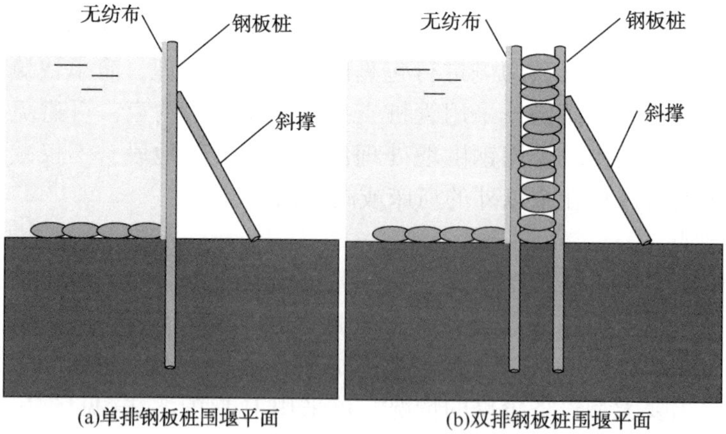

图 7-3　筑坝断面图

(3)围堰加固

钢板桩外用土袋夹黏土筑成围堰。外侧采用砂土袋堆砌，钢板桩与砂土袋间用黏土填实。土袋应采用松散的黏性土，不得含有石块、垃圾、木料等物。

(4)排水

围堰施工完成后，先排除积水，在钢板桩内侧应再筑低土堤一条，防止围堰渗水进入施工面。两侧用集水坑排水，再用水泵把渗水抽走，根据实际采用一定数量的潜水泵或泥浆泵，用发电机24h进行供电，直到抢修结束。

抢修人员进入抢修现场，统一穿戴好防火防毒面具，组织人工采用铜质工具开挖管道泄漏点抢修操作坑，避免工作时工具与管道金属或石头发生撞击产生火花，引燃管道泄漏出的天然气，危害抢修人员的生命。

根据破坏管道泄漏量确定是否需要进行封堵操作，抢修现场在没有对管道泄漏点实施封堵之前，禁止使用机械开挖管道泄漏点抢修操作坑，防止机械工作时出现火花引发大火；根据管道破坏形式确定焊接方案，对其进行修复。

修复工作完成后按设计要求进行回填，拆除围堰钢板桩。拔钢板桩前向围堰内灌水。拔出钢板桩后拆除砂土袋，应由下游开始，由堰顶至堰底，背水面至迎水面，逐步拆除。

5. 土石方围堰技术

1)围堰技术要点

土石方围堰相对于钢板桩围堰较为简单廉价，无需额外购置相关围堰设备，仅用装满砂石的编织袋在施工作业区域内修筑挡水墙，然后用水泵将作业区域内的存水抽排干净，清净底部淤泥，如时间允许则进行适当晾晒，然后进行干土回填、压实。对于局部承载能力较低的河床敷设枕木或者钢管排，以增加承载力。

其优势在于：所需土石方廉价，且无需额外购置相关围堰设备，能够在一定程度上降低方案预算；堰体发生渗漏时处理方法简单。其劣势在于围堰耗时较长，抢维修完毕后堰体不易拆除，造成管道占压现象；堰体稳定性较差；围堰过程中砂石若不慎击中管道则带来新的损伤。

2)施工步骤

土石方围堰施工技术较为简单，与钢板桩围堰过程类似，同样分为围堰前准备、围堰、加固、排水、进场等几大流程。需要注意的是由于土石方围堰容易形成管道占压现象，因此在管道上方投放沙袋时需小心轻放，防止尖锐的石块对管道造成二次损伤，带来新的隐患。土石方围堰剖面如图7-4所示。

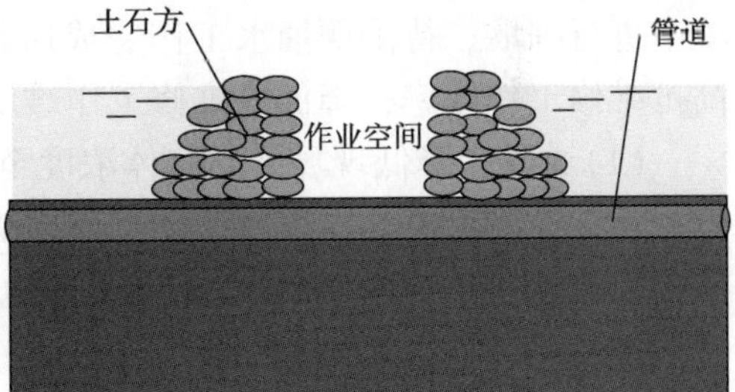

图7-4　土石方围堰剖面示意图

6. 静压植桩围堰技术

1)技术要点

传统的动能打桩机就是利用冲击力将桩贯入地层的桩工机械。按照桩锤动力来源不同，常见的打桩设备有落锤打桩机、汽锤打桩机、柴油锤打桩机、液压锤打桩机等。静压植桩机应用了与各类传统型打桩机完全不同的桩基贯入工艺机理。静压植桩机采用的是通过夹住数根已经压入地面的桩(完成桩)，将其拔出阻力作为反力，利用静载荷将下一根桩压入地面的“压入机理”。

钢板桩可用于永久性建筑物的码头、护岸、防波堤、道路挡土墙、止水墙等，也可用于临时性建筑物的挡土墙、双重围堰、筑岛等。高强耐用的钢管板桩和钢管桩，可以应用于河流和港湾的洪水及潮灾的防治、桥墩基础的抗震加固以及桥梁的基础桩等工程。

2)施工步骤

静压植桩围堰技术所需设备为静压植桩机及其配套的钢板桩、钢管桩等。静压植桩围堰方案的施工步骤如下：

(1)清理施工场地、平整路面等，保证施工场地无杂草、碎石等。

(2)打设前期夹持钢板桩，利用锤击或震动等方式打设前期夹持钢板桩，将钢板桩打入合适深度，防止因地基松动引起的机体不稳定；如在水中施工，需使用箱式平台搭建临时施工作业面。

(3)利用起重机、吊车等将植桩机架设在已打入地面的钢板桩上，利用静压植桩机的自动喂桩、植桩过程即可实现围堰过程。

(4)与其他围堰过程类似，围堰完成后进行抽水、止水后即可进行下一步抢维修工作。

7. 螺旋沉桩围堰技术

1)技术要点

管道发生破坏穿孔、天然气泄漏事故时，陆地管道的抢维修技术一般分为两种：一种是不停输带压封堵；另一种是停输，放空事故管道之后再进行换管或者带压封堵。陆地管道的抢维修技术直接应用于浅水、沼泽区管道存在两个技术难点：一是水下不停输带压封堵技术需要一系列配套水下设备以及技术纯熟的潜水员，目前管道管理公司通常难以满足；二是停输放空之后容易发生管道内进水事故，如抢修完成后再排水无疑大大延长了抢维修时间，管道内大量进水必然给管道安全平稳运行带来巨大隐患。

因此，提出防爆型的围堰方案以及相应设备(螺旋沉桩围堰技术)，可在天然气泄漏环境中进行围堰，待围堰抽水工作完成后再停输放空，可有效防止管道进水事故的发生，提高抢维修工作效率，降低抢维修工作难度。防爆施工需从以下两方面进行控制：

(1)通风　降低现场可燃气体浓度至安全范围内，保证天然气浓度低于0.5%，抢修全过程连续检测可燃气体浓度，现场使用防爆轴流风机强制通风。

(2)控制点火源　严格控制明火及电火花，不使用铁制品，所用到的电机电器必须是防爆型。

2)施工步骤

(1)接到警报，抢维修物资装车运达现场(陆地)；

(2)围堰设备装船，利用驳船、拖船等水上设备将围堰设备运送至管道破坏位置；

(3)沉桩，使用螺旋桩机或射水沉桩方式沉桩，避免撞击电火花；

(4)插板，每个桩体上设计卡槽，将钢板或木板等插入桩体卡槽，桩体与板体结合处使用密封剂密封；

(5)抽水，可使用多个大排量防爆抽水泵、泥浆泵等将堰体内的水、淤泥等排出；

(6)围堰加固，可使用沙袋、配重袋等在堰内对堰体进行加固，一则可防止抢修过程围堰倾斜倒塌，二则可起到止水防水作用；

(7)设备及人员进场，停输或降压，人员进场进行抢修作业。

8. 射水沉桩围堰技术

1)技术要点

射水沉桩是采用高压水流的喷射力将土基冲动后由回流带出地面而成孔，同时利用桩的自重在孔中自然下沉的施工方法。冲孔和沉桩同时进行，边冲孔边沉桩，因高压水的喷射力很强，各种土体都能很快松动。射水沉桩施工以其工期短、投资省、质量好、工艺简单易行等优点在道路交通施工行业中广泛采用，是软基处理行之有效的施工方法。

2)施工步骤

射水沉桩施工方法步骤如下：施工时，将桩放在设计位置立起来垂直于地面，四周扶好，接着将喷射管对准桩脚处开始射水冲孔，使桩垂直地徐徐下沉。在沉桩过程中，要注意掌握好喷射管的喷口位置，使桩能垂直下沉。如果桩径大、桩身较长，可用吊装机具立桩，待桩沉一段后，再用人力扶桩。人力扶桩较易掌握桩的垂直度，等桩沉至设计深度后，把喷射管慢慢退出(喷灌机要继续运行)，使桩周围空隙再次冲填密实。若在黏土层中施工，要边退管边向孔中填砂土，否则，桩身周围可能密实性较差，固结剪力小，从而降低桩的承载能力。

射水沉桩一般有内冲内排、内冲外排和外冲外排等方式。实心桩只能采用外冲外排方式，空心桩或管桩一般采用内冲内排方式或内冲外排方式，口径大的管桩可采用内外冲排方式。内冲内排方式是由水管喷嘴向桩端土层射水，搅动后的泥砂用压缩空气辅助沿桩身内腔从桩顶排出。

9. 潜水沉舱法

水下作业主要是采用干式舱，建议在干式舱的四周安装高压水枪和强力自吸泥浆泵，高压水枪用于冲开土层、泥沙等，强力泥浆泵用于抽水、泥沙等，在下放安装的过程中，一边开挖一边安装。当管线裸露出来时就可以进行维修了。

对水流速度超过 1m/s、水深在 10m 以内的河流，采用设计成上面敞口的潜水沉舱，将管子封闭到舱内，排除舱内的水，然后进入干燥的舱内进行修理工作。这种方法的缺点是造价高。沉舱示意图如图 7-5 所示。

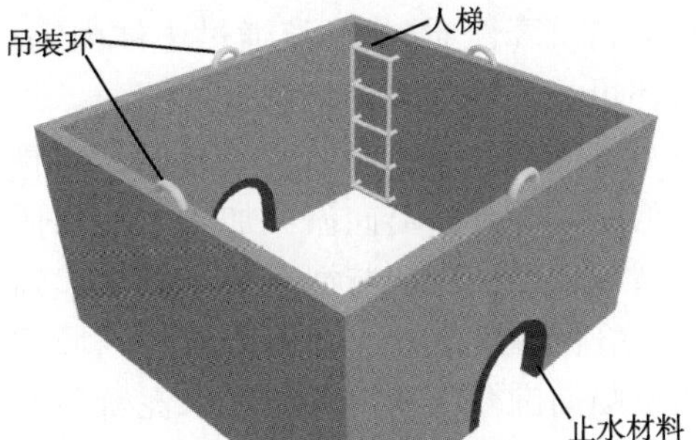

图 7-5　沉舱示意图

10. 围堰止水方案

围堰的难点在于保障堰体稳定性及密封性。渗漏可分为地质渗水和接触渗水。地质渗水是由河床土层存在空隙、裂隙、断层等地质情况造成的；接触渗水是由围堰接头不密实和围堰与河床接触不密实造成的。

1)地质渗水

围堰防渗漏的主要难点在于围堰与河床的接触防渗漏，一方面是由于浅水、沼泽区河床起伏不平，另一方面则是因为河床淤泥的存在，导致围堰与河床接触不密实。为解决围堰与河床的接触渗漏问题，可以采用以下两个方案。

(1)堰中堰防渗漏方案

堰中堰是指在原围堰的内部或外部再进行一层围堰。以 U 形围堰为例，其堰中堰方案如图 7-6 所示。当堰中堰围堰完成后，先用泵抽掉堰与堰之间的水，然后根据抽水后的情况采取不同的防渗漏措施：

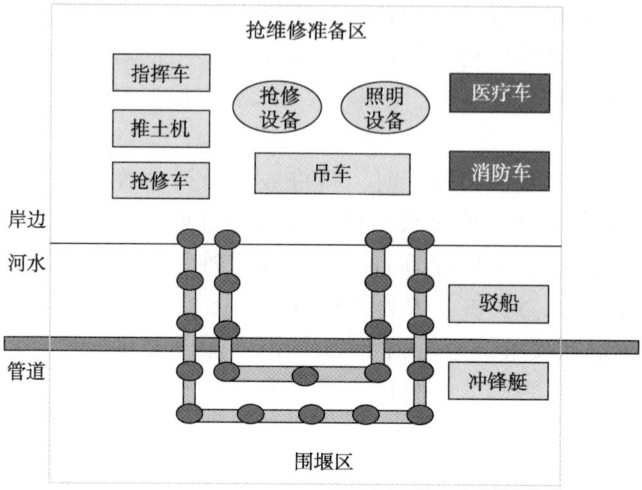

图 7-6　U 形围堰堰中堰示意图

①围堰效果良好，且河床淤泥量少。针对这种情况只需在围堰接头处使用防渗止水材料(围堰接头处的防渗漏也可在围堰时进行)；在围堰与河床接触处加入一些粗砂，利用粗砂的自沉降性质(当渗流通过土体内钢板缝时，水中夹带的细颗粒泥沙逐渐沉积)防渗，同时还可加入沙包对围堰进行加固。

②围堰效果较好，少量渗漏，但是河床有大量淤泥。针对这种情况，除做好围堰接头处的防渗漏外，需向淤泥加入水泥系固化剂或生石灰，然后对其进行搅拌，最后将改性后的淤泥堆砌到围堰与河床接触处，起到加固与防渗漏的作用。

③围堰效果差，渗漏严重，围堰降水不能形成干燥施工场地。针对这种情况需要用高压旋喷向围堰河床接触处注水泥膏浆来形成堰间板墙状凝结体，板墙状凝结体可以起到加固围堰与防渗漏的作用。

当针对不同情况进行完围堰加固和防渗漏处理后，再抽掉内围堰的水，然后视情况再对内围堰与河床接触处做一定的加固和防渗漏处理。

(2)清淤围堰方案

围堰与河床接触不密实的主要原因是有淤泥的存在，因此在设计围堰防渗漏方案时，可以采用围堰之前清淤或同时清淤的方法来防止围堰渗漏。针对不同的淤泥厚度和不同的积水情况，分别采用“进占清淤，跟进换填”和“清淤超前，填筑跟进”的方式进行围堰施工。

在淤泥软土较厚、积水较多的地段，采用“进占清淤，跟进换填”的方式施工，即直接在该部位采用填筑料进占 5~10m，然后反铲退挖清淤，最后进行围堰填筑；在淤泥软土较薄、积水较少的地段，采取“清淤超前，填筑跟进”的方式进行施工，即反铲超前清淤 10~

30m 后，跟进进行围堰填筑。在采取这两种方式施工的过程中，必须确保水下部分填筑的土体厚度能够满足打桩插围堰板的承力要求。完成围堰后，在围堰与河床接触处加入一些粗砂，利用粗砂的自沉降性质加强围堰防渗漏处理。

2) 接触渗水

围堰接头接触渗水可能是由于钢板桩设计接头不密实，水压、腐蚀等导致钢板桩接头变形等原因造成的。可采用填充防渗漏材料、防水布覆盖等方案：围堰接头处充填止渗材料，如遇水膨胀橡胶、聚氨酯灌浆材料等；利用防水布进行防渗漏处理。

围堰与管道接触渗水的原因一般是淤泥含水量过高或软基过于松软。利用淤泥软基的排水固结特性，即淤泥过载承压时水分会随时间逐渐排出的特性，可使用吹填牛皮砂加固地基的止渗措施。充分利用牛皮砂良好的不透水性和弹塑性，在围堰与管道交界处大范围抛填牛皮砂，增大围堰基础的受力面积，以达到提高基础承载力的要求，解决软土地基围堰稳定性和整体性差的问题。

7.4 浅水、沼泽区管道抢维修过程风险辨识及评价方法

7.4.1 抢维修过程风险因素识别

浅水、沼泽区管道抢维修过程风险可归结为环境风险、人员风险、设备风险、管理风险四大类，如图 7-7 所示。

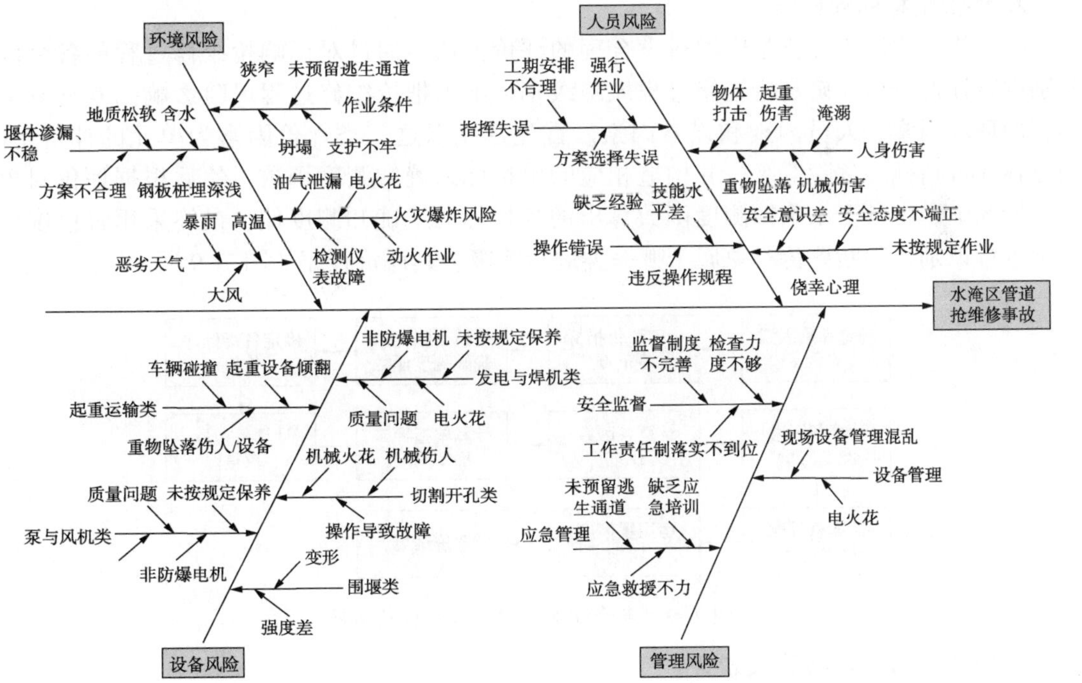

图 7-7 基于鱼骨图法的浅水、沼泽区管道抢维修过程风险识别

7.4.2 抢维修过程风险评价模型

1. 风险评价指标体系建立

由鱼骨图法识别结果可知，浅水、沼泽区管道抢维修过程风险因素多、演化路径复杂、作业条件苛刻、设备众多、操作人员密度高，危险能量和导致危险能量释放的因素较多，如不能采取合理的措施进行事故预防和控制，一旦发生事故，必将造成无法挽回的损失。本节介绍抢维修过程风险评价模型，意在评价抢维修过程风险，同时对提出的抢维修方案进行风险评价并排序，从而评价出施工过程风险性最小的方案，对方案的选择提供指导和参考。浅水、沼泽区管道抢维修过程风险评价指标体系如图 7-8 所示。

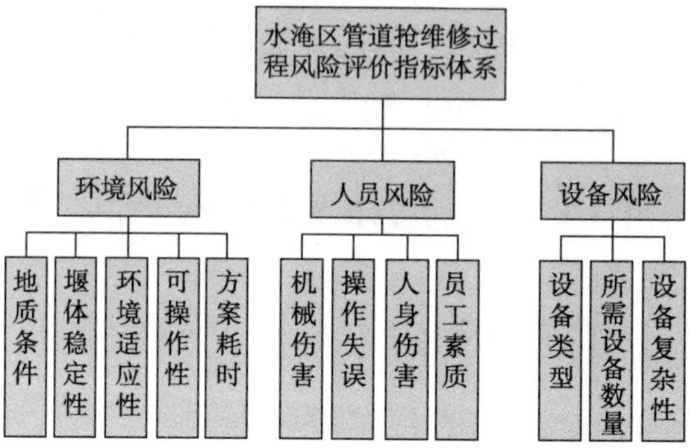

图 7-8　浅水、沼泽区管道抢维修过程风险评价指标体系

2. 评价指标的评价值

抢维修过程风险评价是应用科学合理的评价方法，通过对影响抢维修过程的各个因素分别进行评价分析，确定抢维修过程风险级别。本书把抢维修过程风险影响因素划分为三类，即环境因素、人员因素和设备因素。首先建立以这三类评价因素为单元的评价空间，划分各评价指标的危险等级，并构造相应的单指标未确知测度函数，然后根据评价对象的实际情况确定由各个未确知测度函数算出的各指标的未确知测度值，最终采用置信度识别准则进行识别，判断评价对象属于哪一类危险等级。其评价程序如图 7-9 所示。

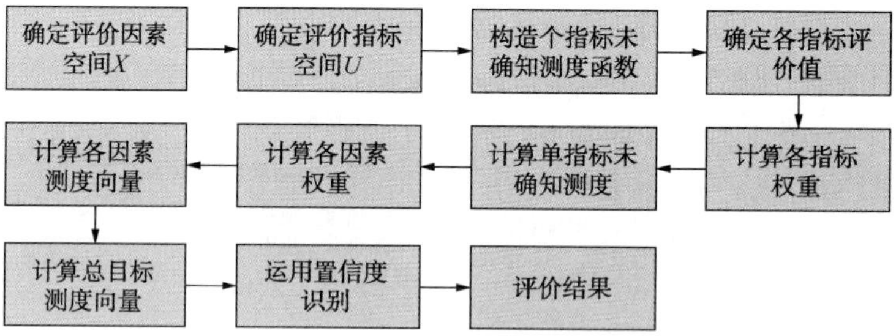

图 7-9　未确知测度模型综合评价程序

3. 抢维修过程风险等级划分

在建立抢维修过程综合评价模型过程中，需要对抢维修过程危险性进行等级划分，以抢维修过程危险等级作为参照标准来衡量危险程度，并对危险性进行比较。评价等级是评

判者对评判对象可能的各种结果所组成的集合，设有 m 种评价结果所构成的评价等级，通常用 V 来表示，$V=\{v_1, v_2, \cdots, v_m\}$，$v_i(i=1, 2, \cdots, m)$代表各个可能的评价结果。对于不同的评价体系，一般具有不同的评价等级。对评价等级的划分目前尚未形成公认准则。评价指标特性和评价等级数划分为多少，是一个涉及相应规范、已有方法及实践经验等多方面因素的问题。评价等级数量划分得太少，不利于真实合理地反映危险性情况；评价等级划分得太多，则会加大确定等级间界限的难度。

综合考虑浅水、沼泽区地质环境因素、抢维修过程风险性质等因素，将浅水、沼泽区管道的抢维修风险划分为 3 级，即：

Ⅰ级——无风险，抢维修工作可按操作规程顺利进行；

Ⅱ级——中等风险，下一步的抢维修工作应与该危险状态下的防控措施同步进行，保证危险程度不再上升；

Ⅲ级——高度风险，必须立即停止作业并采取相应的降低风险的措施。

4. 抢维修过程风险综合评价指标分级标准

在抢维修过程风险评价过程中的定性指标无法直接参与评价，需要通过特定的处理方法将定性指标转化为定量指标，方能进行指标的综合评价，且转化后的指标不会影响评价结果。推荐采用分级标准量化法，根据一定的规则，分段对指标赋值。例如，采用分段 5 区间方法处理时，可按下式进行定量化计算：

$$x_{ij}=\begin{cases} a, & A_{ij}=Text_1 \\ b, & A_{ij}=Text_2 \\ c, & A_{ij}=Text_3 \\ d, & A_{ij}=Text_4 \\ e, & A_{ij}=Text_5 \end{cases} \tag{7-1}$$

式中：$a \sim e$ 为常数，可根据实际情况，如按 1-3-5-7-9 等的方式来确定；A_{ij}表示第 i 类第 j 个定性指标的原始状态描述；$Text_1 \sim Text_5$ 表示“优秀”“良好”等。

分级标准量化法将每个指标分为 3 级(即Ⅰ级、Ⅱ级、Ⅲ级，分别表示无风险、中等风险、高度风险)，每一个级别都规定一个取值标准和数值(数值建议取 1-3-5)。将各指标进行等级划分，具体情况见表 7-1～表 7-3。

表 7-1　环境风险评价指标分级标准

评价指标	分级	评分标准	取值范围
地质条件	Ⅰ级	地质条件稳定，含水量较低	1
	Ⅱ级	地质条件稳定性一般，含水量中等	3
	Ⅲ级	地质条件稳定性较差，含水量高	5
堰体稳定性	Ⅰ级	堰体十分稳定	1
	Ⅱ级	堰体稳定性一般	3
	Ⅲ级	堰体稳定性较差	5

续表

评价指标	分级	评分标准	取值范围
环境适应性	Ⅰ级	抢维修方案环境适应性强	1
	Ⅱ级	抢维修方案环境适应性一般	3
	Ⅲ级	抢维修方案环境适应性差	5
可操作性	Ⅰ级	抢维修方案操作性强	1
	Ⅱ级	抢维修方案操作性一般	3
	Ⅲ级	抢维修方案操作性差	5
方案耗时	Ⅰ级	抢维修方案快速，耗时短	1
	Ⅱ级	抢维修方案较快，耗时一般	3
	Ⅲ级	抢维修方案较慢，耗时较长	5

表 7-2　人员风险评价指标分级标准

评价指标	分级	评分标准	取值范围
机械伤害	Ⅰ级	发生机械伤害的概率小	1
	Ⅱ级	发生机械伤害的概率一般	3
	Ⅲ级	发生机械伤害的概率大	5
操作失误	Ⅰ级	发生操作失误的概率小	1
	Ⅱ级	发生操作失误的概率一般	3
	Ⅲ级	发生操作失误的概率大	5
人身伤害	Ⅰ级	发生人身伤害事故的概率小	1
	Ⅱ级	发生人身伤害事故的概率一般	3
	Ⅲ级	发生人身伤害事故的概率大	5
员工素质	Ⅰ级	员工素质高，技术熟练	1
	Ⅱ级	员工素质一般，技术一般	3
	Ⅲ级	员工素质差，技术差	5

表 7-3　设备风险评价指标分级标准

评价指标	分级	评分标准	取值范围
设备类型	Ⅰ级	所需设备类型种类简单	1
	Ⅱ级	所需设备类型种类一般	3
	Ⅲ级	所需设备类型种类多	5
所需设备数量	Ⅰ级	所需设备数量较少	1
	Ⅱ级	所需设备数量多	3
	Ⅲ级	所需设备数量十分多	5

续表

评价指标	分级	评分标准	取值范围
设备复杂性	Ⅰ级	设备复杂程度低	1
	Ⅱ级	设备复杂程度一般	3
	Ⅲ级	设备复杂程度高	5

5. 层次分析法评价原理及指标权重计算

层次分析法的目的是确定指标的权重系数，即首先把一个系统分成若干层次，然后选取恰当的指标，计算出每个指标的权重系数。层次分析法的主要步骤如下：

(1)建立指标体系

应用层次分析法之前要先构建一个有层次的结构模型。层次分析法模型的层次结构大致可以分为三层，即目标层、准则层、指标层。

(2)构造判断矩阵

构造判断矩阵前必须进行标度的设置，标度是指事物之间比较量化的结果。层次分析法中一般采用1~9标度法，用数值来表示每个层次上的两个指标相对于上一层次的相对重要性程度，如表7-4所示。

表7-4　判断矩阵的标度及其含义

标度	含　义
1	比较两个元素，具有同等重要性
3	比较两个元素，前者比后者稍微重要
5	比较两个元素，前者比后者明显重要
7	比较两个元素，前者比后者强烈重要
9	比较两个元素，前者比后者极端重要
2，4，6，8	表示上述相邻判断的中间值

假设要比较 n 个指标 $X=\{x_1, x_2, \cdots, x_n\}$ 对某因素 Q 的影响，采取对因子两两比较建立判断矩阵，每次选取两个因子 x_i 和 x_j，用 a_{ij} 表示 x_i 和 x_j 的相对重要度之比，比较结果用矩阵 $A=(a_{ij})_{m\times n}$ 表示，则矩阵 A 为 $Q-X$ 的判断矩阵。

判断矩阵 $A=(a_{ij})_{m\times n}$ 对于任意 i，$j=1, 2, \cdots, n$ 具有以下特性：

$$a_{ij}>0,\ a_{ij}=\frac{1}{a_{j\ i}},\ a_{ii}=1 \tag{7-2}$$

(3)确定权重

构造出判断矩阵 $A=(a_{ij})_{m\times n}$ 后要进一步计算各指标的相对权重。根据特征根法，当矩阵 A 为一致性矩阵时，其最大特征值对应的最大特征向量归一化后就是各指标的相对权重。求取判断矩阵的最大特征值及其对应的特征向量的方法有很多种，推荐使用和法进行计算，步骤如下：

①对矩阵 A 进行按列归一化处理，得到矩阵 $B=(b_{ij})_{m\times n}$。

$$b_{ij}=\frac{a_{ij}}{\sum_{i=1}^{n}a_{ij}}\quad(i,\ j=1,\ 2,\ \cdots,\ n)\tag{7-3}$$

②将矩阵 B 按行相加，得到向量 $W=(W_1,\ W_2,\ \cdots,\ W_n)^T$。

$$W_i=\sum_{j=1}^{n}b_{ij}\quad(i=1,\ 2,\ \cdots,\ n)\tag{7-4}$$

③将向量 W 进行归一化处理，得到权重向量 $\overline{W_i}$。

$$\overline{W_i}=\frac{W_i}{\sum_{i=1}^{n}W_i}\quad(i=1,\ 2,\ \cdots,\ n)\tag{7-5}$$

④计算矩阵 A 的最大特征值 $\lambda_{\max}$。

$$\lambda_{\max}=\sum_{i=1}^{n}\frac{[A\ \overline{W_i}]}{n\ (\overline{W_i})_i}\quad(i=1,\ 2,\ \cdots,\ n)\tag{7-6}$$

(4)一致性检验

标度法构建的判断矩阵 A 受到人为因素的影响，可能存在逻辑错误，导致判断矩阵的不一致性。理论上当判断完全一致时，最大特征根 $\lambda_{\max}=n$，但这在实际情况中不可能出现，所以计算中 $\lambda_{\max}$ 的值无限接近于 n 时，就认为判断矩阵是一致的。计算公式如下：

$$CI=\frac{\lambda_{\max}-n}{n-1}\tag{7-7}$$

式中：n 为矩阵的阶数。

从上式可以看出，一致性与矩阵的阶数相关，阶数越大，越难达到一致性，所以要对 CI 进行修正。T. L. Satyt 提出的平均随机一致性指标 RI(Random Index)修正方法应用最为广泛，平均一致性指标 RI 如表 7-5 所示，一致性比率的计算公式如下：

$$CR=\frac{CI}{RI}\tag{7-8}$$

当一致性比率 $CR<0.1$ 时，认为判断矩阵 A 具有一致性，否则应该对判断矩阵进行修正或者重新构造。

表 7-5　平均随机一致性指标 *RI* 取值表

阶数	1	2	3	4	5	6	7	8	9	10
RI	0. 00	0. 00	0. 52	0. 90	1. 12	1. 24	1. 35	1. 42	1. 46	1. 49

浅水、沼泽区管道抢维修过程风险评价指标体系如图 7-8 所示，要针对每种方案计算风险大小，首先按照层次分析法对评价指标权重进行计算。各层指标判断矩阵及权重结果见表 7-6～表 7-9。

表 7-6　一级指标判断矩阵及权重

评价指标	环境风险	人员风险	设备风险	权重 W	最大特征值 λ_{max}
环境风险	1	2	2	0.4934	3.0536
人员风险	1/2	1	2	0.3108	
设备风险	1/2	1/2	1	0.1958	

表 7-7　二级指标判断矩阵及权重(环境风险)

评价指标	地质条件	堰体稳定性	环境适应性	可操作性	方案耗时	权重 W_1	最大特征值 λ_{max}
地质条件	1	1/2	1/2	1/2	1	0.1262	5.0209
堰体稳定性	2	1	1.5	1.5	2	0.2959	
环境适应性	2	2/3	1	1	1.5	0.2187	
可操作性	2	2/3	1	1	1.5	0.2187	
方案耗时	1	1/2	2/3	2/3	1	0.1407	

表 7-8　二级指标判断矩阵及权重(人员风险)

评价指标	机械伤害	操作失误	人身伤害	员工素质	权重 W_2	最大特征值 λ_{max}
机械伤害	1	1/3	1/4	1/2	0.0983	4.0206
操作失误	3	1	1/2	1.5	0.2676	
人身伤害	4	2	1	2	0.4375	
员工素质	2	2/3	1/2	1	0.1966	

表 7-9　二级指标判断矩阵及权重(设备风险)

评价指标	设备类型	所需设备数量	设备复杂性	权重 W_3	最大特征值 λ_{max}
设备类型	1	1/2	1/3	0.1571	3.0536
所需设备数量	2	1	1/3	0.2493	
设备复杂性	3	3	1	0.5936	

6. 抢维修过程风险评价未确知测度模型

用未确知集合描述"不确定性"现象时，关键在于构造合理的未确知测度函数。直线型未确知测度函数是应用最广、最简单的测度函数，在各个领域方面均得到了广泛应用，故采用直线型未确知测度函数。直线型未确知测度函数的表达式如式(7-9)所示，其函数分布图如图 7-10 所示。

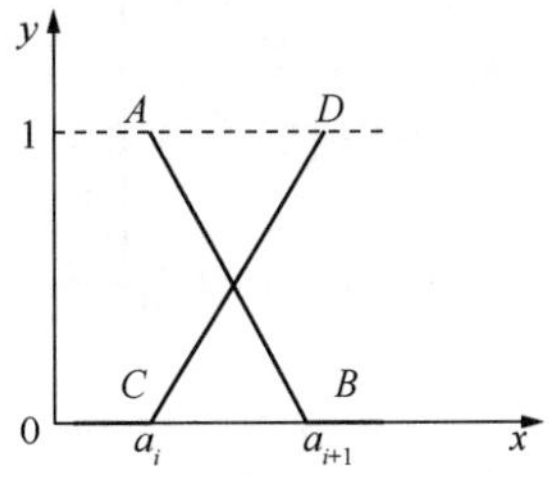

图 7-10　直线型未确知测度函数分布图

$$
\begin{cases}
\mu_i(x)=\begin{cases}\dfrac{-x}{a_{i+1}-a_i}+\dfrac{a_{i+1}}{a_{i+1}-a_i} & (a_i<x\leqslant a_{i+1})\\ 0 & (x>a_{i+1})\end{cases}\\
\mu_{i+1}(x)=\begin{cases}0 & (x\leqslant a_i)\\ \dfrac{-x}{a_{i+1}-a_i}+\dfrac{a_{i+1}}{a_{i+1}-a_i} & (a_i<x\leqslant a_{i+1})\end{cases}
\end{cases} \tag{7-9}
$$

在抢维修过程风险评价中，评价等级分为无风险、中等风险、高度风险三个等级，构造了未确知测度评价模型的评价空间$\{C_1,\ C_2,\ C_3\}$，其中，$C_1=\{$无风险$\}$，$C_2=\{$中等风险$\}$，$C_3=\{$高度风险$\}$，即

$$
\begin{cases}
x_i\in c_1 & (x>a)\\
x_i\in c_2 & (a\leqslant x<b,\ 0<a<b)\\
x_i\in c_3 & (x>b)
\end{cases} \tag{7-10}
$$

根据直线性未确知测度函数构造方法，经过计算，图 7-11 所示指标的测度函数为：

$$
\begin{cases}
\mu(x\in c_1)=\begin{cases}1 & (x<a)\\ \dfrac{a+b-2x}{b-a} & \left(a\leqslant x<\dfrac{a+b}{2}\right)\\ 0 & \left(x\geqslant\dfrac{a+b}{2}\right)\end{cases}\\
\mu(x\in c_2)=\begin{cases}0 & (x<a\ \text{或}\ x\geqslant b)\\ \dfrac{2x-2a}{b-a} & \left(a\leqslant x<\dfrac{a+b}{2}\right)\\ \dfrac{2b-2x}{b-a} & \left(\dfrac{a+b}{2}\leqslant x<b\right)\end{cases}\\
\mu(x\in c_3)=\begin{cases}0 & \left(x<\dfrac{a+b}{2}\right)\\ \dfrac{2x-a-b}{b-a} & \left(\dfrac{a+b}{2}\leqslant x<b\right)\\ 1 & (x\geqslant b)\end{cases}
\end{cases} \tag{7-11}
$$

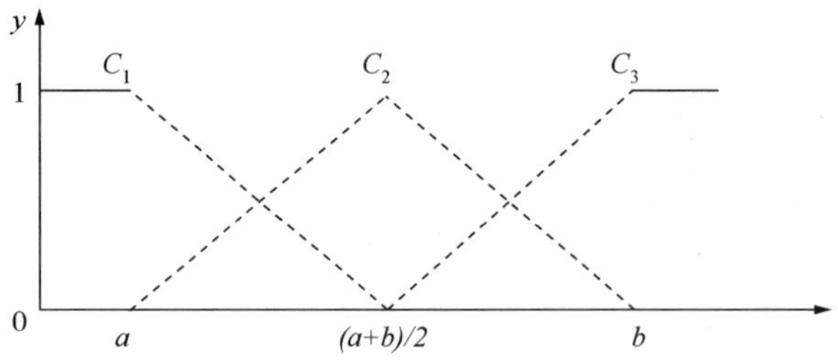

图 7-11　测度函数图像

由于所选定性指标通过分级标准量化法进行了量化处理，且按照数值 1-3-5 进行了赋值，故图 7-11 定性指标的测度函数如式(7-12)和图 7-12 所示。

$$\begin{cases} \mu(x \in c_1) = \begin{cases} 1 & (x<1) \\ \dfrac{3-x}{2} & (1 \leqslant x<3) \\ 0 & (x \geqslant 3) \end{cases} \\ \mu(x \in c_2) = \begin{cases} 0 & (x<1 \text{ 或 } x \geqslant 5) \\ \dfrac{x-1}{2} & (1 \leqslant x<3) \\ \dfrac{5-x}{2} & (3 \leqslant x<5) \end{cases} \\ \mu(x \in c_3) = \begin{cases} 0 & (x<3) \\ \dfrac{x-3}{2} & (3 \leqslant x<5) \\ 1 & (x \geqslant 5) \end{cases} \end{cases} \tag{7-12}$$

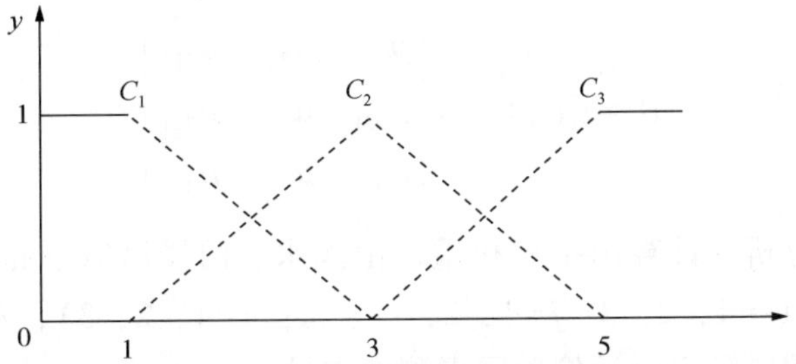

图 7-12 极大型定性指标测度函数

根据浅水、沼泽区管道抢维修过程风险评价指标体系的递阶层次结构，抢维修过程风险综合评价指标体系包括三类评价因素，且每类因素都是相对独立的整体，因此浅水、沼泽区管道抢维修过程风险评价指标体系中每个评价因素都可以作为一个对象进行评级。这三类评价因素共同构成了抢维修过程风险综合评价的未确知测度模型的评价空间，记为 X，即

$$X=\{X_1, X_2, X_3\} \tag{7-13}$$

式中：X_1，X_2，X_3 分别表示环境风险因素、人员风险因素、设备风险因素。

所要评价对象 X_i 需要测量 m 个指标值 $\{I_1, I_2, \cdots, I_m\}$，若 x_{ij} 表示第 i 个对象 X_i 关于第 j 个指标 I_j 的测量值，则 x_j 可以表示为一个 m 维向量：

$$X_i=\{x_{i1}, x_{i2}, \cdots, x_{im}\} \tag{7-14}$$

在用层次分析法划分的抢维修过程风险评价指标体系层次结构中，抢维修过程危险性综合评价的三类因素均包含二级指标，环境风险因素包含 5 个二级指标 $I_1 \sim I_5$，人员风险因素包含 4 个二级指标 $I_6 \sim I_9$，设备风险因素包含 3 个二级指标，$I_{10} \sim I_{12}$。根据实际情况得出所有评价指标的分值，分别为：

$$\begin{aligned} X_1 &= \{x_1, x_2, x_3, x_4, x_5\} \\ X_2 &= \{x_6, x_7, x_8, x_9\} \\ X_3 &= \{x_{10}, x_{11}, x_{12}\} \end{aligned} \tag{7-15}$$

根据各指标的未确知测度函数和得分值求出各评价指标的未确知测度值，从而得到各评价因素的单指标未确知测度矩阵，分别为：

$$B_1=(\mu_{1jk})_{5\times 3}=\begin{bmatrix}\mu_{111} & \mu_{112} & \mu_{113}\\ \mu_{121} & \mu_{122} & \mu_{123}\\ \mu_{131} & \mu_{132} & \mu_{133}\\ \mu_{141} & \mu_{142} & \mu_{143}\\ \mu_{151} & \mu_{152} & \mu_{153}\end{bmatrix} \tag{7-16}$$

$$B_2=(\mu_{2jk})_{4\times 3}=\begin{bmatrix}\mu_{211} & \mu_{212} & \mu_{213}\\ \mu_{221} & \mu_{222} & \mu_{223}\\ \mu_{231} & \mu_{232} & \mu_{233}\\ \mu_{241} & \mu_{242} & \mu_{243}\end{bmatrix} \tag{7-17}$$

$$B_3=(\mu_{3jk})_{3\times 3}=\begin{bmatrix}\mu_{311} & \mu_{312} & \mu_{313}\\ \mu_{321} & \mu_{322} & \mu_{323}\\ \mu_{331} & \mu_{332} & \mu_{333}\end{bmatrix} \tag{7-18}$$

前面已通过层次分析法计算出指标权重。由浅水、沼泽区管道抢维修过程综合评价因素单指标测度矩阵 $\mu_{ijk}(i=1,\ 2,\ 3;\ j=1,\ 2,\ \cdots,\ m;\ k=1,\ 2,\ 3)$，利用下式计算出浅水、沼泽区管道抢维修过程风险综合评价单因素测度向量 A_i：

$$A_i=W_i\times B_i \quad (i=1,\ 2,\ 3) \tag{7-19}$$

则多因素测度矩阵 A 为：

$$A=\begin{bmatrix}A_1\\ A_2\\ A_3\end{bmatrix}=\begin{bmatrix}\mu_{11} & \mu_{12} & \mu_{13}\\ \mu_{21} & \mu_{22} & \mu_{23}\\ \mu_{31} & \mu_{32} & \mu_{33}\end{bmatrix} \tag{7-20}$$

多因素测度向量 μ 为：

$$\mu=w\cdot A=(\mu_1,\ \mu_2,\ \mu_3) \tag{7-21}$$

式中：$w=(w_{X_1},\ w_{X_2},\ w_{X_3})$。

对于有序评价空间，不适合采用“最大隶属度”识别准则，而应采用“置信度”识别准则。在浅水、沼泽区管道抢维修过程风险综合评价中，评价等级分为无危险、中等风险和高度风险三个等级，构造了未确知测度评价模型的评价空间$\{C_1,\ C_2,\ C_3\}$，为评价空间的一个有序分割类，则可引入置信度评价准则。

设 λ 为置信度($\lambda>0.5$，一般取值 0.6 或 0.7)，令

$$k_0=\min\left\{k:\ \sum_{l=1}^{k}\mu_{il}\geqslant\lambda,\ (k=1,\ 2,\ \cdots,\ p)\right\} \tag{7-22}$$

则判定危险等级属于第 k_0 个等级，C_{k_0}。

相比于模糊综合评价方法，未确知测度评价方法满足了“归一性”和“可加性”，并且可以对评价空间进行有序划分；采用的置信度判别准则更加科学，而模糊综合评价的结果采用最大隶属度判别原则进行处理，会使评价结果产生失真。因此，未确知测度评价方法更加合理准确。如果需要还可以用下述准则进行排序

$$q(x_i) = \sum_{k=1}^{k} \mu_{ik}(c_k) \times n_k \tag{7-23}$$

式中：n_k 按公差为2的等差数列取值，此处可取[1 3 5]，根据 $q(x_i)$ 的大小对 x_i 进行比较和排序。

7. 基于未确知测度模型的抢维修过程风险评价及排序

利用未确知测度模型对抢维修过程风险进行评价，以钢板桩围堰过程为例，环境风险评价指标、人员风险评价指标、设备风险评价指标分别表示为 X_1、X_2、X_3，其中，X_1 包含5个评价指标，记为 $X_1=\{x_1, x_2, x_3, x_4, x_5\}$，$X_2$ 包含4个评价指标，记为 $X_2=\{x_6, x_7, x_8, x_9\}$，$X_3$ 包含3个评价指标，记为 $X_3=\{x_{10}, x_{11}, x_{12}\}$。其各项指标得分值见表7-10。

表 7-10　钢板桩围堰过程指标风险得分

风险因素	评价指标	得分
环境风险因素	地质条件	3.5
	堰体稳定性	1.5
	环境适应性	1.5
	可操作性	2
	方案耗时	2
人员风险因素	机械伤害	2
	操作失误	1.5
	人身伤害	1.5
	员工素质	2
设备风险因素	设备类型	5
	所需设备数量	4
	设备复杂性	4.5

根据各个指标的未确知测度函数和实测值求出各评价指标的未确知测度值，从而得到各评价因素的单指标未确知测度矩阵分别为：

$$B_1=\begin{bmatrix} 0 & 0.75 & 0.25 \\ 0.75 & 0.25 & 0 \\ 0.75 & 0.25 & 0 \\ 0.5 & 0.5 & 0 \\ 0.5 & 0.5 & 0 \end{bmatrix},\ B_2=\begin{bmatrix} 0.5 & 0.5 & 0 \\ 0.75 & 0.25 & 0 \\ 0.75 & 0.25 & 0 \\ 0.5 & 0.5 & 0 \end{bmatrix},\ B_3=\begin{bmatrix} 0 & 0 & 1 \\ 0 & 0.5 & 0.5 \\ 0 & 0.25 & 0.75 \end{bmatrix}$$

计算综合评价因素测度向量 A_1、A_2、A_3：

$$A_1 = W_1 \times B_1$$

$$= [0.1262 \quad 0.2959 \quad 0.2187 \quad 0.2187 \quad 0.1407]\begin{bmatrix} 0 & 0.75 & 0.25 \\ 0.75 & 0.25 & 0 \\ 0.75 & 0.25 & 0 \\ 0.5 & 0.5 & 0 \\ 0.5 & 0.5 & 0 \end{bmatrix} \tag{7-24}$$

$$= [0.5656\ 0.4030\ 0.0316]$$

$$A_2 = W_2 \times B_2$$

$$= [0.0983 \quad 0.2676 \quad 0.4375 \quad 0.1966]\begin{bmatrix} 0.5 & 0.5 & 0 \\ 0.75 & 0.25 & 0 \\ 0.75 & 0.25 & 0 \\ 0.5 & 0.5 & 0 \end{bmatrix} \tag{7-25}$$

$$= [0.6763\ 0.3237\ 0]$$

$$A_3 = W_3 \times B_3$$

$$= [0.1571 \quad 0.2493 \quad 0.5936]\begin{bmatrix} 0 & 0 & 1 \\ 0 & 0.5 & 0.5 \\ 0 & 0.25 & 0.75 \end{bmatrix} \tag{7-26}$$

$$= [0\ 0.2731\ 0.7269]$$

多因素测度矩阵 A 为：

$$A = \begin{bmatrix} A_1 \\ A_2 \\ A_3 \end{bmatrix} = \begin{bmatrix} 0.5656 & 0.4030 & 0.0316 \\ 0.6763 & 0.3237 & 0 \\ 0 & 0.2731 & 0.7269 \end{bmatrix} \tag{7-27}$$

多因素测度向量 μ 为：

$$\mu = W \cdot A = (\mu_1,\ \mu_2,\ \mu_3)$$

$$= [0.4934 \quad 0.3108 \quad 0.1958]\begin{bmatrix} 0.5656 & 0.4030 & 0.0316 \\ 0.6763 & 0.3237 & 0 \\ 0 & 0.2731 & 0.7269 \end{bmatrix} \tag{7-28}$$

$$= [0.4893 \quad 0.3529 \quad 0.1579]$$

在浅水、沼泽区管道抢维修过程风险综合评价中，评价等级分为无危险、中等风险和高度风险三个等级，构造了未确知测度评价模型的评价空间，为评价空间有序分割类，因此不适用“最大隶属度”原则，应采用置信度评价准则对评价结果进行判定。设 λ 为置信度，λ 取 0.7，则判定公式为：

$$k_0 = \min\left\{k:\ \sum_{l=1}^{k} \mu_{il} \geqslant \lambda,\ (k = 1,\ 2,\ \cdots,\ p)\right\} \tag{7-29}$$

则判定危险等级属于第 k_0 个等级。此处，$\mu(1)+\mu(2)>0.7$，因此钢板桩围堰的危险等级属于第二个等级，中等风险。

根据排序计算公式可得 $q_1=2.3375$。

同理，计算其余方案的抢维修过程风险测度向量及风险值以便对各个方案进行风险排序。

土石方围堰过程各指标风险得分见表7-11，根据计算公式可得 $q_2=3.0122$。

表7-11　土石方围堰过程指标风险得分

风险因素	评价指标	得分
环境风险因素	地质条件	3.5
	堰体稳定性	4.5
	环境适应性	3
	可操作性	2.2
	方案耗时	3.5
人员风险因素	机械伤害	1.5
	操作失误	1
	人身伤害	1
	员工素质	1
设备风险因素	设备类型	5
	所需设备数量	4.8
	设备复杂性	4.8

螺旋沉桩围堰过程各指标风险得分见表7-12，根据计算公式可得 $q_3=2.9881$。

表7-12　螺旋沉桩围堰过程指标风险得分

风险因素	评价指标	得分
环境风险因素	地质条件	3
	堰体稳定性	2.2
	环境适应性	2.5
	可操作性	2.2
	方案耗时	2.8
人员风险因素	机械伤害	3
	操作失误	3.5
	人身伤害	3
	员工素质	1
设备风险因素	设备类型	4
	所需设备数量	4.5
	设备复杂性	4.5

静压植桩围堰过程各指标风险得分见表 7-13，根据计算公式可得 $q_4=1.9127$。

表 7-13　静压植桩围堰过程指标风险得分

风险因素	评价指标	得分
环境风险因素	地质条件	3
	堰体稳定性	1.2
	环境适应性	1
	可操作性	1.2
	方案耗时	1
人员风险因素	机械伤害	1.5
	操作失误	1
	人身伤害	1
	员工素质	1
设备风险因素	设备类型	4.5
	所需设备数量	4
	设备复杂性	4.5

射水沉桩围堰过程各指标风险得分见表 7-14，根据计算公式可得 $q_5=3.0299$。

表 7-14　射水沉桩围堰过程指标风险得分

风险因素	评价指标	得分
环境风险因素	地质条件	4.5
	堰体稳定性	2.8
	环境适应性	2.8
	可操作性	1.5
	方案耗时	4
人员风险因素	机械伤害	2
	操作失误	3
	人身伤害	2
	员工素质	1
设备风险因素	设备类型	3.5
	所需设备数量	3.2
	设备复杂性	2.8

潜水沉舱过程各指标风险得分见表 7-15，根据计算公式可得 $q_6=3.0274$。

表 7-15 潜水沉舱过程指标风险得分

风险因素	评价指标	得分
环境风险因素	地质条件	4
	堰体稳定性	1
	环境适应性	2.5
	可操作性	3.5
	方案耗时	3.2
人员风险因素	机械伤害	4.5
	操作失误	4
	人身伤害	3.2
	员工素质	1
设备风险因素	设备类型	3.5
	所需设备数量	3.2
	设备复杂性	2.8

各个方案在实际施工过程中的风险大小与其评价结果得分值大小一致，则六种方案的风险排序为：R(静压植桩围堰)<R(钢板桩围堰)<R(螺旋沉桩围堰)<R(土石方围堰)<R(潜水沉舱法)<R(射水沉桩围堰)。

即静压植桩围堰方案风险性最小，因其自动化程度较高，且无需临时施工平台，故而风险因素较少，风险值也较低；钢板桩围堰其次，因钢板桩之间环环相扣，能够形成稳定的堰体；螺旋沉桩及土石方围堰风险性居中；潜水沉舱法因需大型起重设备，故而施工过程风险性较大；射水沉桩则因堰体稳定性欠佳导致风险性较大。

7.5 浅水、沼泽区管道抢维修施工过程突发事件应急处置措施

7.5.1 抢维修过程危险有害因素分析

1. 介质危险性分析

天然气一般分为以下四类：一是从气井开采出来的气田气，称为纯天然气；二是伴随石油一起开采出来的石油气，又称为石油伴生气；三是含石油轻质馏分的凝析气田气；四是从井下煤层抽出的矿井气。纯天然气的组分以甲烷为主，还含有少量的二氧化碳、硫化氢、氮和微量的氦、氖、氩等稀有气体。天然气具有易燃易爆性和扩散性，其中的硫化氢还具有毒性。

2. 操作危险性分析

因浅水、沼泽区的特殊地形条件，导致浅水、沼泽区管道的抢维修工作复杂、难度大，其实施过程涉及的危险因素也较多，主要包括以下内容：

(1)由于设备管理不当或设备自身缺陷导致的设备伤害，如起重设备倾翻、吊装重物下坠、设备间的意外碰撞、围堰密封差导致堰体渗水漏水、封堵设备缺陷引发天然气外泄、可燃气体报警设备缺陷导致现场可燃气浓度超标等；

(2)抢维修施工人员不熟练或缺乏相关安全意识导致人身伤害，如动火施焊前对动火区域未进行仔细检查、对施焊人员未预留逃生路线、未按要求提供相应的防护用品、管沟开挖时由于操作工人疏忽对管道造成的二次伤害等；

(3)由于监管不到位导致的安全管理隐患，如安全监督和检查不力、事故防范及应急管理准备不足、作业安排不当、施工过程和操作方法不妥当等。

3. 环境危险性分析

环境危险性分析主要从施工操作环境角度进行分析，由于施工环境恶劣，不仅加深了管道抢维修工作难度，同时也加大了抢维修工作的风险性。浅水、沼泽区管道抢维修工作环境风险主要包括以下内容：大型抢维修机械要进入现场必须有相对宽阔的道路，而浅水、沼泽区施工现场的淤泥、沙石等降低了设备进场效率；使用围堰导流或者截流法进行排水作业时，围堰易发生倾塌、渗水、漏水等事故；抢维修工作完成后未及时恢复地貌，对当地环境造成了一定的破坏；抢维修施工过程中遭遇极端恶劣气候，如暴雨、高温等。

7.5.2 极端恶劣天气下的应急处置措施

1. 雨天施工应急处置措施

因雨天施工会极大地增加抢维修工作的难度及危险程度，因此抢维修施工应在泄漏险情允许的情况下尽量避免雨天施工。如无法避免，在施工过程中降小雨时，首先要对主要电气设备用防雨布进行遮盖，防止发生电气设备烧毁、漏电等事故。在施工现场，给工作人员发放防雨用具，保证工作人员正常进行操作。如施工过程中突降大雨时，除了执行按小雨情形下的各项措施外，还应在抢维修施工作业区域内搭建临时防雨棚，避免雨水直接冲刷管道表面，同时加快抢维修进度，尽快完成施工。必要时采取临时抢维修处置措施，如降压输送、临时封堵等，待雨停后再进行维修。

2. 高温天气施工应急处置措施

如夏季施工遭遇高温天气，主要应加强对现场工作人员的防护。给高温作业人员发放透气、导热系数较小的工作服、毛巾、防护手套等，工作服宜宽松，以保证通风良好。采取有效的通风、隔热、降温措施，给露天工作人员发放遮阳物品，搭设遮阳防护棚。提供充足的饮用水，尽量避免中暑情况发生。配备相关的药品、急救箱等，一旦发生人员中暑事件，及时进行救治。

7.5.3 抢维修过程突发事件的应急处置措施

1. 堰体变形坍塌事故

堰体发生异常情况时，应按以下流程解决：

(1)向抢维修小组负责人报告坍塌位置、坍塌程度及进水量，负责人指挥应急；

(2)组织抢险小组用驳船牵引钢板，然后采取加打钢板桩、斜撑支护、沙袋加固等方法阻止围堰体变形，及时缓解围堰坍塌趋势；

(3)一旦围堰坍塌加速，围堰无法承受动水冲击时，组织快艇迅速撤离人员；

(4)如果发生围堰掩埋事故，立即请求潜水队支援，现场抢救小组迅速开挖起吊倒塌堰体，救出掩埋人员。

2. 围堰渗水、漏水事故

围堰渗水、漏水事故包括两种形式：一种是围堰与河床接触位置渗水，即堰底渗水；一种是围堰缝隙渗水。

由于河床淤泥软基的防渗能力差，或钢板桩深度不够容易导致堰底渗水，针对这种情况，可采取以下应急处置措施：

(1)调整钢板桩深度或在渗漏严重处加打钢板桩；

(2)沙袋压底，增强软基承载能力的同时减少渗水量；

(3)挖集水坑，将渗水聚集到一处之后用抽水泵排出堰体外。

针对围堰缝隙渗水事故，可采用止水材料填充缝隙的方式进行止水，亦可采用防水布覆盖在堰体的迎水面，利用水压力止水。

3. 天然气泄漏事故

抢维修施工现场对天然气泄漏事故的处置原则应以预防监控为主，同时提前制定好相应的紧急堵漏措施并为现场工作人员制定好紧急逃生路线，必要时疏散现场人员。天然气大量泄漏应急处置措施如下：

(1)停止一切动火作业控制火源，组织作业人员撤回安全警戒区，让窒息人员立即脱离现场接受治疗，采用便携式天然气报警仪检测泄漏天然气的浓度；

(2)防止天然气聚集，用开花水枪和防爆风机对泄漏处进行降温和稀释；

(3)组织抢修小组，穿戴防爆装备靠近泄漏点，对泄漏点进行临时性封堵；

(4)封堵完成后，驱散天然气至安全浓度再继续抢维修作业。

4. 船舶倾覆事故

船舶倾覆事故的引发原因包括设备超载、载荷分布不均、违反操作规程、天气原因等。预防翻船事故的安全措施包括：严禁超载，重量要分置，尽量保持平衡；加强现场设备管理，避免出现载荷分布不均情况；配备相关水上技术人员，提高作业人员安全意识，切忌松懈，疏忽大意。一旦船舶发生险情，现场知情人员需及时拨打电话报警，请求消防队到场排险救援，同时组织人员撤离至安全地点；在消防队来临之前组织人员在事发船只的船头、船尾用钢缆加固缚紧；将船上物体调运下船，减轻倾斜方的重量；调运排水设备向船外排水，使船体回复平衡或减小倾斜度，尽量阻止船体倾覆；对于已经发生倾覆的船舶，应迅速解救伤员，抢救设备。

第 8 章　管道修复技术与风险减缓措施

管道作为连接油气田与用户的纽带，对整个油气田的开发、开采起着重要的作用，管道由于输送距离长、自然环境复杂等因素，更容易受到腐蚀和人为的破坏。因而，管道损伤缺陷的维修已经成为油气管道输送过程中一项必不可少、经常性的工作。

8.1　管道抢维修参照标准

随着抢维修技术的发展，当前已形成多个技术标准，供管道应急和维修时使用：

(1)管道维修手册[PRCI PR-218-9307(AGA L51716)]

(2)工艺管网维修与维护(ASME 国际职业发展系列)

(3)API 570　管道检测规程

(4)ASME B31.3　工艺管道

(5)ASME B31G　腐蚀管道剩余强度测定标准

(6)API 2201　焊接和带压开孔设备的程序

(7)NACE RP0169　金属管道的外部腐蚀控制维修方法

(8)ASME B31、B16　压力管道及管件系列标准

(9)49 CFR 195.402　管道操作维护应急程序手册

(10)API 1104　管道焊接与相关设备

(11)SY 6186　石油天然气管道安全规程

(12)SY/T 5918　埋地钢制管道外防腐层保温层修复技术规范

(13)AEA RP 401　管道临时/永久性维修指南

(14)49 CFR 192　气体输送管道

(15)49 CFR 195　危险液体输送管道

8.2　国内外管道修复响应原则和时间

8.2.1　美国 DOT 规定的油气管道维修原则

美国运输部(DOT)已颁布了气体管道和危险液体管道的管理法规，即 49 CFR 192 和 49 CFR 195，针对不合格/缺陷发现或维修的内容，应进行维修，运行公司应自行选择维修技术，以便将发布的条例应用于其自有的管道系统。

1. 气体管道

气体管道维修的一般要求见 49 CFR 192 第 192.711 段。凡在大于或等于 40%钢材额定

最小屈服强度(*SMYS*)的应力下运行的管道，每当在该管道中发现有损使用性的不合格或缺陷时，若在发现之际难以实施永久性维修，则管道运营公司必须立即采取临时措施。一旦永久性维修变得可行，则必须立即进行永久性维修。只允许在第 192. 717(b)(3)段所述情况下采用焊接补丁维修。

缺陷和受损伤处、焊缝以及泄漏处的永久性现场维修要求分别详见第 192. 713 段、第 192. 715 段和第 192. 717 段。

第 192. 713 段规定缺陷和受损伤处的维修必须通过更换的方式或根据可靠的工程试验和分析结果，使用永久性恢复管道使用性的修复方法完成，且在进行维修时，运行压力必须维持在安全水平。

第 192. 715 段规定凡不合格焊缝[第 192. 241(c)段]的维修，若运行条件可行，则必须在管道停止运行时进行；若焊缝处无泄漏情况，降低压力以使应力不超过 20%额定最小屈服强度，且在磨光有缺陷区域后仍留有至少 3. 2mm(0. 125in)厚管壁，则必须在管道运行时进行。维修必须按照第 192. 245 段的规定进行。无法满足上述要求时，必须使用适当的全包式焊接对开套袖对有缺陷的焊缝进行维修。

第 192. 717 规定泄漏的维修必须通过修复技术或通过以下五种方法中的任何一种来完成：

(1)安装适当的全包式焊接对开套袖，但管路有机械连接接头且在低于 40%额定最小屈服强度下运行的情况除外；

(2)在蚀坑处安装螺栓固定堵漏卡具；

(3)若泄漏由蚀坑造成且管道额定最小屈服强度不超过 267MPa(40kpsi)，使用角焊补丁，该补丁的所有角均应磨圆，厚度至少等于管道壁厚，尺寸不超过管道直径的 1/2；

(4)全包式对开套袖水下管道的机械应用；

(5)使用经可靠工程试验和分析所得出的管道永久性恢复使用的方法。

维修或焊接维修的试压要求见 192. 719 段。新更换的管段必须与所在位置的管道进行同等的压力试验。对于大口径的高压管道，通常必须同时使用目视检查法和无损检验法来对维修焊缝进行检查。

对于可能影响后果严重区域(HCA)的气体管道完整性，最新管理规则概括了与不合格/缺陷发现有关的维修条件。第 192. 933(b)段中有如下定义：“当管道企业根据相关信息确定该缺陷对管道完整性具有潜在威胁时，事故可能发生”。管道企业必须根据图 8-1 所示的时间表来评估和补救维修条件，图中 P_F 是指预计失效压力，*MAOP* 是指最大允许运行压力。P_F 与 *MAOP* 之比增大时，响应时间也随之增加；响应时间的增加速率取决于受评估管段的工作应力(额定最小屈服强度百分比)。

第 192. 933(d)段中规定了即刻维修条件、一年内维修条件和监控条件的特殊要求。倍数表示条件发生后管道运营公司必须对该条件进行补救的期限。

3 种立即维修条件如下：

(1)P_F 计算值小于或等于 *MAOP* 的 1. 1 倍；

(2)凹痕有金属损失、开裂或应力梯级的迹象；

(3)管道企业的评估专家判定需要对迹象或不合格采取即时措施。

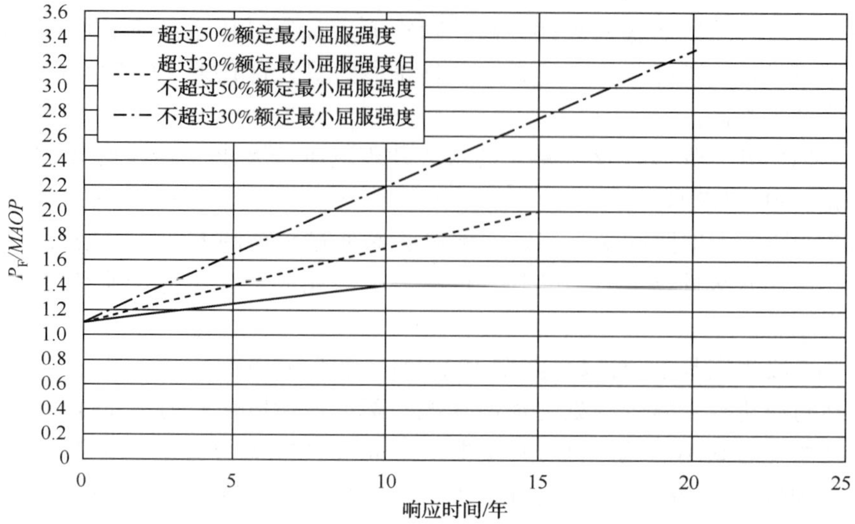

图 8-1　预计响应的时间选择

2 种一年内维修条件如下：

（1）光滑凹痕的深度超过管道直径的 6%或在管道直径小于 324mm（12.75in）时大于 12.7mm（0.50in），且该凹痕位于 8 点钟方向与 4 点钟方向之间（管道的上 2/3 部分）；

（2）凹痕的深度超过管道直径的 2%或在管道直径小于 324mm（12.75in）时大于 6.35mm（0.25in），且该凹痕会在环形焊缝或直焊缝处影响管道曲率。

3 种受监控条件如下：

（1）凹痕的深度超过管道直径的 6%或在管道直径小于 324mm（12.75in）时大于 12.7mm（0.50in），且该凹痕位于 4 点钟方向与 8 点钟方向之间（管道的下 1/3 部分）；

（2）凹痕的深度超过管道直径的 6%或在管道直径小于 324mm（12.75in）时大于 12.7mm（0.50in），且该凹痕位于 8 点钟方向与 4 点钟方向之间（管道的上 2/3 部分），但工程分析显示其应变低于临界水平；

（3）凹痕的深度超过管道直径的 2%或在管道直径小于 324mm（12.75in）时大于 6.35mm（0.25in），且该凹痕会在环形焊缝或直焊缝处影响管道曲率，但考虑到焊缝特性的工程分析显示其应变低于临界水平。

2. 危险液体管道

危险液体管道维修基本要求见 195.422 段。管道企业必须确保维修过程的安全，且不会造成人身伤害或财产损害。更换的管道、阀门及配件必须按照规范第 195 部分的要求进行设计和施工。

焊缝合格率、维修和无损检验要求，分别见第 195.228、195.230 和 195.234 段。每条焊缝和每次焊接都必须进行检查，确保其符合规范第 195 部分的规定；除了外观检查外，还须进行无损检验。焊缝合格率标准详见美国石油学会标准（API 1104）第 6 节的规定。但是，若因除裂纹以外的任何原因造成环形焊缝不合格，在 API 1104 附录适用的情况下，可根据附录来确定其合格性。不合格的焊缝必须清除或进行维修。必须尽力消除缺陷，达到优质金属的要求。必要时，必须进行预热。维修之后必须进行检查。在先前修补区域再次修补裂纹或缺陷必须按照合格的书面程序来完成。该程序规定了先前原始焊缝形成所需的最低力学性能要求。

对于可能对严重后果区(HCA)造成影响的危险液体管道，在 API 1160 完整性管理规定中，说明了对发现的可能影响管道完整性的缺陷实施维修的条件。对于气体管道有如下规定：管道企业确定发现的缺陷或状况对管道完整性造成潜在危害时，应消除隐患和危害。管道企业必须优先考虑维修方法，以制定评估和修复计划。对于立即修复、60 天修复、180 天修复及其他修复条件，均应制定修复计划的特殊要求。上述时间段表示管道企业在发现情况后必须完成修复的期限。

5 种立即修复条件如下：

(1)金属损失大于公称壁厚的 80%；

(2)计算的 P_F 小于缺陷位置规定的最大运行压力；

(3)8 点钟方向和 4 点钟方向之间的管道顶部出现凹痕，有金属损失、裂纹或应力梯级的迹象；

(4)8 点钟方向和 4 点钟方向之间的管道顶部出现深度大于公称管径 6%的凹痕；

(5)管道企业评估专家判断，不合格需要采取即时修复措施。

2 种 60 天内修复条件如下：

(1)8 点钟方向和 4 点钟方向之间的管道顶部出现深度大于公称管径 3%的凹痕，或在小于 324 mm(12. 75in)公称管径的管道上出现深度大于 6. 35 mm(0. 25in)的凹痕；

(2)4 点钟方向和 8 点钟方向之间的管道底部出现凹痕，有金属损失、裂纹或应力梯级的迹象。

9 种 180 天内修复条件如下：

(1)在环形焊缝或直焊缝处出现影响管道曲率的深度大于公称管径 2%的凹痕，或在小于 324 mm(12. 75in)公称管径的管道上出现深度大于 6. 35 mm(0. 25in)的凹痕；

(2)8 点钟方向和 4 点钟方向之间的管道顶部出现深度大于公称管径 2%的凹痕，或在小于 324 mm(12. 75in)公称管径的管道上出现深度大于 6. 35 mm(0. 25in)的凹痕；

(3)4 点钟方向和 8 点钟方向之间的管道底部出现深度大于公称管径 6%的凹痕；

(4)剩余强度计算显示，运行压力小于异常位置当前规定的最大运行压力；

(5)普遍腐蚀区域，预计金属损失大于公称壁厚的 50%；

(6)在布满环形腐蚀的区域或可能影响环形焊缝的区域内，在与另一管道的交叉处出现大于公称壁厚的 50%的预计金属损失；

(7)确定了因开挖造成裂纹的潜在裂纹位置；

(8)出现纵向焊缝腐蚀或其沿途区域腐蚀；

(9)出现深度大于公称壁厚的 12. 5%的凹槽或沟槽。

管道企业还必须对可能影响管道完整性的任何其他已确认状况进行评估。

8. 2. 2 国内管道修复响应时间

根据检测和评价的结果，管道管理者需要制定缺陷的修复时间表，以保证所采取的措施可以维护管道在下一个评定周期内的完整性。按管道缺陷的轻重缓急可将维修响应分为3类：

(1)立即响应；

(2)计划响应，在某时期内完成修复；

(3)进行监测。

各修复时间安排的适用性见表8-1~表8-7。

表8-1　输油管道需要立即修复的情况

<table>
<tr><th>立即修复的情况</th><th>内检测发现</th><th>现场调查发现</th></tr>
<tr><td>大于80%壁厚的金属损失</td><td>应于48h内将发现缺陷处管段最大波动压力降至安全压力
在发现后的10个工作日内开挖，验证和评价是否开裂，并修复</td><td rowspan="2">停止调查，将发现缺陷管段的最大波动压力降至安全压力，直到对情况进行了验证，在发现后的10个工作日内检查是否开裂，并修复</td></tr>
<tr><td>剩余强度计算表明：爆裂压力比现有最大运行压力小</td><td>应对大于80%的金属损失，计算爆裂压力，降压、开挖、验证、评价是否开裂，并修复</td></tr>
<tr><td>管道上部(在4点钟和8点钟方向以上)的凹陷，并伴有金属损失、开裂或应力集中</td><td rowspan="3">应将最大波动压力降至正常压力的80%，对大于80%的金属损失，计算爆裂压力，降压、开挖、验证、评价是否应力集中凹坑，并修复</td><td rowspan="3">停止调查，将发现管段的最大波动压力降至80%，直到对情况进行了验证，在发现后的10个工作日内检查是否有应力集中凹坑，并修复</td></tr>
<tr><td>管道上部(在4点钟和8点钟方向以上)的凹陷，深度大于管径的6%</td></tr>
<tr><td>管道公司指派的评价人员认为需要立即修复的缺陷</td></tr>
</table>

表8-2　输油管道需要60天内修复的情况

<table>
<tr><th>60天内进行修复的情况</th><th>内检测发现</th><th>现场调查发现</th></tr>
<tr><td>管道上部(在4点钟和8点钟方向以上)的凹坑，深度大于3%的管径(如果是管径小于30.5mm的管道，则指凹坑深度大于0.61mm)</td><td rowspan="2">在开挖前，将最大波动压力降至正常的80%
在发现后的60天内，开挖、验证和评价应力集中凹坑，并修复</td><td rowspan="2">停止调查，将发现管段的最大波动压力降至80%，直到对情况进行了验证，在发现后的10个工作日内检查是否有应力集中凹坑，并修复</td></tr>
<tr><td>在管道底部的凹坑，并伴有金属损失、开裂和应力集中</td></tr>
</table>

表 8-3　输油管道需要 180 天内修复的情况

180 天内进行修复的情况	内检测发现	现场调查发现
深度大于 2%管径的凹坑（如果是管径小于 30.5mm 的管道，则指凹坑深度大于 0.61mm），并在环焊缝或纵焊缝上，影响到管子的曲率	计算缺陷到环焊缝的距离，分析内检测原始数据，验证是否是焊缝的侵蚀 在开挖前，将最大波动压力降至正常的 80% 在发现后的 180 天内，开挖、验证和评价应力集中凹坑，并修复	停止调查，在开挖前将缺陷管段的最大波动压力降至 80%，直到对情况进行了验证，在发现后的 10 个工作日内检查是否有开裂和应力集中凹坑，并修复
管道上部（在 4 点钟和 8 点钟方向以上）的凹坑，深度大于 3%的管径（如果是管径小于 30.5mm 的管道，则指凹坑深度大于 0.61mm）	在开挖前，将最大波动压力降至正常的 80% 在发现后的 180 天内，开挖、验证和评价是否有应力集中凹坑，并修复	
在管道底部的凹坑，深度大于 6%的管径 剩余强度计算表明：缺陷管段的运行压力低于现行最大操作压力		
这些评价方法包括：ASME/ANSI B31G《腐蚀管道剩余强度测定手册》或 AGA 管道研究委员会项目 PR-3-805《腐蚀管道剩余强度评价的修正标准》	对金属损失缺陷，计算安全压力 在开挖前，将最大波动压力降至正常的 80% 在发现后的 180 天内，开挖、验证和评价是否有开裂，并修复	
深度大于 50%壁厚的金属损失	将最大波动压力降至正常的 80% 在发现后的 180 天内，开挖、验证和评价是否开裂，并修复	停止调查，在开挖前将缺陷管段的最大波动压力降至 80%，直到对情况进行了验证，在发现后的 10 个工作日内检查是否有开裂和应力集中凹坑，并修复
有潜在迹象表明是裂纹	在发现后的 180 天内，开挖、验证和评价是否开裂，并修复	当发现开裂时，在开挖前将缺陷管段的最大波动压力降至 80%，在发现后的 10 个工作日内修复
纵焊缝上的腐蚀	在发现后的 180 天内，开挖、验证和评价是否开裂，并修复	停止调查，在开挖前将缺陷管段的最大波动压力降至 80%，在发现后的 10 个工作日内评价是否有开裂和应力集中凹坑，并修复
大于 12.5%壁厚的划伤或凹槽		在发现后的 10 个工作日内评价是否有开裂和应力集中凹坑，并修复

表 8-4　输油管道需要修复的其他情况

<table>
<tr><th>其他情况</th><th>内检测发现</th><th>现场调查发现</th></tr>
<tr><td>夹层——可能凸起</td><td rowspan="4">在缺陷处管段，将最大波动压力降至正常的 80%
在发现后的 180 天内，开挖、验证和评价是否开裂，并修复</td><td rowspan="4">停止调查，在开挖前将缺陷管段的最大波动压力降至 80%，直到对情况进行了验证，在发现后的 10 个工作日内检查是否有开裂和应力集中凹坑，并修复</td></tr>
<tr><td>夹层——可能与表面相连</td></tr>
<tr><td>夹层——焊缝 5in 范围内</td></tr>
<tr><td>褶皱</td></tr>
<tr><td>有套管的管段，深度大于 20%，但小于 50%的金属损失缺陷</td><td rowspan="5">在发现后的 180 天内，开挖、验证和评价是否开裂，并修复</td><td rowspan="5">在发现后的 10 个工作日内检查是否有开裂和应力集中凹坑，并修复</td></tr>
<tr><td>内检测结果评价为 60 天内或 180 天内修复，非立即修复，而且与上次内检测的评价结果相比，深度或预测爆裂压力有重大变化的金属损失缺陷</td></tr>
<tr><td>深度大于 20%，但小于 50%的金属损失缺陷，且腐蚀面积尺寸比管径长，覆盖了管子周长的一半</td></tr>
<tr><td>深度大于 20%，但小于 50%的狭长的(小于 15.24mm)轴向金属损失缺陷</td></tr>
<tr><td>评价人员认为会削弱管道完整性的缺陷</td></tr>
</table>

表 8-5　输气管道需要立即修复的情况

<table>
<tr><th>立即修复的情况</th><th>内检测发现</th><th>现场调查发现</th></tr>
<tr><td>对含缺陷管子的剩余强度进行计算表明：预测的失效压力小于或等于 1.1 倍的最大运行压力(只针对腐蚀引起的金属损失)</td><td rowspan="5">在发现缺陷后的 48h 内，降低含缺陷管段的运行压力或停输
对由腐蚀引起金属损失缺陷的管道，压力应降低至计算得到的安全压力的 80%
在发现后的 10 个工作日内，开挖、验证和评价是否开裂，并修复</td><td rowspan="5">停止调查，运行压力降低至 80%发现缺陷时管段的压力，直到情况得到了验证，在发现后的 10 个工作日内检查是否有开裂，并修复</td></tr>
<tr><td>有金属损失、开裂或应力集中迹象的凹坑</td></tr>
<tr><td>管道公司指派的评价人员认为需要立即修复的迹象或缺陷</td></tr>
<tr><td>大于 80%公称壁厚的金属损伤</td></tr>
<tr><td>由直流电、低周 ERW 或闪光焊形成的影响长焊缝的金属损失</td></tr>
</table>

续表

<table>
<tr><th>立即修复的情况</th><th>内检测发现</th><th>现场调查发现</th></tr>
<tr><td>应力腐蚀开裂
其他形式的开裂
有类似裂纹的缺陷：沟状裂纹、疲劳裂纹、未焊透和与焊弧和硬疤相关的裂纹</td><td rowspan="4">在发现缺陷后的 48h 内降低含缺陷管段的运行压力或停输
对由腐蚀引起金属损失缺陷的管道，压力应降低至计算得到的安全压力的 80%
在发现后的 10 个工作日内，开挖、验证和评价是否开裂，并修复</td><td rowspan="4">停止调查，运行压力降低至 80% 发现缺陷时管段的压力，直到情况得到了验证，在 10 个工作日内检查是否有开裂，并修复</td></tr>
<tr><td>由暴雨或洪水引起管线破坏</td></tr>
<tr><td>金属损失，是由第三方造成的划伤引起，无论深度和方位；其他由第三方造成的机械损伤</td></tr>
<tr><td>凹坑以外的由第三方或机械造成的损伤，金属损失或划伤，或两者都有</td></tr>
</table>

表 8-6 输气管道需要 1 年内修复的情况

<table>
<tr><th>1 年内修复的情况</th><th>内检测发现</th><th>现场调查发现</th></tr>
<tr><td>位于管道上部(4 点钟和 8 点钟方向以上)的平滑凹坑，深度大于 6% 管径(如果是管径小于 30.5mm 的管道，则指凹坑深度大于 0.61mm)
除非对此平滑凹坑的工程判断证明没有超过临界应变水平</td><td rowspan="3">在发现缺陷后的 48h 内降低含缺陷管段的运行压力或停输
对由腐蚀引起金属损失缺陷的管道，压力应降低至计算得到的安全压力的 80%
在发现后的 1 年内，开挖、验证和评价是否开裂，并修复</td><td rowspan="3">停止调查，最大波动压力降低至 80% 发现缺陷时管段的压力，直到情况得到了验证，在 10 个工作日内检查是否有应力集中凹槽，并修复</td></tr>
<tr><td>深度大于 6% 管径的凹坑(如果是管径小于 30.5mm 的管道，则指凹坑深度大于 0.61mm)，且在环焊缝或纵焊缝上，影响到管子的曲率
除非对此凹坑的工程判断证明没有超过临界应变水平</td></tr>
<tr><td>没有开裂的硬疤或焊弧，硬度超过洛氏硬度 HRC35</td></tr>
</table>

表 8-7 输气管道需要监测的情况

<table>
<tr><th>需要监测的情况</th><th>内检测发现</th><th>现场调查发现</th></tr>
<tr><td>位于管道上部(4 点钟和 8 点钟方向以上)的平滑凹坑，深度大于 6%管径(如果是管径小于 30.5mm 的管道，则指凹坑深度大于 0.61mm)
而且对此平滑凹坑的工程判断证明没有超过临界应变水平</td><td rowspan="3">发现后，在随后的完整性评价中监测任何可能引起需要修复的变化
在随后的风险评价中需要记录监测的情况
由管理者、工程维护人员确定是否需要修复</td><td rowspan="3">发现后，在随后的完整性评价中监测任何可能引起需要修复的变化
在随后的风险评价中需要记录监测的情况
由管理者、工程维护人员确定是否需要修复</td></tr>
<tr><td>深度大于 6%管径的凹坑(如果是管径小于 30.5mm 的管道，则指凹坑深度大于 0.61mm)，且在环焊缝或纵焊缝上，影响到管子的曲率
而且对此凹坑的工程判断证明没有超过临界应变水平</td></tr>
<tr><td>深度大于 6%管径的凹坑(如果是管径小于 30.5mm 的管道，则指凹坑深度大于 0.61mm)，4 点钟和 8 点钟方向之间(管道的 1/3，底部)</td></tr>
<tr><td>腐蚀引起的金属损伤缺陷，不是要求立即修复、1 年内计划修复或 1 年后修复，但在下次完整性评价活动前计划调查的情况</td><td rowspan="4">发现后，在随后的完整性评价中监测任何会引起需要修复的变化
在随后的风险评价中需要记录监测的情况
由管理者、工程维护人员确定是否需要修复</td><td rowspan="4">发现后，在随后的完整性评价中监测任何会引起需要修复的变化
在随后的风险评价中需要记录监测的情况
由管理者、工程维护人员确定是否需要修复</td></tr>
<tr><td>深度小于 2%外径的平滑凹坑，在环焊缝或纵焊缝上，无论是否影响到管子的曲率</td></tr>
<tr><td>制造和焊接相关的缺陷，除非基于专家经验要求调查和/或修复</td></tr>
<tr><td>没有开裂的硬疤或焊弧，硬度超过洛氏硬度 HRC35</td></tr>
</table>

8.2.3 凹坑修复准则

凹坑是在建设期、管道运行维护过程中产生的，主要是由外力造成的管道外部凹陷，使管内径减小。凹陷损伤分类见表 8-8。凹陷的修复准则见表 8-9。

表 8-8　凹陷损伤的类型

类　型	是否与其他缺陷(特征)相关
弯折凹陷	
平滑凹陷	与划痕、裂纹相关的凹陷
	与焊缝相关的凹陷
	与腐蚀相关的凹陷
	普通凹陷

表 8-9　凹坑修复原则

修复准则依据	49 CFR 192(美国联邦法规)	ASME B31.8—2016
修复相应方式	依据深度和应变要求修复管道，分为立即修复、1 年内修复、继续监控和不需要修复	依据深度和应变要求修复管道，分为需要修复、不需要修复
凹坑规定等级	2%管道直径和 6%管道直径	2%管道直径和 6%管道直径
压力等级	20%*SMYS* 和 40%*SMYS*	20%*SMYS* 和 40%*SMYS*
修复标准	运行应力水平小于 20%*SMYS* 的凹坑不要求修复	运行应力水平小于 20%*SMYS* 的凹坑不要求修复
	应变超过临界应变水平的凹坑要求进行修复	深度小于 2%管道直径不修复
	立即修复： (1)凹坑内部有金属损失、有裂纹扩展、有应力持续升高的迹象的需要立即修复的 (2)评价人员根据设计、施工各种环境分析确定不满足使用需求，需要立即修复的	建设期(需要修复)： (1)所有在纵焊缝和环焊缝上影响弯曲的凹坑都要切掉 (2)所有深度超过 2%管道直径的凹坑(300mm 以上)且运行在 40%*SMYS* 以上的管道，均需切除。不允许打补丁 运行期(需要修复)： (1)通过内检测确定是否需要修复，凹坑处应变 6%是临界极限(应变测量方法见标准附录 R) (2)凹坑内部包含有腐蚀，且腐蚀具有一定的风险性，较危险 (3)凹坑深度超过 6%管道直径 (4)凹坑内部有应力腐蚀开裂或其他裂纹 (5)如果凹坑深度超过 2%管道直径，且应变不超过 4%，除了特殊评估安全的之外，凹坑影响了环焊缝和直焊缝的韧性 (6)焊缝处应变超过 4%的凹坑 (7)任何深度凹坑影响了材料韧性，具有使材料变脆性增强的趋势 修复方法：非金属复合材料修复凹坑不被接受
	1 年内修复： (1)光滑的凹坑在上部 8：00~4：00 位置，有深度达 6%管道直径的凹坑 (2)深度大于 2%管道直径的凹坑在环焊缝或直焊缝上，影响管子弯曲	
	监测： (1)深度超过 6%管道直径的凹坑在管道底部8：00~4：00 位置(下部 1/3) (2)光滑的凹坑在上部 8：00~4：00 位置，有深度达 6%管道直径的凹坑，工程分析不超过临界应变 (3)深度大于 2%管道直径的凹坑在环焊缝或直焊缝上，影响管子弯曲，且工程分析不超过临界应变	

8.3 管道修复技术

管道缺陷影响管道的强度，有的缺陷还可能是“活缺陷”，即由于疲劳或环境原因影响而发生扩展，需要及时修复。本节中介绍的修复技术方法并不是对每一种修复方案都有效，而是当前在工业领域里经常使用的技术。所有修复所用的材料都应满足或大于受影响的管段的最大运行压力，并且符合应用规范。

8.3.1 换管

如果管道的某一部分出现严重的异常[如出现连续大片的凹坑或裂纹(见图8-2和图8-3)]，或加强钢套筒及复合套筒不再适用时，应该用另外的管段更换有缺陷的部分，更换后管道的设计强度至少等于被替换前的管道的设计强度。

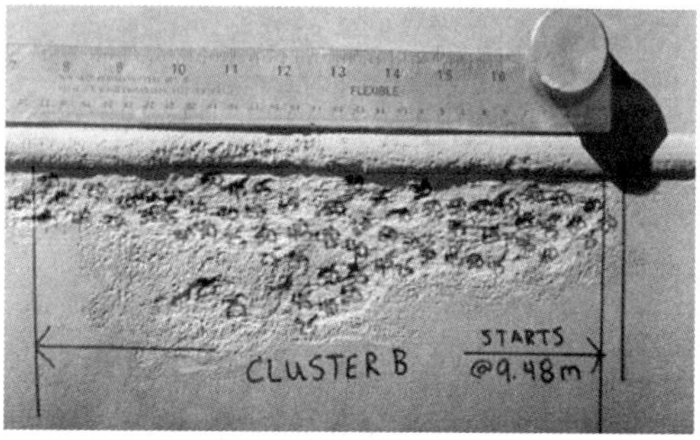

图8-2 外腐蚀

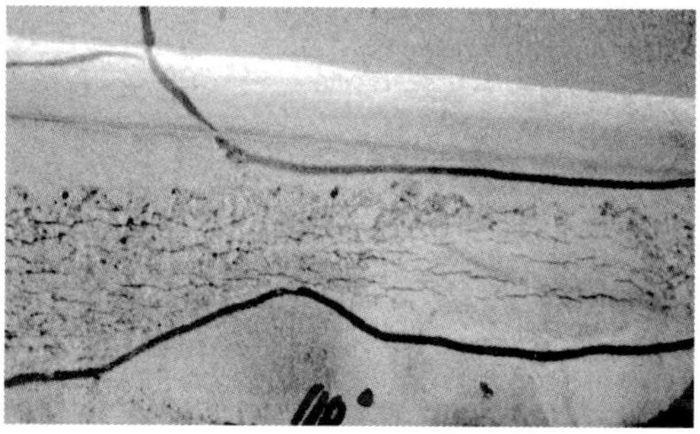

图8-3 应力腐蚀开裂

图8-4 防腐层换新施工

8.3.2 重涂和回填

当评估外部异常后，确定无需修复时，可以采取重涂和回填。在重新涂覆防腐层后，还应对异常部分施加阴极保护。但是，如果管道以前有防腐层和阴极保护，应确定腐蚀异常的原因，或采取减缓措施来防止事件再次发生以及异常现象的恶化。防腐层换新施工如图8-4所示。

8.3.3 管道套筒

使用全包围钢套筒是管道修复时广泛采用的方法之一，正确使用的全包围型套筒至少能将缺陷处管道强度恢复到100%的最小屈服强度。

有许多种类型和构造的套筒可供使用，具体的选择取决于管道的结构和修复的缺陷所处部位。

1. A型套筒

A型套筒是由安装在管道缺陷部位的两个半圆柱管或两个弧面组成的，通过全焊透或单面角焊连接起来，如图 8-5 和图 8-6 所示。末端不焊接到输送管道上，但是应该完全密封以防止水进入管道和加强套筒之间。加强套筒不能承受压力，仅仅用于非泄漏缺陷。为了更有效，A 型套筒应在缺陷部分进行加固，尽可能阻止它呈放射状膨胀。在安装套筒时，应降低运行压力，在环行空间内使用不可压缩的树脂填充物会使修复效果更好。

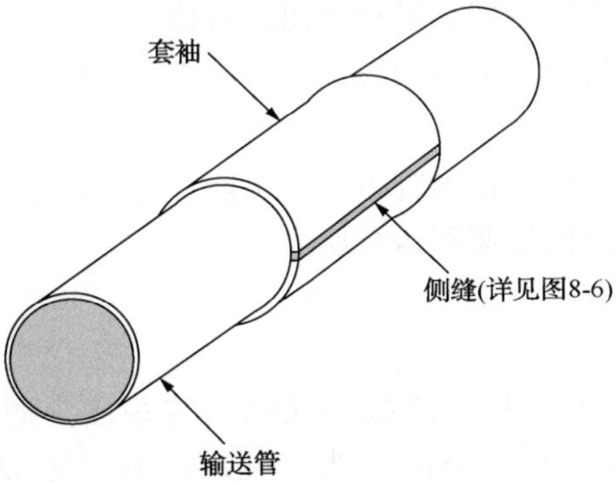

图 8-5　A 型套筒

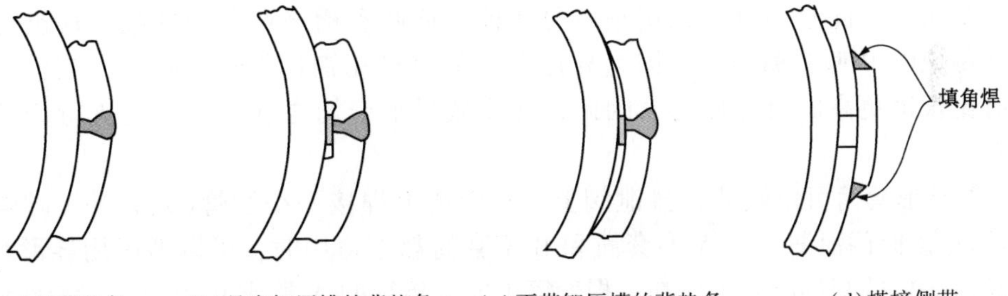

图 8-6　单边 V 形对接焊缝

优点：无需焊接在输送管道上。

缺点：

(1)对于环形缺陷不推荐使用此种套筒；

(2)不能修复任何泄漏缺陷或立刻要泄漏的缺陷。

2. B 型套筒

修复缺陷的套筒是端部焊接到输送管道上的，称为 B 型套筒，如图 8-7 所示。B 型套筒由两个半圆柱或围绕管道缺陷部位的两个弧形面组成，采用和 A 型套筒相同的安装方式。B 型套筒可以带有压力和/或承受施加在管道上的横向载荷产生的纵向应力。它可以修复泄漏以及加强环形缺陷。有时用来修复非泄漏缺陷的 B 型套筒通过开孔对管道和套筒加压，从而减少缺陷部位的环向应力。B 型套筒在侧缝处应全焊透。只有当 A 型套筒对接焊成纵向套筒时，才可以制成 B 型

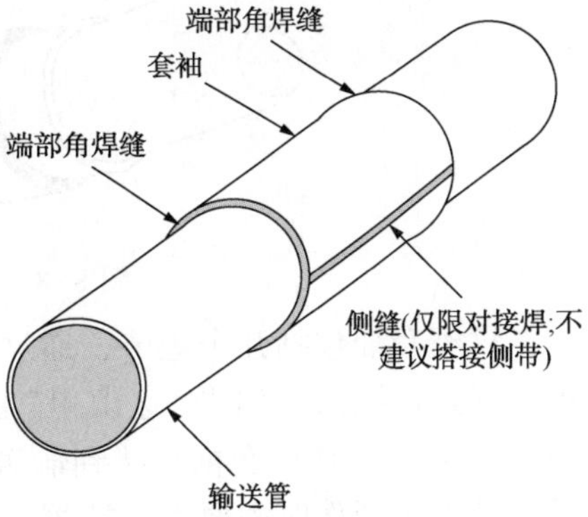

图 8-7　B 型套筒

套筒。

优点：

(1)可以用来修复大多数类型的缺陷，包括泄漏；

(2)可以用来修复环向缺陷；

(3)可以通过金属损失内检测器轻易检测出此种修复；

(4)套筒和输送管道之间的环形空间被保护起来以免腐蚀。

缺点：

(1)当用非低氢焊接程序焊接在役管道时，可能存在周向填角焊引起的延迟裂纹；

(2)修复时，需要考虑降低流速和运行压力。

8.3.4 异形套筒

许多老管道是由机械型的连接头连接而成的。这些接头通常包括用来压缩填充或垫圈以密封管道纵向的螺钉和套环(轴环)。当异常纵向载荷施加到管道上时，这些连接头可以沿管道传送微小的纵向应力，因此它们可能发生“崩脱”事故。为了克服“崩脱”和泄漏事故，在连接头上安装异形套筒并将两末端角焊到管道上。由于侧缝也焊接，因此套筒可以承受压力。此套筒也可以用来修复弯曲、椭圆和褶皱弯曲的缺陷。这类套筒的安装方法和传统的 B 型套筒类似。因为异形套筒的直径比输送管道大得多，它们需要更厚些或具有比管道更高的设计压力。因此，在安装异形套筒之前，应该先进行详细的技术设计核对。

另一类异形套筒可以安装在排泄阀上。在管道上焊接一小段管(其另外一端焊接有堵帽)可以防止该阀门泄漏。当 A 型套筒和 B 型套筒都不适用时，可以考虑用异形套筒。如弯管(现场弯曲)的套袖配置可以在一根弯管上安装传统的 A 类或 B 类套袖。套袖越短，在管道的弯曲段上的安装效果越好。对于 A 类套袖，弯曲度形成的环形空间可填充一种可固化材料，以便与输送管连接。相对较短的 B 类套袖可以高效地安装，但根据管道尺寸和弯曲度，超过一定长度的 B 类套袖将不能很好地匹配弯管，达不到安装要求。

将相对较长的套袖安装到现场弯管上的方法被称为“穿山甲”套袖。这种方法得名于其外形，如图 8-8 所示。

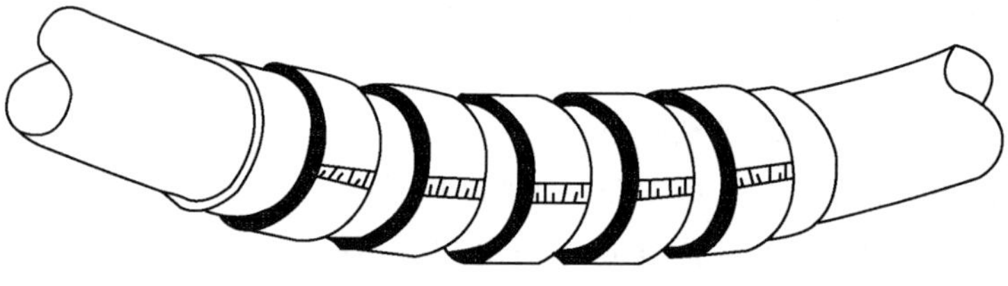

图 8-8 弯管套筒修复安装(“穿山甲”套袖)

这类套袖包括几个短节，通过桥接套袖连接在一起。较长的已腐蚀现场弯管可以用这种方式进行维修。如果“穿山甲”套袖的两端不焊接到输送管上，则其可以看作是 A 类套袖，如果“穿山甲”套袖焊接到输送管上，则其可以看作是 B 类套袖。“穿山甲”套袖配置的最大缺点是制作时需要大量的焊接操作，同时还会大幅增加管道上被修补维修部分的重量和硬度。

弯管维修的另一个选择是安装斜接段，然后各段通过对接焊相连，形成一个连续的套袖。

8.3.5 钢制压缩套袖

钢制压缩套袖是 A 型套筒的一个特殊类型。这种套袖的设计、制作及应用均能使已修复的输送管段在运行中维持在抗压环向应力环境中。这种方法之所以受欢迎，是因为它可修复纵向裂纹类缺陷。在没有抗拉环向应力的情况下，无法使裂纹扩展。这种套袖对于修复环形裂纹无任何帮助。CSA Z662 标准第 10.8.5.4.4 段说明了钢制抗压补强修补管的用途。

安装钢制压缩套袖之前，输送管应采用电动钢丝轮、喷丸清洗剂或喷砂清洗剂清洗至露出金属裸面。两个半圆管道置于缺陷区域上，采用链条或吊耳及螺栓使其固定在一起。再采用众多可用焊接工艺中的一种将两个半圆套袖焊接在一起。安装期间通常需要降压使输送管内具有合格的抗压强度。输送管和套袖之间采用环氧填料，以达到传递应力的目的。如前所述，单独的降压只能将部分环向应力从输送管传递至套袖。PetroSleeve™钢制压缩套袖能将降压和套袖的热收缩相结合，使输送管内具有充分的抗压强度。

PetroSleeve™钢制压缩套袖由带有侧板的两个半圆钢管构成(见图 8-9)。两个半圆钢管安装在缺陷上，加热后首先采用链条式卡具或液压千斤顶将其固定在适当位置(见图 8-10)，再采用两个纵向侧板将两个半圆套袖焊接在一起，与输送管的连接处没有焊缝。图 8-11 显示了 PetroSleeve™钢制压缩套袖的安装过程。输送管的内部压力由套袖的抗压能力来达到平衡，以降低输送管内的环向应力。

图 8-9 安装及喷砂处理后的钢制压缩套袖示例

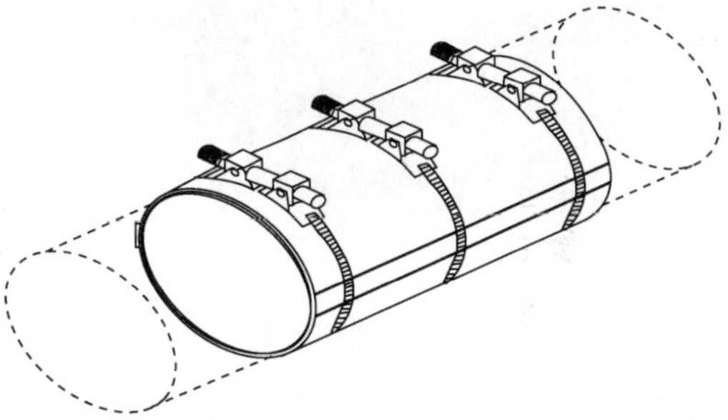

图 8-10 钢制压缩套袖采用链条和千斤顶安装到管道上

套袖的热收缩有助于将抗压应力传递到输送管内。比起冷态，加热后的顶部半圆套袖能滑入到侧板更下方的位置，因此，套袖的原始周长变短。当套袖处于热态时用现场焊缝使其固定在适当位置，套袖无法恢复到原来的直径，因此，降温后其直径会变短。安装时，在输送管和套袖之间做好环氧层。当两个半圆套袖安放在输送管上时，环氧树脂用作润滑剂，之后则用作填料，在套袖和输送管之间均匀传递荷载。

有几种因素会影响输送管内应力降低的程度，其中包括管道壁厚和直径、套袖壁厚、安装时的内部压力以及安装温度。套袖冷却后，对已完成的焊缝实施无损检验。

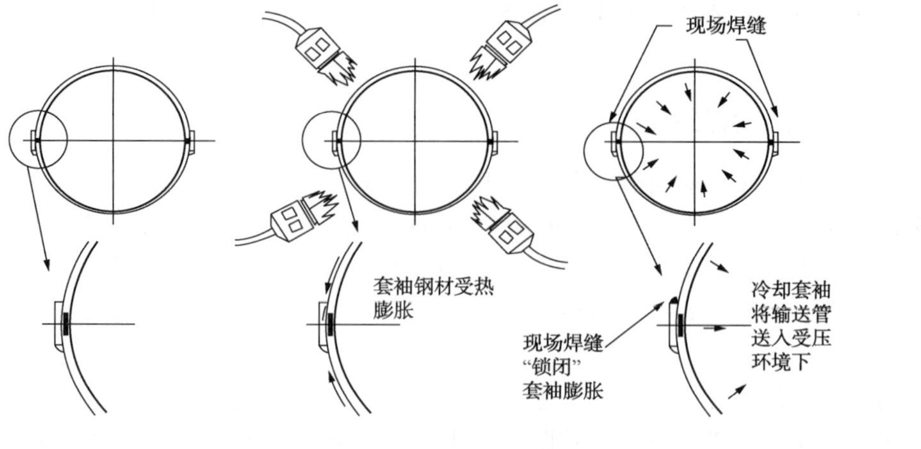

图 8-11　钢制压缩套袖安装步骤

8.3.6　加强型夹具(SSRC)(或螺栓夹具)

这种夹具被广泛用来修复缺陷和恢复管道的最大运行压力，在大多数情况下可以作为永久修复的措施。其可用于高压或低压的油气管道。通常情况下，因为需要大的螺栓确保充分的夹紧力，螺栓夹具既厚且重，如图 8-12所示。虽然有许多类型的商业螺栓夹具，但基本的安装方式有两种：一种是只用弹性橡胶密封；另一种是弹性橡胶焊接密封。弹性橡胶密封使得缺陷泄漏时能承受压力，焊接选择作为备用。如果弹性橡胶密封失效，焊接夹具可以封住泄漏部位继续承受压力。该焊接方式应该基于个别情况来选择，但是当焊接螺栓夹具时(特别是由于壁厚不匹配)应极为小心。同时填充料不能加热过高，但应使其黏结在管壁上。

图 8-12　螺栓夹具

优点：

(1)夹具的花费经济有效；

(2)无需焊接到输送管道上。

缺点：

(1)其长度较短限制了其在较大缺陷管道上的应用；

(2)主要用在直管段上，若需应用在弯头和装置部位上则需定做。

8.3.7　防泄漏夹具

防泄漏夹具用来修复外腐蚀凹陷。它们广泛地用于独立的腐蚀凹陷，但仅仅是临时修复直到管段被更换。由于防泄漏夹具只是临时修复，它与管道夹具或套筒是有区别的。当分析表明泄漏周围不可能发生腐蚀开裂，或在进行永久性修复之前压力水平一直保持很低时，才可以使用防泄漏夹具。防泄漏夹具包括轻型金属带，此金属带用单牵引螺栓紧固到管道上，还包括一个和牵引螺栓成180°的带螺纹的装置，此装置可将氯丁(二烯)橡胶圆锥体压入泄漏处。

图8-13是典型堵漏卡具的示意图。卡具具有一个螺纹管件，与牵引螺栓形成180°角，用于将氯丁橡胶圆锥压入泄漏部位中。

图8-13　堵漏卡具

8.3.8　复合材料维修

复合材料已在航空航天领域使用很多年了。在最近几年，复合套袖已经被开发并用于维修非泄漏管道缺陷。

与钢质套袖相比，复合强化套袖的优点是材料搬运容易、安装人员技术要求较低、安装速度更快以及总体成本更低。安装复合强化套袖的培训(如上述列出的产品)一般只需要一两天。与学习高压管道的焊接相比，这个培训期是非常短的。但安装人员的培训和资质对确保安装和维修合格仍然非常重要。

复合材料维修方法已在特定应用中得到了证实并获得了管理以及规范上的认可，如维修冲蚀缺陷应用。例如，Clock Spring®已被美国交通运输部指定为维修管道壁冲蚀缺陷的永久维修方法，并且得到CSA Z662的认可。

不同的复合套袖是多个特定供应商生产的专利产品。以下对其中五种套袖进行介绍。

1. Clock Spring®维修系统

Clock Spring®维修系统是在美国天然气研究协会资助的一个为期10年的研究和测试计划的支持下开发的，如图8-14所示。如图8-15所示，该系统包括三部分：单向复合包装材料(图中①)；在包装材料和管道之间以及包装材料层间的两段式聚合物黏合剂(图中②)；高抗压强度填充剂(图中③)，用于传递载荷。安装在管道上后，这个系统可以在环形方向进行加固，并降低环形应力。因此，这是传统A类套袖的一个备选方案。

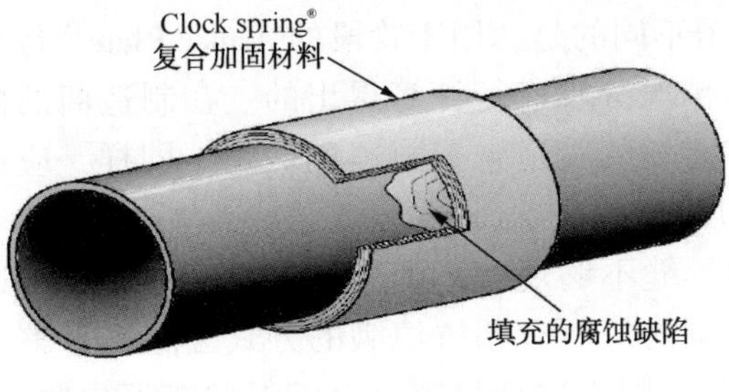

图8-14　Clock Spring®维修系统示意图

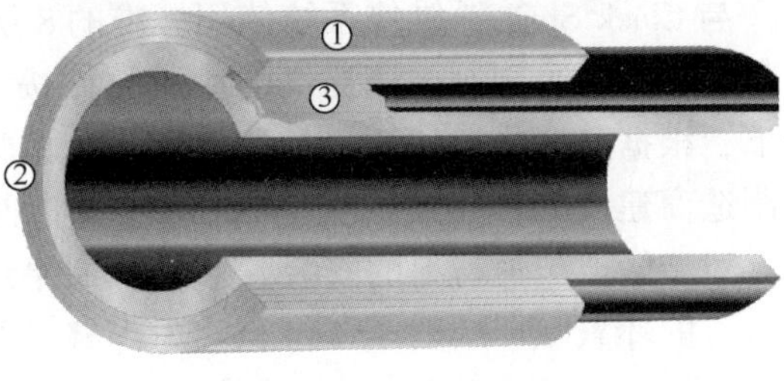

图8-15　Clock Spring®维修系统部件

圆周对齐的无碱玻璃纤维被压缩到聚酯树脂基体中形成复合包覆材料。湿纤维缠绕在圆筒形心轴上，然后凝固，形成钟表发条状的最终包覆材料。各层标准厚度为1.65mm，并且包含60%~70%质量分数或45%~55%体积分数的玻璃纤维。典型安装包括8层，形成约12.7mm厚的复合材料结构。标准测试方法可以用于测量复合材料的以下性能：

(1)在完全浸入60℃水中的最坏情况下，施加359~585MPa的短期和长期抗张强度；

(2)在1.5%~2.0%应变下破损点的线性弹性特性；

(3)平行于纤维方向(管道上的环形方向)上3.45GPa的弹性模量，和垂直于纤维方向上0.965GPa的弹性模量；

(4)在纤维方向(管道上的环形方向)上$3.33\times10^{-6}℃^{-1}$的热膨胀系数，和在垂直于纤维方向上$1.78\times10^{-5}℃^{-1}$的热膨胀系数。

处于高应力的恶劣环境下时，高分子合成材料的强度会随着时间推移而逐渐下降。鉴于这个原因，在温度为49~60℃的情况下，在饱和的12.7mm宽的复合材料试样上进行了长期应力断裂试验。在试验中，试样被浸入pH值为4~9.5的去离子水中。选定的试验条件应具有代表性，可展现地下管道修补管可能遇到的常见最坏环境。在不到一年的时间内经过多次测试，试样出现断裂。测试结果显示，在138MPa保守设计应力极限下使用寿命可达50年。

如上所述，通过聚合物黏合剂将复合材料与管道黏合。这是一种已申请专利的环氧甲基丙烯酸甲酯复合物，即众所周知的MA440。应力分析的结果显示在典型安装端部的最大黏附应力基本上小于1.38MPa，大大小于7.58~10.3MPa的黏合剂测量强度。

最后，采用广泛的现场验证计划，以评估在实际管道运行条件下Clock Spring®维修系统的性能。在全美范围内的不同位置安装了大约100套系统。选择这些位置以代表各种不同的管道运行条件。泥土范围是从干沙到红黏土，温度范围是从4℃到35℃。运行4~7年后进行检验，结果显示维修性能无任何明显下降。

2. Armor Plate™管道包覆材料

Armor Plate™管道包覆材料的尺寸适用于特定直径管道和缺陷尺寸。管道包覆材料是玻璃纤维树脂系统。完整的Armor Plate™管道包覆材料外形和Clock Spring®相似。套袖由现场连续加工的多层铠装纤维材料构成。这种材料的常见宽度是305mm。维修可将多层复合材料相互紧贴安装并隔层重叠以修复较长的缺陷。Armor Plate™材料在管线上的应用以及维修前管道表面的处理与Clock Spring®维修系统的情况相似。

与Clock Spring®维修系统使用标准的8层包覆不同的是，用于管段的Armor Plate™包覆材料的数量是采用制造商提供的专用软件按具体情况分别进行计算得出的。在制造商的协助下，根据其指导评估缺陷的深度和长度，计算需要的管道包覆材料的数量。同样，应遵守制造商建议的最大工作温度、最坏土壤以及湿度条件。

对于管道包覆材料的安装紧贴度，如果纵向焊缝不够规整，则应通过打磨或采用制造商认可的环氧腻子缺陷填料将套袖与焊缝连接范围内的所有凹坑填满的方式去除不平整部分。Armor Plate™材料也可用于管道上的焊接短节，因为这种材料是在润湿状态下包覆的，比固化状态下更灵活，如Clock Spring®维修材料一样。但这并不是说这种材料在包覆管道后必须在现场固化，这样会增加维修时间。现场固化也比在工厂固化具有更多的潜在不确定因素。

Armor Plate™管道包覆材料已经过了大量的测试。实验性工作包括：

(1)腐蚀管道、弯头和三通的破裂试验，带凹痕和凹槽的管道的疲劳试验；

(2)复合物和黏合剂的材料试验；

(3)已维修管道的应变计测量；

(4)阴极剥离试验。

3. StrongBack/Masterwrap 系统

StrongBack/Masterwrap 维修系统使用水固化、玻璃纤维聚氨酯复合物材料。这种材料最初开发用于海上应用，可以用于水下。因此，像 Armor Plate™一样，这种材料在润湿状态下应用，然后固化。StrongBack/Masterwrap 维修系统已经过了大量的评估，包括材料的张力试验、压缩和剪切强度试验、试验钢圈的爆裂强度试验、阴极剥离试验、蠕变试验、疲劳试验和环境暴露试验——紫外线、热力、化学、冷冻/解冻和湿度等。

4. WrapMaster PermaWrap™系统

PermaWrap™系统使用硬质聚酯玻璃纤维包覆材料，类似 Clock Spring®维修系统使用的材料。除了在复合包覆材料各层之间使用黏合剂外，各层还通过机械方式互锁。因此，这种系统不仅依靠黏合剂来紧固套袖，同时复合物还含有金属物质，通过管道检查工具可以探测到。正如 Clock Spring®维修系统一样，PermaWrap™材料可以用于维修腐蚀深度达到壁厚 80%的腐蚀缺陷，而且是相对比较快的维修技术，几乎可以在两小时内完成。

PermaWrap™维修系统的评估包括复合物和黏合剂的材料试验、已维修管道的爆裂试验及已维修管道的循环疲劳试验。安装分 10 个步骤完成，包括：

(1)管道表面处理；

(2)确定缺陷的特征；

(3)确认需要加套袖的管道范围；

(4)用腻子填充缺陷；

(5)混合黏合剂；

(6)包裹时将黏合剂用于管道和复合物表面；

(7)紧固包覆物；

(8)挤出管道和包覆物之间以及包覆层间的多余材料；

(9)密封边缘和过渡区；

(10)按要求对接或交错安装更多的套袖，覆盖缺陷区域 。

5. Black-Diamond™复合包覆物

与以上讨论的单向玻璃纤维强化复合物不同的是，Black-Diamond™复合包覆物是碳化纤维/树脂系统，具有单层双向纯碳丝织物，这样便可在径向和纵向都具有一定强度。这种材料可用于维修外部腐蚀、凹槽、沟槽、焊缝烧穿和凹痕，可以用于三通、弯头和直管段。包覆数量由实际应用情况决定；在维修时，应至少使用两层完整的包覆材料。这种材料可以用于两种温度范围：−29～10℃及 10～82℃。

6. 采用复合补强圈的维修设计

复合补强圈维修必须满足与套袖相同的基本设计标准。用复合材料维修缺陷应通过试验和/或分析证明，试验应能承受最小屈服强度100%的静压力，并且在维修的整个寿命期间不会对管道的完整性造成任何不良影响。

如果基本上没有什么设计数据和现场经验可以参考时，可以根据具体的分析和试验设计复合材料维修，或使用图和表，和/或使用制造商提供的专用软件。当给定长度、宽度、深度和缺陷的程度(应力集中度)时，复合补强圈设计程序必须确定以下四个参数：

(1)所要求的补强圈的最小厚度；

(2)维修系统安装应满足的压力；

(3)应施加到复合材料的预拉载荷；

(4)在缺陷端部上需要的强化材料的最小长度。

最小厚度规定了维修可以实现的基本补强等级。一般来说，复合物厚度会随着缺陷深度和长度的增加而增加。如同钢套袖一样，安装压力可以帮助控制装配和达到预加载量。随着维修压力对操作压力比率的下降，套袖性能和维修完整性会提高。复合套袖不能仅与缺陷边沿端齐平，而应伸出缺陷至少50mm。与安装压力类似，强化材料预应力有助于控制装配和达到的预加载量。但预应力产生的预加载应小于使用钢套袖夹持或热配合方法产生的预加载。

7. 采用复合套袖的要求

CSA Z662规定了使用玻璃纤维复合套袖的要求。对于使用复合套袖加固管道维修的基本要求有两套。第一套要求适用于各种形式的强化套袖：

(1)套袖应纵向伸出缺陷端部至少50mm。

(2)如果出现了内部腐蚀，应采取抑制腐蚀的措施。

(3)应考虑修补管端部和相邻修补管之间的管道内的弯曲应力集中情况。

(4)应考虑修补管和管子材料的设计兼容性。

(5)应考虑管道上其他设备的间距。

(6)在安装和运行期间，应确保修补管的支撑足够。

(7)应确保套袖满足当前和将来的运行以及压力试验条件。

第二套要求适用于专用复合强化套袖：

(1)根据应力破裂试验的结果，维修系统的预估寿命应至少为50年。

(2)系统应满足阴极剥离试验的性能要求。

(3)浸渍试验的结果应证明管道上的产品不会降低系统性能。

(4)维修后的管道的承载能力应至少等于初始安装管道的承载能力。

(5)应进行工程评估，确定从管道传递给套袖的应力。套袖上的最大应力不能超过应力破裂试验显示的应力水平。该评估还应确定在套袖系统安装和固化期间的最大允许压力。

(6)在管道运行期间，维修系统应在设计运行温度下运行。

(7)套袖系统部件的存储、搬运、运输和安装应满足制造商的规范和程序要求。

(8)安装套袖的人员应经过安装程序的培训，并具有相关安装程序的资质。

8.3.9 打磨

若满足下列标准，则可采用手工修补或电动砂轮打磨，修复管道缺陷或缺欠：

(1)缺陷或缺欠的应力集中效应已消除。

(2)所有损坏或过硬或过软的金属已切除。

(3)金属切除量和分布情况不会严重降低管道的承压能力。

如果消除缺陷时不会使剩余管道壁厚减少到规定限值以下，则管道 API 5L 规格可允许制造商通过打磨来清除新管道上的缺陷，使打磨区域与管道轮廓平滑过渡。对于直径大于或等于 508mm、钢级为 X42 或更高的焊接管，打磨之后的最小允许厚度为公称厚度的 8%以下。对于直径大于或等于 508mm、钢级为 X42 或更高的无缝管，打磨之后的最小允许厚度为公称厚度的 10%以下。对于所有 B 级或以下和钢级为 X42 或更高的直径小于 508mm 的管道，打磨之后的最小允许厚度为公称厚度的 12.5%以下。

ASME B31.4 规范第 451.6.2(b)(3)段规定，维修中发现的缺陷可通过光滑轮廓打磨来清除。通过打磨清除的金属量采用与腐蚀诱发局部管壁腐蚀相同的评估标准来衡量。ASME B31G 可用作对打磨引起的允许局部管壁腐蚀的评估指南。例如，ASME B31G 对最大允许管壁腐蚀长度的评估提供了下列公式：

$10\% \leqslant d/t \leqslant 17.5\%$：

$$L=1.12 \cdot 4\sqrt{Dt} \tag{8-1}$$

$10\% \leqslant d/t \leqslant 80\%$：

$$L=1.12\sqrt{Dt\left[\left(\frac{d/t}{1.1d/t-0.15}\right)^2-1\right]} \tag{8-2}$$

式中　L——打磨区域最大允许纵向范围，mm；

D——管道公称外径，mm；

d——打磨区域最大测量深度，mm；

t——管道公称壁厚，mm。

ASME B31.8 规定，当管道凹痕不大于公称直径的 4%时，可通过磨平来对凹槽、沟槽及裂纹等机械损伤进行现场修复。对于凹槽和沟槽，打磨后须至少保留公称壁厚的 90%。对于裂纹在内的机械损伤，若深度达到公称壁厚的 10%，则其打磨长度并无限制。通过打磨消除机械损伤，包括裂纹，如果打磨长度不超过下列方程中的规定值，其打磨深度可达到公称直径的 10%以上，但最大值不能超过公称直径的 40%。

$$L=1.12\sqrt{Dt\left[\left(\frac{d/t}{1.1d/t-0.11}\right)^2-1\right]} \tag{8-3}$$

采用方程式(8-2)计算的数值小于(较保守)采用方程式(8-3)计算的可比值。打磨后，须对表面进行检查，以确保不存在任何可检裂纹。同时，蚀刻后须进行检查，以确保已清除所有金相变化材料。

CSA Z662 规定，打磨可作为一种日常维修方法。对于焊缝烧穿，蚀刻后须进行检查，以确保已清除所有金相变化材料。对于凹槽、沟槽和裂纹，必须进行着色渗透检验或磁粉探伤，以确认已完全消除所有缺陷。若深度达到公称壁厚的 10%，其打磨长度并无限制。如果打磨区域的长度不大于 ASME B31G 规定的长度，则当最大深度达到公称壁厚的 10%时，可采用 RSTRENG 0.85 dL 法或 RSTRENG 有效面积法进行打磨。

英国天然气公司的研究员对采用打磨进行管道维修进行了研究。他们认为，在降低后的应力水平(已证实的缺陷已承受应力水平的85%)下可安全实施打磨，而且打磨不会在打磨区域表面以下产生新的裂纹。他们建议的剩余壁厚至少为4.1mm。他们还建议采用功率小于460W的打磨机，将打磨区域磨平，且砂轮相对于表面的倾斜角度不大于45°，以避免产生沟槽。可能正是因为其所用的打磨机功率小的原因，他们在打磨生热的过程中并未发现任何不良影响，例如不利的金相转变。

为了避免在清除缺陷的过程中对管道产生过大的热量输入，推荐采用柔性翼片砂轮来代替刚性砂轮。采用刚性砂轮进行打磨对部件生热的速度比用翼片砂轮更快。以中等压力用砂轮来回扫动部件进行打磨的角度相对于其表面平面应小于180°。与表面平面成近90°的角度以及对打磨机施加过大压力均会造成部件过热。从砂轮周围飞溅出的熔化的红色金属微粒以及打磨区域的钢材上色或“发蓝”即表示出现过热。打磨区域的温度应为人手可以碰触的热度，不能过热。

从上述讨论中可以看到，在适当的限制条件下，打磨是一种普遍认可的管道日常维修方法。因此，下列情况下，将打磨作为缺陷修复方式之一是合理的：

(1)运行压力应降低至发现缺陷时压力的80%及以上，或最新记录的一次高压的80%及以上。

(2)非凹痕类缺陷的金属清除量限值应与公认的ASME B31G或RSTRENG等金属损失标准规定的限值相同，除非打磨深度超过公称管道壁厚的40%。ASME B31.8标准比ASME B31G标准更加保守。

(3)只有对上述规定值作出额外限制的情况下才允许打磨凹陷区域内的缺陷。凹陷区域的深度不应大于公称管径的4%，且凹槽和沟槽打磨之后的剩余深度应至少为公称壁厚的90%。

(4)对于此后采用套袖进行修复的缺陷，允许先采用打磨来清除。前提是须进行工程评估，以确保打磨期间降低后的运行压力达到安全水平。

(5)应通过磁粉探伤或液体渗透检验来确认已清除了裂纹和应力集中缺陷。此外，如果缺陷为焊缝烧穿，应在蚀刻后通过检验来确认已清除了金相变化材料。CSA Z662规定，采用10%过硫酸铵溶液或5%硝酸浸蚀液进行蚀刻。

(6)如果裂纹、应力集中缺陷、金相破坏材料或其他缺陷无法通过打磨至上述规定限值全部清除，则应放弃这种修复方式而采用另外的更合适的修复方法。

图8-16 有螺栓夹具注环氧树脂

8.3.10 环氧树脂填充套筒

该技术采用夹具内部填充环氧树脂剂的措施，保证缺陷处的应力传递，可用来永久修复凹陷、腐蚀、划伤或环焊接缝缺陷，无需在管道上进行任何焊接，如图8-16所示。

8.3.11 补丁

补丁和半圆补丁过去用于修补泄漏和缺陷处。补丁通常用于覆盖整个管道圆周的一半，长度可以达到 3m 左右。目前研究已表明补丁和半圆补丁修复方式对加工缺陷非常敏感，不得用于维修高压管道的缺陷。例如，安装在泄漏区域的 7 个半圆补丁在压力试验中在相同位置(纵向角焊缝和半圆补丁之间)都未通过试验。7 次试验失败都是在规定的输送管总变形应力水平或低于此应力水平时发生。试验结果表明这种维修的静止强度是在等于 72%最小屈服强度的环向应力水平下运行的管道的边界强度。由于在角焊缝内部存在高应力集中，其疲劳寿命同样可能相对较短。

具有非泄漏缺陷的管道的其他破裂试验结果显示，半圆补丁的性能有一定的改进。按这种方式使用时，补丁和半圆补丁在强化结构缺陷方面的效果可以像 A 类套袖一样。但纵向角焊缝管是一个薄弱点，而 A 类型套袖不存在这个问题。因此，不建议采用补丁和半圆补丁维修高应力管道，无论是否泄漏。

对于某些低压输油管道可谨慎应用该方法，也适合于小面积多点腐蚀的维修，维修时需降低压力为设计压力的 1/3，对于天然气管道必须停气泄压进行。由于天然气管道气体中酸性气体的存在，在焊接热影响区内容易产生氢脆，加拿大就发生了这样的事故，一条输气管道打补丁后，产生了脆断。

焊接的补片应是圆角的，补片材料等级应与所修理的管子材料等级类似或更高一些，厚度也应同管子壁厚相同。应采用填角焊将补片焊牢。禁止用插入对接焊补片。应特别注意尽可能减小由于修理所造成的应力集中。

为修理泄漏或其他缺陷而安装的全包式焊接拼合套筒，其设计内压应不小于所修理管子的设计内压，并应沿圆周方向和纵向全面焊接。如全包式拼合套筒仅为补强修理而装，且不承受内压，则圆周上的焊缝并不是必需的。应特别注意尽可能减少由于维修所造成的应力集中。

对只使用填充熔敷金属的修理工作，焊接工艺应符合所修管子材料标准的等级和类型的有关要求。

在有涂层的管子上进行修理时，应先除去所有受损的涂层，并涂敷新的防腐涂层。对于修理中采用的更新管段，焊接补片及全包式焊接平台套筒在涂有防腐层的管线上安装完结之后也应涂敷防腐层。

修理在役管道，应先进行检查，以确定管材是否可靠，即检查在经过打磨、焊接、切割或带压开孔处理过的部位是否还有足够的壁厚。

如果管线不停输，则应将管线的工作压力降低到能保证安全维修作业的水平。补丁修复示意图如图 8-17 所示。

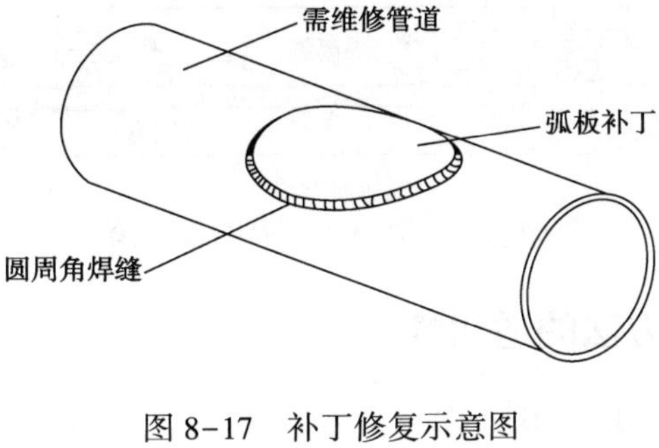

图 8-17　补丁修复示意图

8.3.12 补焊修复

补焊适用于管道外部金属损失缺陷修复，不适用于电阻焊焊缝内或附近的缺陷以及裂纹类缺陷。补焊可用于维修内腐蚀。维修时，外表面圈焊范围应超出腐蚀区域1～2mm，补焊区域的最终厚度应达到原始壁厚或以上。

对于输油管线，应对返修时采用的堆焊方法制定焊接工艺。焊接工艺中应给出焊缝熔敷区的最小允许剩余壁厚以及进行这一类型返修时管子内允许输送液体的压力值。

有下列情形之一的不应采用本方法：

(1)剩余壁厚在4.8mm以下的；

(2)金属损失区域轴向或环向长度超过外径一半以上的；

(3)额定最小屈服强度损失大于等于30%的气体运行管线；

(4)脆性断裂敏感的管线。

补焊过程中应执行回火焊道等技术手段，以减少热影响区的范围、改善热影响区的性质。在堆焊填充金属前，应将焊接瑕疵、电弧烧痕、凿口及凹槽等缺陷打磨去除。碳钢材料应使用低氢焊条以防止产生氢致裂纹。

宜采用的补焊作业程序如下：

(1)清理缺陷应保证最小壁厚不小于4.8mm；

(2)沿需修复缺陷的外沿以直焊道焊一圈，圈外不允许焊接；

(3)在圈内以直焊道熔敷第一层，使用焊接工艺规程规定的较小的热输入以防止熔穿；

(4)后续熔敷层可以使用较大的热输入，确保回火效果；

(5)持续堆焊到预定的维修厚度，为方便检测，补焊表面可打磨平整；

(6)打磨补焊区域最外沿焊道与管道本体保持平滑过渡，打磨深度不允许低于母材；

(7)焊接完成后，应使用磁粉检测或超声检测方法对补焊处进行检测，表面应无裂纹、气孔、夹渣等焊接缺陷。

8.3.13 带压开孔修复

带压开孔修复主要用于工业生产中不能停止输送的管道，如图8-18所示。

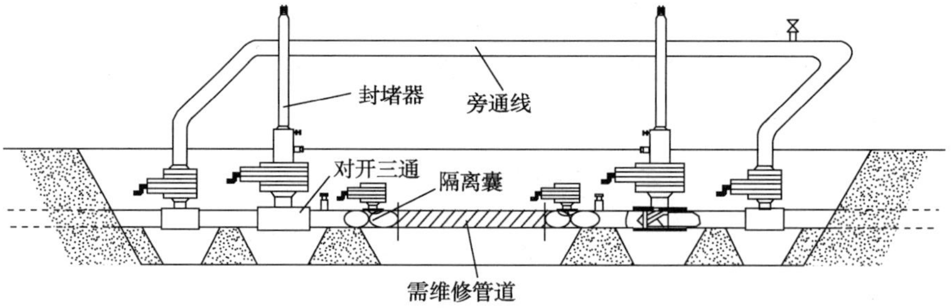

图8-18 带压开孔修复示意图

8.3.14 各种修复方法的适用性

各种修复方法对各缺陷的适用性见表8-10。

表 8-10 缺陷修复方法总览

修复方法 因素和缺陷	打磨	沉积焊接金属	A 型管套	B 型管套	复合材料	机械螺栓夹具	打补丁或套袖	带压开孔封堵	换管
1. 材料空洞	否	否	否	否	是	否	否	否	是
2. 小缺陷区域<管径	是	是	是	是	是	是	是	是	是
3. 大缺陷区域>管径	否	否	是	是	多个	多个	否	否	是
4. 直管	是	是	是	是	是	是	是	是	是
5. 冷弯	是	是	非标形状	非标形状	是	是	是	是	是
6. 热弯	是	是	非标形状	非标形状	非标形状	否	否	是	是
7. 泄漏(任何原因引起)	否	否	否	是+排空技术	否	是+排空技术	否	是	是
8. 外部腐蚀	是	是	是	是	是	是	是	是	是
9. 浅至中度深坑<0.8t	是	是	是	是	是	是	是	是	是
10. 深坑>0.8t	否	否	否	是	否	是	否	是	是
11. 内部缺陷(包括腐蚀)	否	否	受限	是	是	是	否	否	是
12. 凹坑	否	否	带有填料	是	可行但限制使用	是	否	否	是
13. 凹坑/划伤	否	否	带有填料	是	可行但限制使用	是	否	否	是
14. 浅裂纹或划痕<0.4t	是	是+打磨和检查	是	是	可行但限制使用	是	是	是	是
15. 深裂纹或划痕>0.4t	否	否	否	是	否	是	否	是	是
16. 电阻焊缝上或附近缺陷	否	否	否	是+承压套管	否	是+承压套管	否	否	是
17. 电阻焊选择性腐蚀	否	否	否	是+承压套管	否	是+承压套管	否	否	是
18. 应力腐蚀	是+检查	是+打磨和检查	是	是	可行但限制使用	是	否	是	是
19. 硬物	否	否	是	是	否	是	否	是	是

续表

修复方法 因素和缺陷	打磨	沉积焊接金属	A 型管套	B 型管套	复合材料	机械螺栓夹具	打补丁或套袖	带压开孔封堵	换管
20. 褶皱弯曲或屈服	否	否	否	非标形状	否	否	否	否	是
21. 修补前的缺陷	否	是+打磨和检查	否	是	否	是	否	是	是
22. 电弧灼伤	是+检查	是+打磨和检查	是	是	可行但限制使用	是	否	是	是
23. 鼓泡	否	否	是	是	可行但限制使用	是	否	否	是
24. 环焊缝缺陷	是+检查	是+检查	否	是	否	有条件使用	否	否	是

注：t 为管道壁厚。

8.4 管道维修过程中的技术要点

8.4.1 管道最大悬空长度

石油行业标准 SY/T 5918—2017《埋地钢质管道外防腐层保温层修复技术规范》中规定的不同输送介质管道在不同管径、壁厚及运行压力情况下开挖时的允许悬空长度见表 8-11。

表 8-11 管道开挖修复允许悬空长度

序号	输送介质	材质	管径/mm	壁厚/mm	压力/MPa	不同安全系数下的最大允许悬空长度/m		
						1.2	1.4	1.6
1	原油	X52(L360)	711	11	4	32	29	26
2		X52(L360)	711	8.8	4	28	25	22
3		X52(L360)	711	8	4	26	23	20
4		X52(L360)	377	7	6.4	23	20	18
5		X60(L415)	720	8	4.51	29	25	22
6		X60(L415)	508	7.1	6.3	23	20	17
7		X60(L415)	508	6.4	6.4	23	19	16
8		X60(L415)	457	8.7	8	27	23	20
9		X60(L415)	457	8.7	6.3	29	25	23
10		X60(L415)	457	7.9	8	25	22	19

续表

序号	输送介质	材质	管径/mm	壁厚/mm	压力/MPa	不同安全系数下的最大允许悬空长度/m		
						1.2	1.4	1.6
11	原油	X60(L415)	457	7.9	6.3	27	24	21
12		X60(L415)	457	7.1	8	23	19	16
13		X60(L415)	457	7.1	6.3	25	22	19
14		X60(L415)	457	6.4	8	21	17	14
15		X60(L415)	457	6.4	6.3	24	20	18
16		X65(L450)	813	11.9	6.3	35	31	27
17		X65(L450)	813	9.5	6.3	30	25	21
18		X65(L450)	711	9.5	8	28	23	19
19		X65(L450)	711	8.7	6.3	29	25	21
20		X65(L450)	711	7.9	8	22	17	12
21		X65(L450)	711	7.1	4	29	26	23
22		X65(L450)	711	6.3	4	27	23	20
23		X65(L450)	610	15.9	13.4	34	29	25
24		X65(L450)	610	15.9	10	37	33	29
25		X65(L450)	610	15.9	7.9	39	35	32
26		X65(L450)	610	9.5	8	29	25	21
27		X65(L450)	610	7.9	8	25	20	16
28		X65(L450)	610	7.9	7.9	25	21	17
29		X65(L450)	508	7.1	4	30	27	24
30		X65(L450)	508	6.3	4	28	25	23
31	成品油	X65(L450)	559	14.3	10	35	31	27
32		X65(L450)	559	14.3	9	36	32	29
33		X65(L450)	559	14.3	8	37	33	30
34		X65(L450)	559	6.3	8	20	16	11
35		X65(L450)	508	6.3	8	21	17	14
36		X65(L450)	508	14.3	10	35	31	28
37		X65(L450)	508	14.3	9	36	32	29
38		X65(L450)	508	14.3	8	36	33	30
39		X65(L450)	508	6.3	9	19	15	10
40	天然气	X42(L290)	219.1	6.3	6.3	24	21	19
41		X52(L360)	273	7	6.3	30	27	25
42		X52(L360)	273	5.6	6.3	29	25	22

续表

序号	输送介质	材质	管径/mm	壁厚/mm	压力/MPa	不同安全系数下的最大允许悬空长度/m		
						1.2	1.4	1.6
43	天然气	X52(L360)	168.3	5.6	12	22	19	17
44		X60(L415)	711	14.3	10	45	38	32
45		X60(L415)	711	12.7	10	42	35	28
46		X60(L415)	660	12.7	6.4	49	44	39
47		X60(L415)	660	8.7	6.4	42	36	31
48		X60(L415)	660	7.1	6.4	37	30	23
49		X60(L415)	219.1	7	6.4	31	28	26
50		X65(L450)	1016	26.2	10	64	56	50
51		X65(L450)	1016	21	10	59	51	44
52		X65(L450)	1016	17.5	10	54	45	37
53		X65(L450)	1016	14.6	10	47	37	27
54		X65(L450)	711	14.3	7	54	48	43
55		X65(L450)	711	14.3	6.3	55	49	45
56		X65(L450)	711	11	7	49	43	38
57		X65(L450)	711	11	6.3	51	45	40
58		X65(L450)	711	8.7	7	44	37	30
59		X65(L450)	711	8.7	6.3	46	39	34
60		X65(L450)	711	6.4	6.3	37	29	21
61		X65(L450)	711	6.4	7	33	24	13
62		X65(L450)	660	7.1	6.4	41	34	27
63		X70(L485)	1016	26.5	10	68	60	54
64		X70(L485)	1016	26.2	10	67	60	54
65		X70(L485)	1016	21	10	63	55	48
66		X70(L485)	1016	17.5	10	58	49	42
67		X70(L485)	1016	14.7	10	52	42	33
68		X70(L485)	1016	14.6	10	51	42	33
69		X70(L485)	711	19.1	10	57	51	45
70		X70(L485)	711	16	10	54	47	42
71		X70(L485)	711	12.5	10	49	42	35
72		X80(L555)	1219	22	10	73	64	56
73		X80(L555)	1219	18.4	10	67	57	48

注：①管材密度统一选用7850kg/m^3；1个大气压下天然气密度选用0.7174kg/m^3；原油密度选用830kg/m^3；柴油密度选用850kg/m^3；三层聚乙烯防腐层密度选用960kg/m^3。

②管道设计系数取0.72，焊缝系数取1。

8.4.2　国内外标准中关于管道维修中降压的规定

1. 国际标准规定

(1)API 570《管道检测规程》和《管道维修手册》(PRCI)规定：维抢修推荐选择在管道停止供油气期间进行，但如需在管道运行期间进行，则必须选择适当的监测、防范、在线维修的固定程序进行维护。

(2)ASME B31、B16压力管道及管件系列标准规定：管体修复时，如果管线不停输，则应将管线的工作压力降低到能保证安全维修作业的水平。

(3)49 CFR 195.402《管道操作维护应急程序手册》规定：在应急维护情况下，为了防止液体或气体从失效管段泄漏，必须采取紧急关断或降低运行压力的必要措施。

2. 国内标准规定

《埋地钢制管道防腐层保温层修复技术规定》(SY 5918—2009)中的第7.2.5规定：悬空管段在修复期间，管道应在较低的压力下运行，避免越站运行。

8.5　管道复合材料修复技术

8.5.1　碳纤维补强技术

碳纤维复合材料修复补强钢质管道结构是20世纪90年代发展起来的一种结构修复补强技术，该项技术在国际上深受重视，已广泛应用于化工厂、民用建筑、桥梁等特种结构，成为钢质管道结构修复补强的发展新趋势。碳纤维增强复合材料具有轻质高强、抗腐蚀、耐久性好、施工简便、不影响结构的外观等优异特性，较之于传统的焊接补疤方法具有明显的优越性(克服了焊接补疤过程中发生焊穿和产生氢脆的危险)。随着复合材料补强技术的不断应用，这一技术已逐渐趋于成熟，并开始成为管道生产管理工作中重要的、投资量大、技术含量高的一项工作。

1. 碳纤维补强技术的优越性和可行性

碳纤维以其强度高、弹性模量大而著称，最适合作为补强材料。表8-12给出了碳纤维、碳纤维树脂复合材料和X60管线钢的性能比较。

表8-12　碳纤维、碳纤维复合材料与X60管线钢的性能比较

材　料	σ_b/MPa	σ_s/MPa	E/GPa	δ/%
碳纤维布(200g/m^2)	3500		235	1.5
碳纤维布(300g/m^2)	3500		235	1.5
碳纤维三层树脂复合	≥2500		≥210	≥1.4
X60钢		443	207	
8层单向玻璃布复合(Clock Spring公司)	414		34	1.5~2
4层玻璃布复合(Furmanite公司)	203.1~228		12~13	

由表 8-12 可以看出，用碳纤维作为补强材料有如下优点：

(1)碳纤维的弹性模量 235GPa 和钢的弹性模量 207GPa 十分接近，这样非常有利于碳纤维复合材料与钢的协同变形，有利于载荷在钢和碳纤维复合材料之间的均匀分布，从而有利于达到补强效果。Clock Spring 公司和 Furmanite 公司所给的玻璃布复合材料的弹性模量比钢的弹性模量小约一个数量级，从结构强度的角度考虑，这样只有当钢管具有很大变形后才能将力传递到补强材料。所以从变形协调能力来说，使用碳纤维综合补强技术优于国外两个公司的有关技术。

(2)碳纤维具有足够的变形量，大于 1.4%。按照管道设计规范，对于一类地区，最大操作压力应当是屈服压力的 0.72 倍。屈服压力对应的规定条件是 0.5%或者 0.2%的应变量，则最大操作压力所对应的最大应变量根据规定条件不同为 0.36%和 0.14%，这是碳纤维复合材料可承受变形量的 1/4 到 1/10。也就是说，一般情况下，管体变形远小于碳纤维复合材料的变形量，使用碳纤维复合材料进行补强从管体变形的角度来说也是足够保险的。

(3)碳纤维补强材料的强度比玻璃纤维大一个数量级，这使得使用较薄的碳纤维复合材料便可以达到很厚的玻璃纤维补强材料才能具有的补强效果。

(4)碳纤维综合补强技术包含以下几个主要工艺步骤：

①用修补填平胶对缺陷进行修补；

②用碳纤维复合材料和树脂胶结合进行补强施工；

③用聚乙烯胶带对钢管剩余裸露部分和碳纤维补强层进行综合防腐。

在上述主要工艺步骤施工后，既可以保证管道具有足够的承压能力，又可以保证管道具有足够的防腐能力。

2. 碳纤维补强技术的主要材料和性能

碳纤维补强技术的核心是是否具有可靠的补强材料。补强材料分为玻璃纤维短切毡、碳纤维布和相应的专用配套树脂三大类，配套树脂分为缺陷填平修补胶和黏浸胶两种。它们分别由主剂和固化剂配制而成，分为冬天使用的冬用型和夏天使用的夏用型。主剂和固化剂分别包装，在现场使用时，应按工艺要求选用适宜的碳纤维片材，并按照规定的比例将配套树脂混配均匀。

补强所用的缺陷填平修补胶由有关树脂和添加剂组成，它不仅具有应力传递作用，而且有利于现场施工。

1)碳纤维布的规格及性能(见表 8-13)

表 8-13 碳纤维布的规格及性能

品　名	纤维种类	碳纤维面积重量/(g/m^2)	设计厚度/mm	抗拉强度/MPa	弹性模量/MPa	延伸率/%
C-20	高强度碳	200	0.111	3500	2.35×10^5	1.5
C-30	高强度碳	300	0.167	3500	2.35×10^5	1.5

2)玻璃纤维短切毡规格及性能(见表8-14)

表8-14 短切毡的规格及性能

品 名	纤维种类	面积质量/(g/m^2)	纤维公称直径/μm	含水率/%	ReO含量/%	可燃物含量/%
GF-30	短切玻纤	300	13	<0.20	0.80	2.0~8.0

3)配套胶黏剂的规格及性能(见表8-15和表8-16)

表8-15 缺陷填平修补胶的规格及性能

内 容	修补腻子		
	LX200W(冬用)	LX200S(夏用)	
适用温度/℃	5~15	15~35	
可使用时间/min	30~160	50~210	
指触干燥时间/h	3.5~10.0	3.0~10.0	
形状	腻子状		
性能指标	钢-钢黏结拉剪强度/MPa	钢-钢黏结抗拉强度/MPa	胶体抗压强度/MPa
	≥10	—	≥50
主要用途	修补钢管表面缺陷		

表8-16 黏浸胶的规格及性能

内 容	黏浸胶				
	LZ300W(冬用)		LZ300S(夏用)		
适用温度/℃	5~15		15~35		
可使用时间/min	35~170		70~180		
指触干燥时间/h	4.0~12.0		6.0~18.0		
形状	乳脂状				
性能指标	拉伸强度/MPa	弯曲强度/MPa	压缩强度/MPa	拉剪强度/MPa	弹性模量/MPa
	≥30	≥40	≥50	≥10	$\geq 2\times10^3$
主要用途	涂刷钢管表面、渗透粘贴碳纤维片				

4）中国 LZ 系列补强碳纤维复合材料性能（见表 8-17）

表 8-17　LZ 系列补强碳纤维复合材料性能

项目名称		指　标	测试方法
外观	厚度/mm	0.25～0.75	GB/T 6672
机械性能	抗拉强度/MPa	≥2500	GB/T 3354
	弹性模量/MPa	≥2.1×10^5	
	伸长率/%	≥1.4	
	与钢黏结抗剪强度/MPa	≥10	SY/T 0041
电气性能	阴极剥离（65℃，48h）/mm	≤8	SY/T 0037
	体积电阻率/Ω·m	≥1×10^{12}	GB/T 1410
	电器强度/（MV/m）	≥5	GB/T 1408
化学稳定性（浸泡 7d）	10%HCl/%	≥85①	SY/T 0039 SY/T 0413 附录 D
	10%NaOH/%	≥85①	
	10%NaCl/%	≥85①	
耐环境稳定性	耐热老化性能②（65℃）/%	≥90	
	紫外光老化性能③/%	≥90	

①化学稳定性性能指标为试验后拉伸强度和断裂伸长率的保持率。

②耐热老化试验是指试样在 65℃的条件下，经 2000h 热老化后，测得拉伸强度和断裂伸长率的保持率。

③紫外光老化指标是指试样在紫外强光仪下，经 2000h 照射（喷射时间：18min/120min）试验后的拉伸强度和断裂伸长率的保持率。

5）碳纤维复合材料与其他纤维复合材料老化性能比较

图 8-19 给出了各种纤维复合材料在 63℃紫外强光仪加速照射 10000h 条件下抗拉强度随时间变化的规律。此加速试验每进行 200h 相当于在自然环境下暴露 1 年的效果，10000h 相当于 50 年的效果。

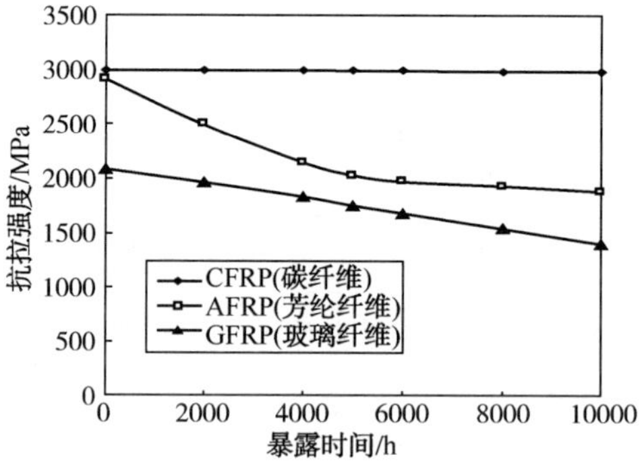

图 8-19　各种纤维复合材料在加速暴露试验后的抗拉强度

6) 补强碳纤维复合片材与国外补强产品性能比较(见表8-18)

表 8-18 不同公司的产品性能比较

项　目	中国 LZ10	Clock Spring CS	Furmanite(英)	
			AP360MP	AP360ZED
树脂基体种类	环氧树脂	间苯型不饱和聚酯	环氧树脂	环氧树脂
增强体	碳纤维	E-玻璃纤维	E-玻纤	E-玻纤
层厚度/mm	单层 0.25~0.75	1.6	1.6	1.6
含胶量/%	67(质量)	60~70(质量) 45~55(体积)		
断裂伸长率/%	>1.4	1.5~2		
纤维向弹性模量/MPa	$>2.1\times10^5$	34.4×10^3	0.13×10^5	0.12×10^5
垂直纤维向弹性模量/MPa	18351 (1.0mm 厚) 3250 (3.4mm 厚)	9.6×10^3		
拉伸强度/MPa	>2500	517~690	227.8	203.1
纤维向热胀系数/℃$^{-1}$	0.9×10^{-5}	3.3×10^{-6}		
垂直纤维向热胀系数/℃$^{-1}$	1.3×10^{-5}	1.8×10^{-5}		
体积电阻率/Ω·m	$>1.0\times10^{12}$			
击穿强度/(MV/m)	>5.0			
抗阴极剥离/mm	0.5~1		25.9	6.4
长期环境强度(60℃, pH 值为 4~9.5 的盐水, 20000h)		50 年可承受 20ksi 的静载		
长期环境强度(63℃, 10000h 强紫外光环境)	抗拉强度不变(相当于自然环境 50 年)			
耐盐水性能(23℃, 人工海水, 3000h)	抗拉强度下降 3.7%			
全尺寸爆破试验	通过	通过		

注: 1ksi=6.895MPa。

3. 碳纤维增强复合材料的补强效果分析

现在模拟碳纤维增强树脂基复合材料对含缺陷管道进行补强。管体材料为 X60 钢，其材料常数见表 8-12。采用 8 层单向碳纤维布进行缠绕补强，其铺设方向及顺序为沿环向两层、轴向一层叠加 3 次。补强层沿管体轴向的宽度为 330mm，厚度约为 3mm。使用有限元软件 ABAQUS 6.31 以有限元方法对管体在内压作用下的变形与应力进行数值模拟，在计算中将该复合材料片材当作单向叠层板，这样可以将其视作横观各向同性材料，其材料常数见表 8-19。

表 8-19 计算采用碳纤维增强树脂基复合材料的材料常数

E_1/MPa	E_2/MPa	ν_{12}	G_{12}/MPa	G_{23}/MPa	G_{13}/MPa
140000	14000	0.3	5000	5000	5000

补强示意图如图 8-20 所示，其中的 1 方向为管体的环向，亦即纤维的纵向；2 方向为管体的轴向，亦即纤维的横向；3 方向为管体的径向，亦即补强层的厚度方向。

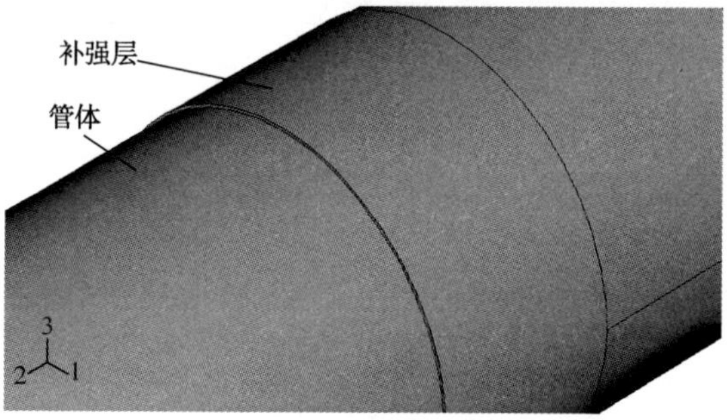

图 8-20 补强示意图

内压由 0MPa 增至最高工作压力 6.4MPa(2MPa→4MPa→6.4MPa)的过程中的管体的环向应力分布如图 8-21 所示。

由图 8-21 可以看到，在整个加载阶段管体均处在整体弹性阶段，其最大环向应力均出现在缺陷沿管体轴向的边缘，三图中最大的环向应力值分别为 127.3MPa、247.4MPa 和 395.8MPa，均在管体的屈服应力 460MPa 以下，因此管体处于安全状态。

内压由 0MPa 增至最高工作压力 6.4MPa(2MPa→4MPa→6.4MPa)的过程中的补强层中的环向应力分布如图 8-22 所示。

由图 8-22 可以看到，在整个加载阶段补强层在对应管体缺陷处的应力均较大，三图中最大的环向应力值分别为 205.8MPa、411.6MPa 和 658.5MPa。期间最大的环向应变值仅为 9.134×10^{-5}，远远小于碳纤维的极限伸长率 1.5%，所以补强层也是处于安全状态。

当内压持续增大至达到 14.8MPa 时，管子进入整体屈服阶段，其变形与应力情况如图 8-23所示。可以看到管子补强部分的应力有很大部分被补强用复合材料片材承担，起到了很好的补强效果。由图 8-23 还可以看出管体在补强层两边发生了明显的鼓胀，而补强部分基本没有什么变形量，这与爆破试验的结果相吻合。

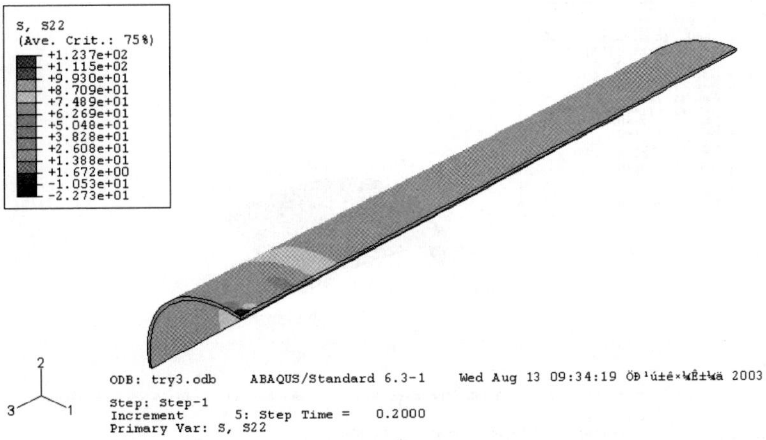

(a)内压为2MPa时管体的环向应力分布

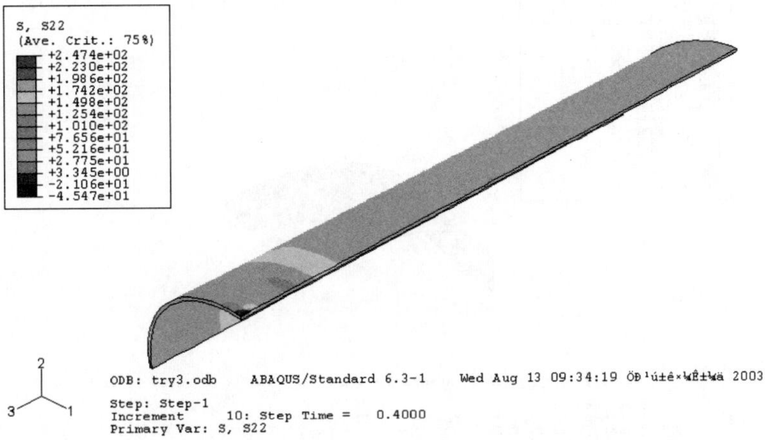

(b)内压为4MPa时管体的环向应力分布

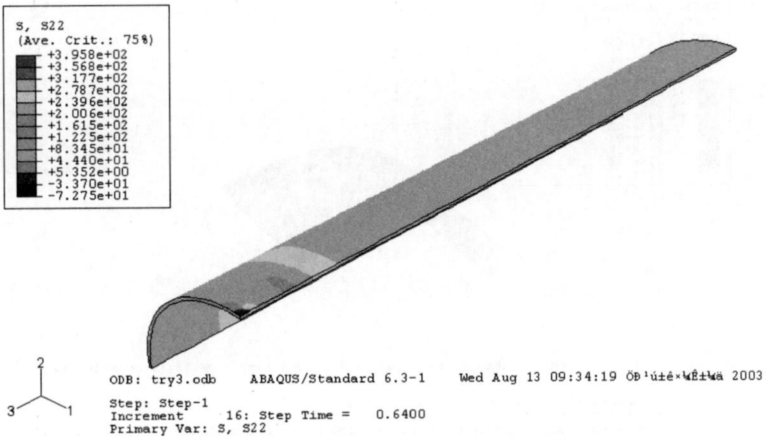

(c)内压为6.4MPa时管体的环向应力分布

图 8-21　管体环向应力分布

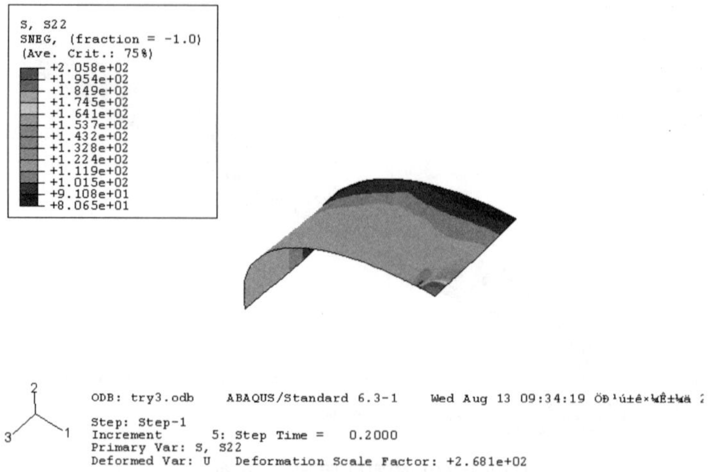

(a)内压为2MPa时补强层中的环向应力分布

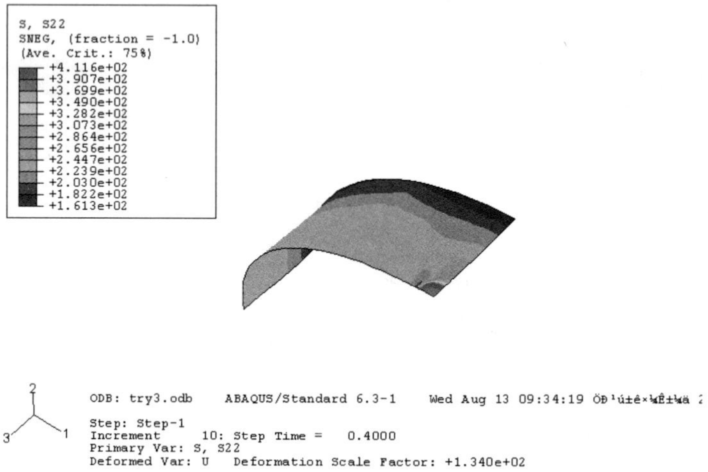

(b)内压为4MPa时补强层中的环向应力分布

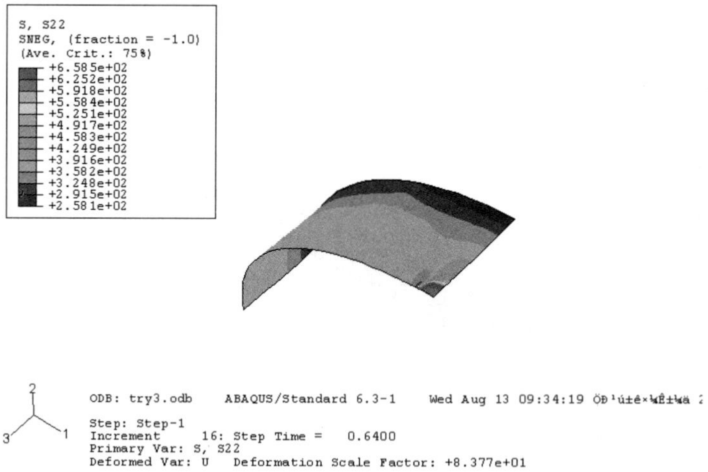

(c)内压为6.4MPa时补强层中的环向应力分布

图 8-22　补强层中的环向应力分布

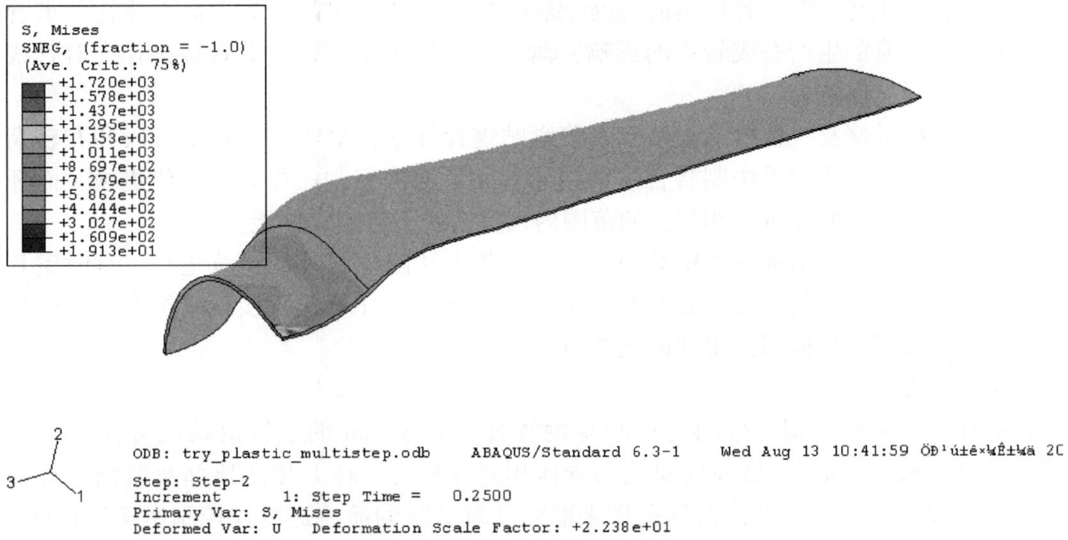

图 8-23　钢管进入整体屈服时的变形与应力云图(FEM 结果)

8.5.2　环氧钢壳复合套管修复技术

1. 概述

对于钢管上的各类缺陷，传统的修复方法是紧贴钢管外壁直接焊接钢套管对缺陷进行补强，操作困难且风险较大，对弯管和外形不规则的管段则因难于实施而只好更换。环氧钢壳复合套管完全解决了这些难题，且可有效抑制内腐蚀过程的破坏，实现了不停输情况下钢管缺陷的免维护永久性修复。

2. 环氧结构原理及特点

环氧钢壳复合套管(简称环氧套管)主要用于各类钢质管线缺陷的永久性修复。对于此类缺陷，传统的修复工艺是紧贴钢管外壁直接焊接钢套管对缺陷处进行补强，而环氧套管与之根本不同，它的钢壳不是紧贴钢管外壁，而是很宽松地套在管道上，与管道保持一定环隙，环隙两端用胶封闭，再在此封闭空间内灌注环氧填胶，构成复合套管，对管道缺陷进行补强。

较之传统工艺，其有许多优点。

第一，传统工艺的钢套管焊接需要很高的操作技能。在运行的管线上焊接本身就是一项细致的工作，在内外腐蚀使管壁已经变薄的地方就更需加倍小心，而环氧套管无需在管壁上直接焊接，操作过程不要求太高的技能。

第二，传统工艺的钢套管焊接前需进行复杂的计算和试验，通常要借助计算机，费时费力。焊接过程中的管壁温度超过熔点会发生“熔穿”，而管壁温度是管内介质种类、压力、流速、温度和管外气温、风速、湿度、气压的多元函数，其计算相当繁杂。焊接热还可能使管内介质汽化导致内压升高，加之焊接过程中管壁强度大为降低，从而发生“爆管”，对于一些热敏介质还要严防焊接热导致介质变质。而环氧套管无需在管壁上直接焊接，绝无热操作的各种风险。

第三，传统工艺的钢套管焊接前为防止发生带压流体泄漏的灾难事故，往往要求管道减压运行，对正常的生产造成较大的影响，而环氧套管无需在管壁上直接操作，对管线正常运行基本上没有影响。

第四，传统的修复工艺要求焊接钢套管紧贴钢管外壁，对弯管等异型管段和有较高焊缝的直管上的缺陷，由于无法制备合适的钢套管而无法修复，往往只好整段更换，而环氧套管钢壳与管道间的间隙可在相当大的范围内调整，并不影响其性能。

第五，对于内腐蚀造成的管壁减薄，传统工艺无法阻止腐蚀的继续进行，有时钢套管又很快减薄，需再次修复。环氧套管在管壁腐蚀穿孔后由环氧填胶接触腐蚀介质，而环氧填胶耐化学性极好，可使腐蚀得到彻底抑制。

3. 材料及机具

钢壳环氧套管所用钢壳采用比待修复钢管直径大 30mm 的钢管沿轴线方向上下平分而成，长度一般为 2m，厚度及管材均与管体相同或相近。在上片的顶部及两侧共有 3 列均布的监测螺孔，每列 5 个，监测孔用来监测环氧填胶的灌注进度和控制密实度以防"鼠洞"产生，可用螺栓进行封堵，顶部靠近一端的监测孔外接有排气管。在下片底部接有注入管，由此处注入环氧填胶。钢壳片的四周均打成坡口，以便于 V 形平焊连接。在钢壳片靠近两端的左上、左下、右上和右下各有 1 个定位螺栓，用于调整钢壳与钢管间的同轴度。

环氧填胶的设计是工艺的关键，理想的填胶应具备下列特征：

(1)有足够的刚性和硬度，使其两侧的钢管与钢壳能共同承受内外作用力，不会塌陷。

(2)固化迅速，24h 后其强度应达到最终强度的 90% 以上，以减少对管道运行的影响。

(3)胶凝时间在 1h 以上，以满足施工工艺的要求。

(4)黏结力强，在因结露而潮湿的表面上也可顺利施工，固化后与钢管钢壳共同形成一个整体，且不使钢管穿孔后泄漏的介质沿钢管外壁扩散。

(5)流动性好，应保证其能顺利通过最小 3mm 间隙，以便于充满整个环隙。

(6)耐化学介质侵蚀，钢管因内腐蚀导致穿孔时，能有效抑制管内介质的泄漏。

对密封胶的最主要要求是固化时间在 1h 内，固体分高，可在 15mm 宽的环隙上一次成型，与钢铁表面黏结力强。

注入机具需选用低压容积式泵，其优点是：

(1)可提高环氧填胶的密实度。

(2)可降低对密封胶强度及黏结要求。

(3)可使用低压注入软管，增加操作的安全性。

(4)避免操作时已减薄的管壁变形或缺陷发展。

环氧套管修复技术可用于下列情况：

(1)管径范围为 100~1420mm。

(2)最大承压达 10MPa。

(3)耐温 3~100℃。

(4)管道类型为石油、天然气、成品油、液化石油气输送管道、石化厂管网和近海采油平台的提升管道。

(5)可修复各类缺陷，如腐蚀、裂纹、扭曲或压痕(在环向和轴向)、不规则的焊道等。

其能永久性修复缺陷的最大范围为：

(1)管壁缺损和裂纹的长度不限，平均深度达壁厚的80%，最大深度可达壁厚的90%。

(2)扭曲变形达管径的9%，管壁缺损和裂纹达壁厚的12%。

(3)管壁缺损和裂纹达管道周长的60%。

在实际工程中，该技术已在最大口径1067mm的管线上成功应用，最长的套管组在原油管线上为14m，在天然气管线上则达20m。实际上填充水泥或环氧填胶的方法早有一些公司在各自管道上用过，只是这些技术都没有进行过技术和实践论证。

英国天然气公司于1979年开始对环氧套管的性能、安装质量和预计寿命等进行了系统的开发研究。1988年将该技术成功地用于修复自己的天然气管道，迄今已用了14年。从1992年起，Willbors公司用英国天然气公司制造的环氧套管为阿曼的国有石油公司修复了各种类型的管线数千公里。所有管线在修复过程中都没有停输。

4. 施工程序

1)施工准备

根据管内检测的缺陷调查结果进行开挖，将缺陷位置附近的涂层材料去除。管体表面用钢丝刷或喷砂彻底去除原有涂层和外缺陷处的腐蚀产物，对全部管体进行超声检测，将壁厚实测值比理论标准值低15%以上的区域在管外壁上标出，环氧套管应包覆所有标出区域。多数情况下，缺陷密集在一起，只需安装一副2m长的套管，偶然情况下需要两副、三副甚至更多副套管连接在一起，以覆盖较宽的缺陷范围。在环氧套管安装前要先对缺陷处钢管进行表面处理。为保证管体外表面与套管钢壳内表面通过环氧填胶良好地黏结为一体，这两个表面都应喷砂达到Sa2. 5级。

2)钢壳安装

环绕管体外围组焊钢壳，宽松的钢壳被对称地安置在缺陷位置，钢壳焊道焊接时与管体不要直接接触，对开套管片间的轴向焊缝采用标准的V形坡口焊接，如果缺陷范围较大，一副套管覆盖不住需采用多副套管时，各套管钢壳间的环向焊缝也要用标准的V形坡口焊接。焊接完成通过超声波检测后，仔细调整钢壳的定位螺栓，使钢壳与钢管间的环隙尽量合理。

3)端头密封和环氧填胶注入

将钢壳与管体间的环隙两端用快固聚酯胶密封。端头聚酯胶的固化时间在1h左右，待其固化后，就可用容积式泵和填胶混合装置注入环氧填胶，装置是用便携式压缩机产生的压缩空气驱动的。

注入泵的分配喷嘴用低压软管连接到钢壳底部的注入口上，填胶注入需10~35min。注入过程中通过钢壳上的监测孔了解灌注情况和进度，当监测孔有环氧填胶流出时，即可用螺栓将该孔封堵。套管组安装时，填胶注入应通过套管组中心附近的注入口，以保证填胶用最小的距离和最短的时间通过钢壳内的间隙到达套管两端，多余的注入口应事先封死。

当排气管有环氧填胶溢出时注入即告完成。

4)外形整理

填胶固化后，割掉钢壳外表面上的定位螺栓多余部分、注入口、排气口及检测孔螺帽，修整套管外表面，并对整个套管外表面喷砂后实施防腐。埋地管道防腐前要先将阴极保护附件焊接到钢管和钢壳上，回填前将导线连接到先前安装的阴极保护附件上，再引到地面，与最终清理后安装的接线盒或标志桩连接。

5. 最新进展

1)内腐蚀原油管道

许多中东原油管道有很强的内腐蚀，造成穿孔泄漏。对套管修复技术要求如下：

(1)环氧填胶的整体性可抵抗化学产品的侵蚀和溶解。

(2)填胶和钢管的黏结力可抵抗管壁穿孔后介质的压力。

为此进行了综合试验，暴露在原油中的环氧填胶经受运行压力(最高达9.1MPa)的循环测试，相当于管线实际运行了40年，结果表明表面填胶材料本身未见老化，套管保持了完整性，在管壁人为缺陷使原油直接侵蚀的部位也是如此，证实在内腐蚀无法抑制的管道上安装环氧套管也是可行的。

2)意外泄压导致低温的管道

液化石油气管道运行时，可能因意外事故需要紧急泄压，此时产品的迅速汽化可导致管道处于极低温度下。为此按照该类管道可能面临的临界条件，对固化后的环氧套管样品进行了-65℃的低温冲击试验，测试样品的各项机械强度性能，结果表明环氧套管能充分满足液化石油气管道运行的工况要求。

3)水下管道

在水下和海底安装环氧套管，操作时间、温度和环境都是临界的，必须进行仔细校验，以保证其可靠性。水下和海底管道修复的研究内容包括：

(1)水下管道表面处理的工艺。

(2)适当的半套管联结方法。

(3)端口密封和环氧填胶注入的方法。

环氧套管用于水下和海底管道的试验已经开始。“拉链锁”型套管连接机构的部分性能已通过了测试，在水下进行螺栓式法兰简易连接试验取得了成功，简便的遥控操作机械的研究也已完成，海底专用环氧填胶和密封胶的研究则正在进行。

6. 技术优点

环氧套管系统的优点表现在：

(1)可靠性与管体一致，完全可达到管线的设计寿命，而无需再维护。

(2)可修复钢管的各种内外缺陷，包括裂纹、折皱、腐蚀、塌陷、环向和轴向焊接缺陷。

(3)操作简便，成本低，对管道正常运行基本没有影响。

(4)耐久性和长期整体性经历了高压天然气、石油和成品油管道的多年实际考验。

(5)不在受损的管壁上直接焊接，从而保证了安装过程人员和管道的安全。

(6)无论管道周向几何形状怎样不规则，都能保证缺陷被抑制。

(7)可抵御内腐蚀对管道运行的影响。环氧套管的技术可靠性已通过英国管理授权部门的严格审查，技术许可证代码为 ASME B31。

8.6　管道缺陷维修流程及判据

管道缺陷维修的过程及控制非常关键，涉及维修成败，本节参考了美国国际管道研究学会(PRCI)编制管的道维修手册，针对在役管道维修的十种典型缺陷，进行程序化处理，确定流程选择依据，主要包括以下内容：

(1)外部腐蚀(见图 8-24)；

(2)内部腐蚀(见图 8-25)；

(3)普通凹陷或应力集中凹陷(见图 8-26)；

(4)纵向裂纹和焊缝烧穿(见图 8-27)；

(5)环形焊缝缺陷(见图 8-28)；

(6)起皱弯曲/屈曲(见图 8-29)；

(7)应力集中点(见图 8-30)；

(8)砂眼和氢致裂纹(见图 8-31)；

(9)管接头(绝缘接头、波纹管接头等)(见图 8-32)；

(10)已修复处缺陷(见图 8-33)。

8.6.1　外部腐蚀

外部腐蚀通常是比较容易检查到的，腐蚀缺陷会对管道完整性造成影响。但针对电阻焊或电弧焊环焊缝的外部腐蚀以及较大轴向应力一同出现时大范围的环形腐蚀不适用，不能采用外部腐蚀维修标准维修焊缝腐蚀，而应使用纵向裂纹维修方法。对于具有大面积环焊缝腐蚀和高轴向应力的情况，应按照环形焊缝缺陷进行维修。

对外部腐蚀修复方法的选择，可采用图 8-24 中的准则。推荐将压力降至这样一种水平：在整个修理过程中，压力水平条件下，预计可以避免临界事故缺陷的发生。为此，可规定以下两种压力级：①P_d：缺陷被发现时的压力；②P_h：在过去一年中已知的历史高压力，或出现应力集中凹陷之后的历史高压力。

在外部腐蚀区域检验和维修之前，建议将压力降到 0.8P_d或 0.8P_h。如果过去一年的在线内检测(ILI)结果显示出现缺陷承受压力至少是当前压力的 1.25 倍，则不需降压。在检查腐蚀区域之前，应通过喷砂等方式对管道进行彻底清洁，或使用电动钢丝刷进行彻底清洁。

在维修外部腐蚀区域之前，应使用超声波检验方法确认管道的公称壁厚(未被腐蚀下的壁厚)并测量管道直径。还应测量焊透的轴向长度、环形方向焊透程度以及焊透的最大深度。如果要执行 RSTRENG 方法评价计算，则应详细测量管壁损失深度。

外部腐蚀的维修参见图 8-24 的维修标准，应从腐蚀坑的最大深度开始考虑。如果深度超过了公称壁厚的 80%，并且如果管道的缺陷处不泄漏，则应选择 B 类套筒、机械卡具套筒、带压开孔(如果能移除整个泄漏部位)或打补丁(根据规范和规定的限制)作为修复方

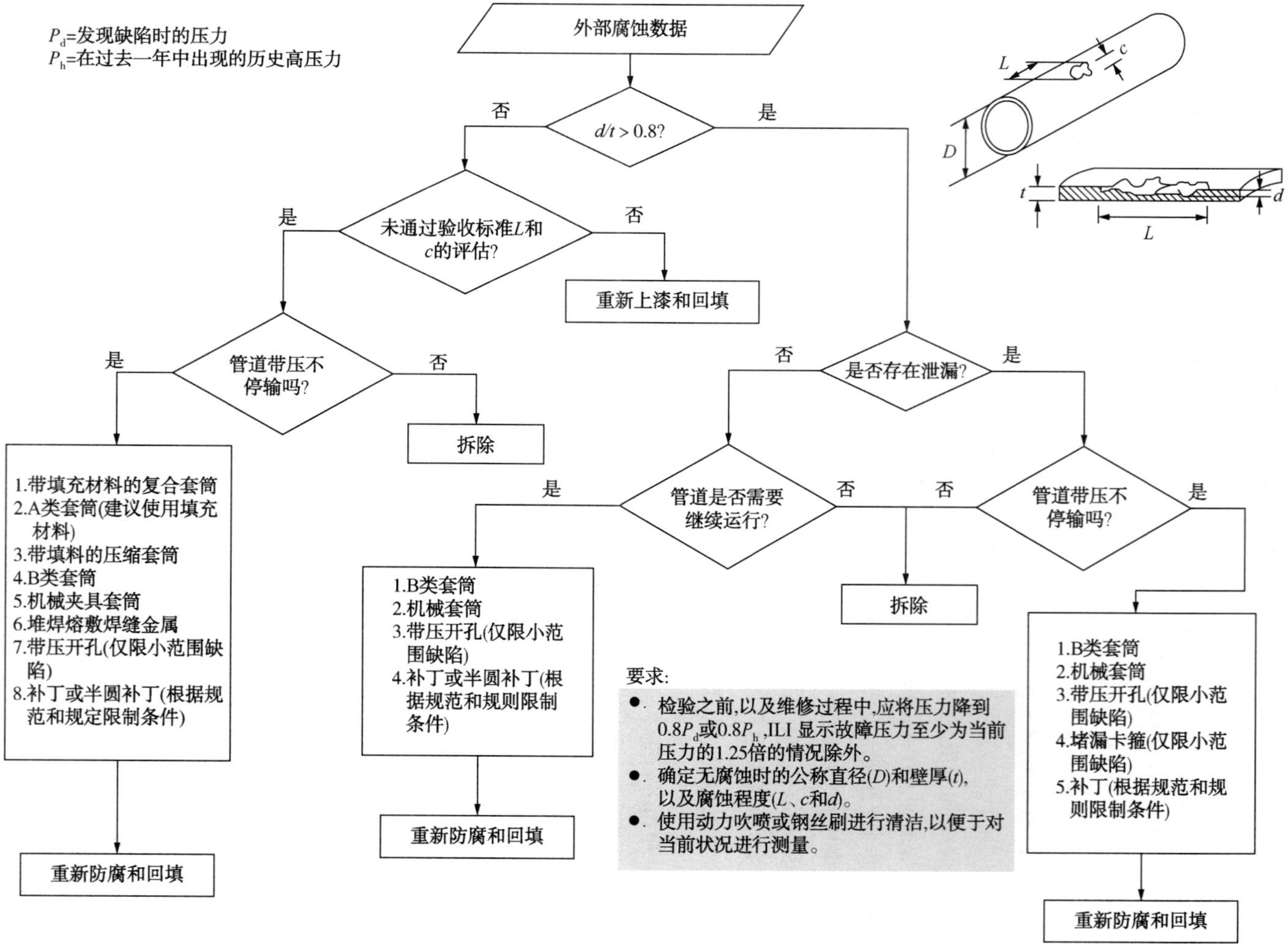

图8-24　外部腐蚀的维修

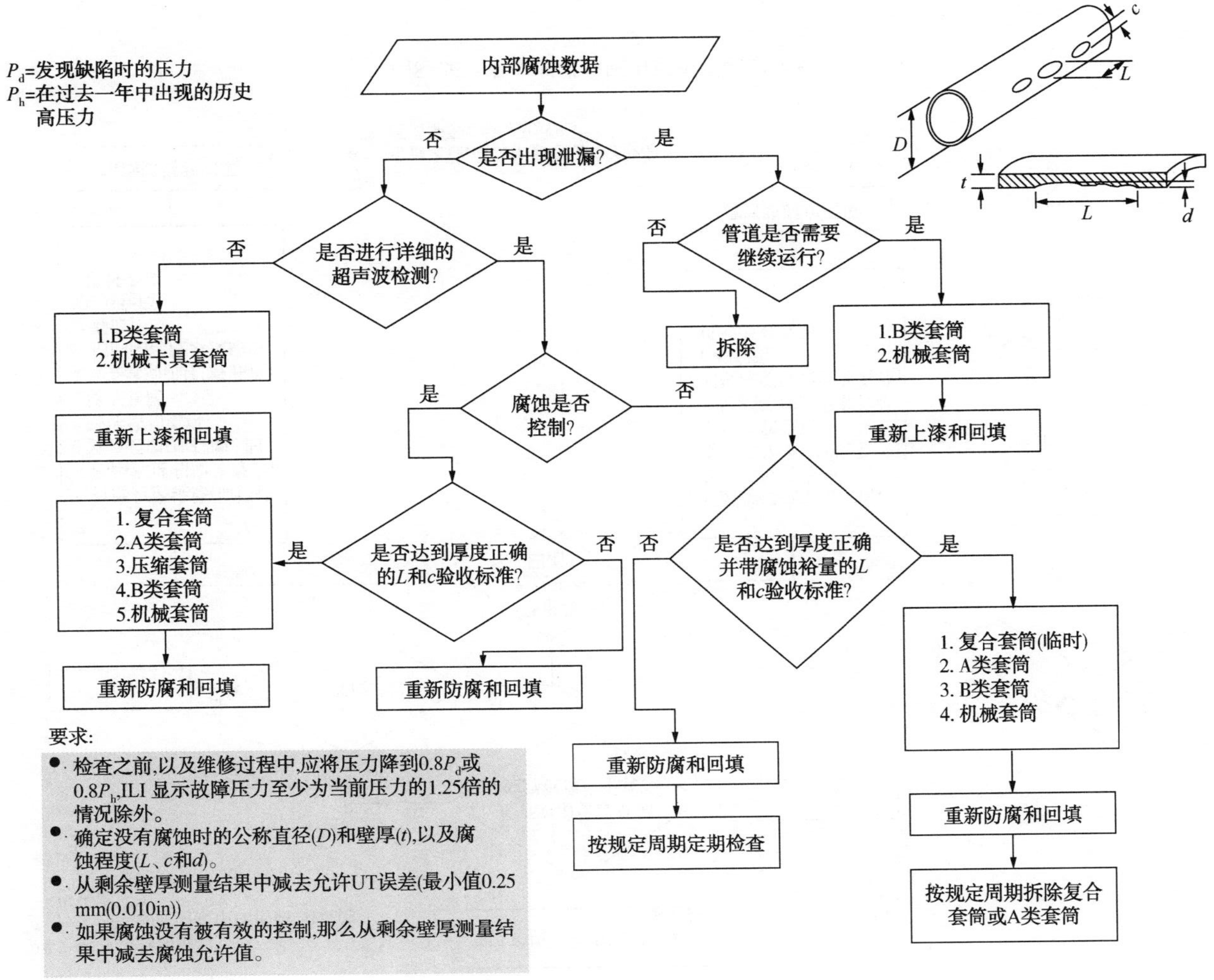

图8-25　内部腐蚀的维修

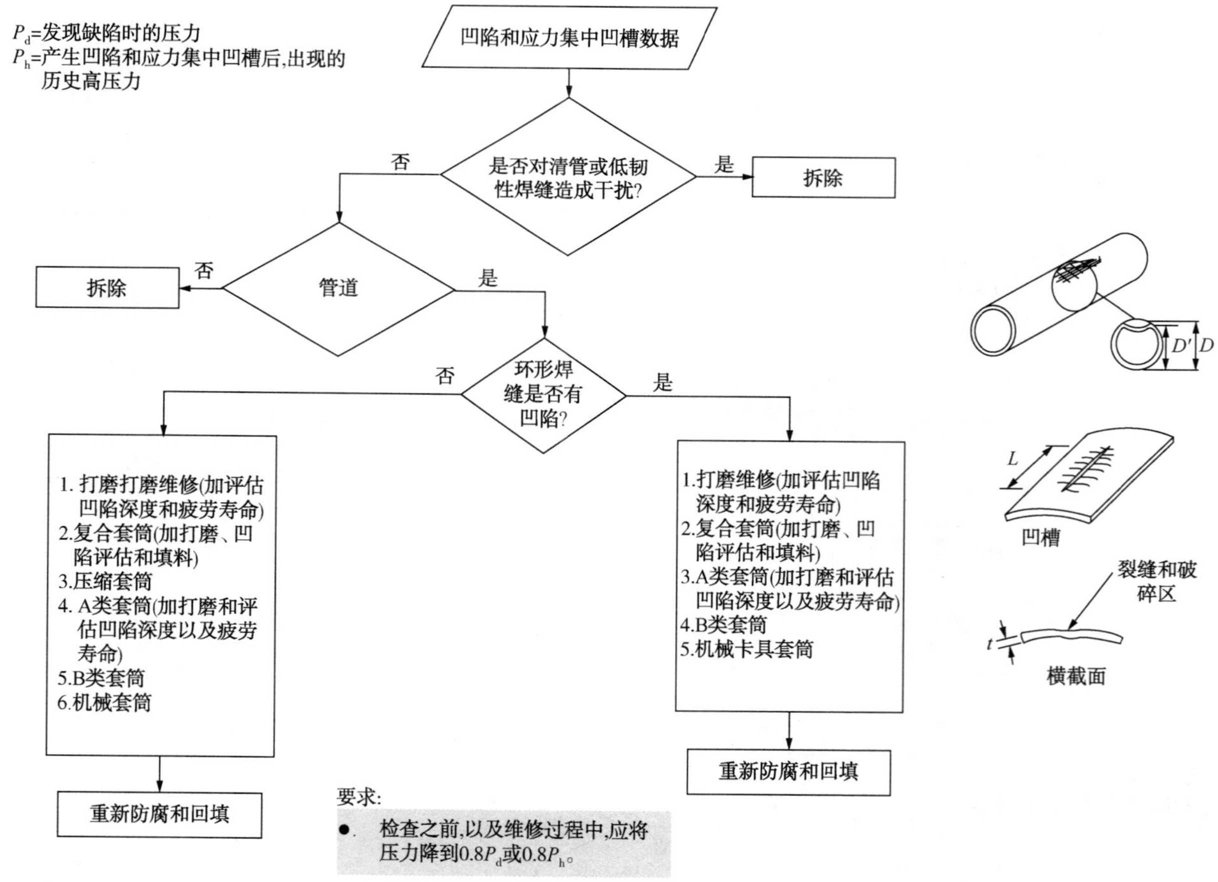

图8-26　普通凹陷和应力集中凹陷的修复

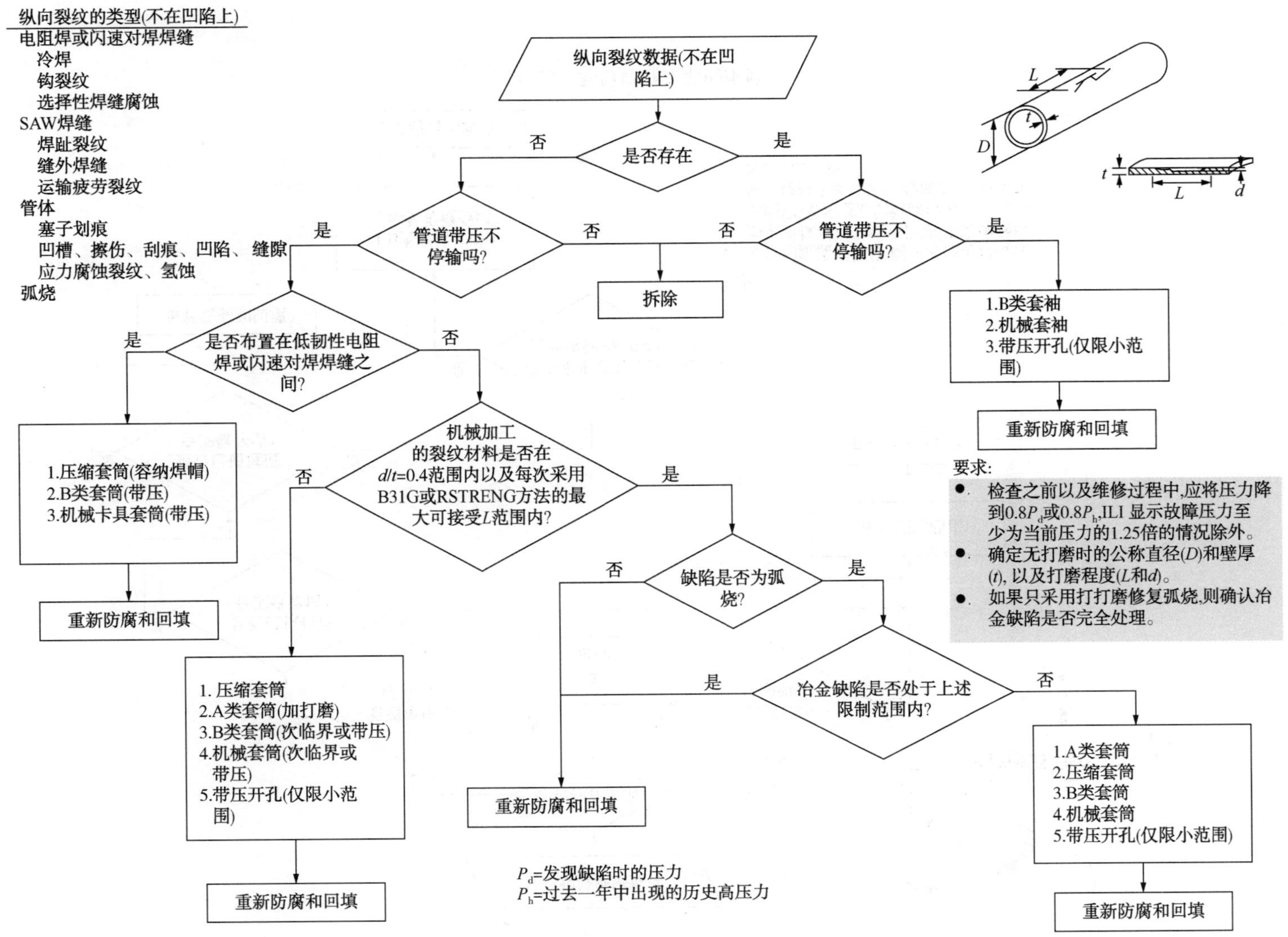

图8-27 纵向裂纹和焊缝烧穿的维修

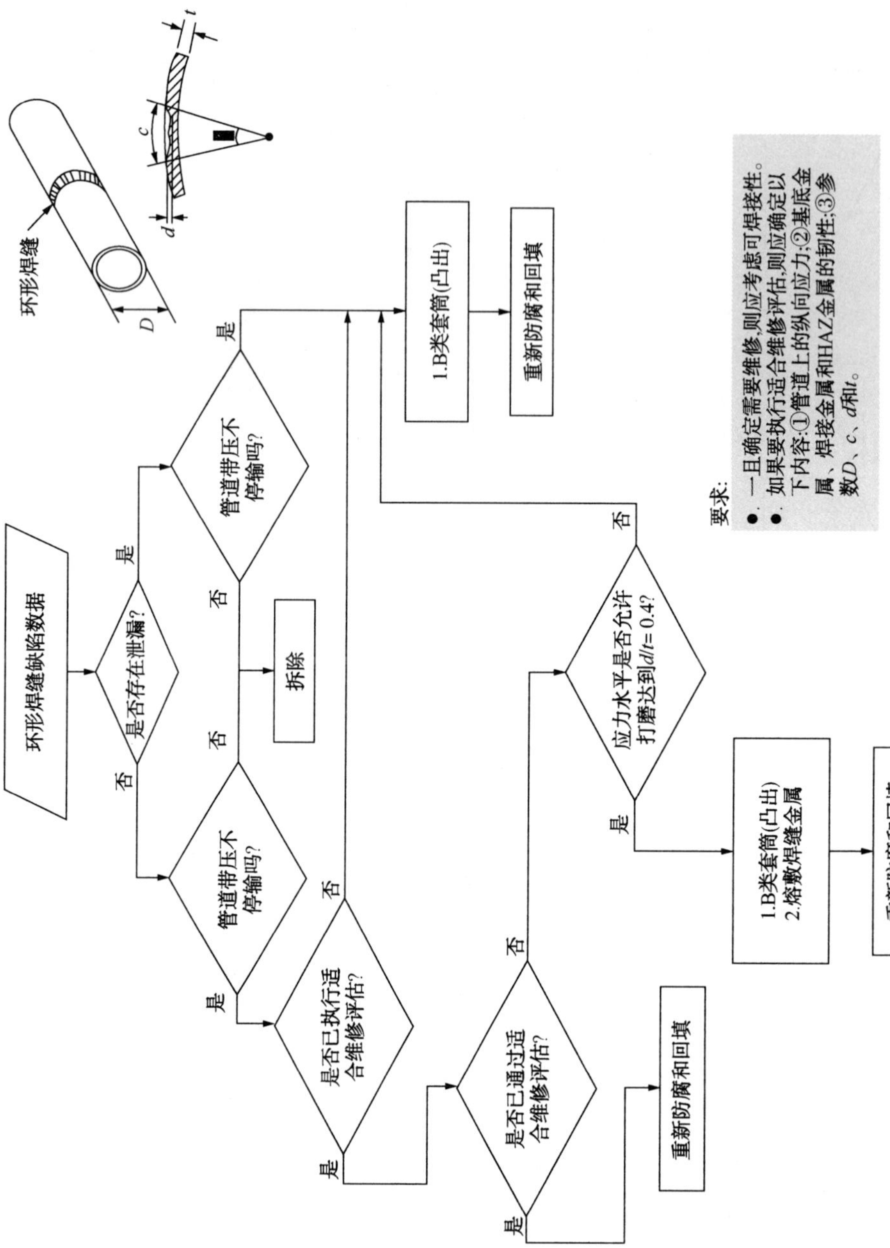

图8-28 环形焊缝缺陷的维修

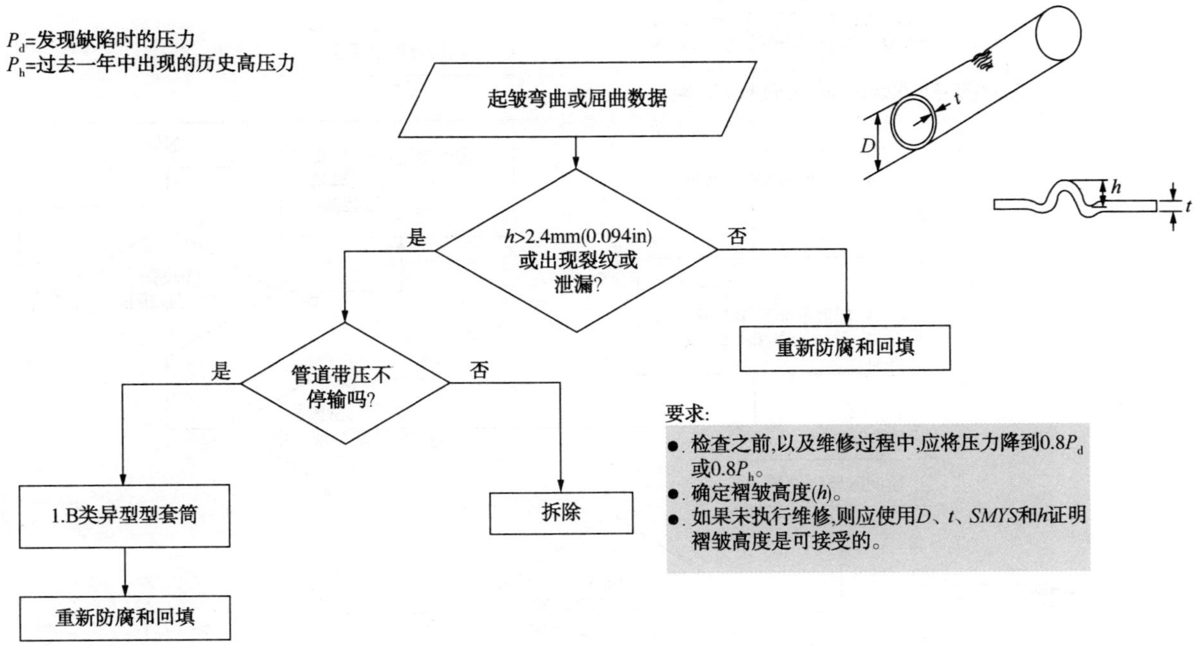

图8-29 起皱弯曲/屈曲的维修

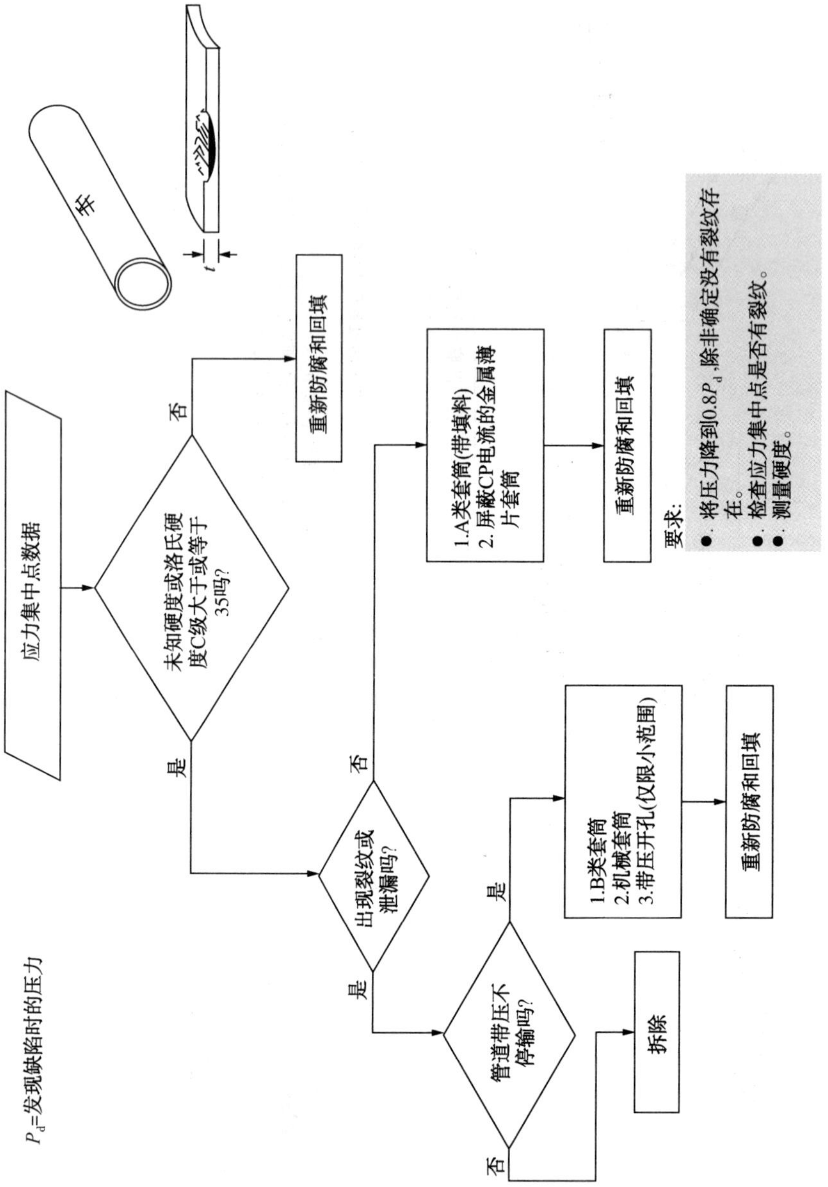

图8-30 应力集中点的维修

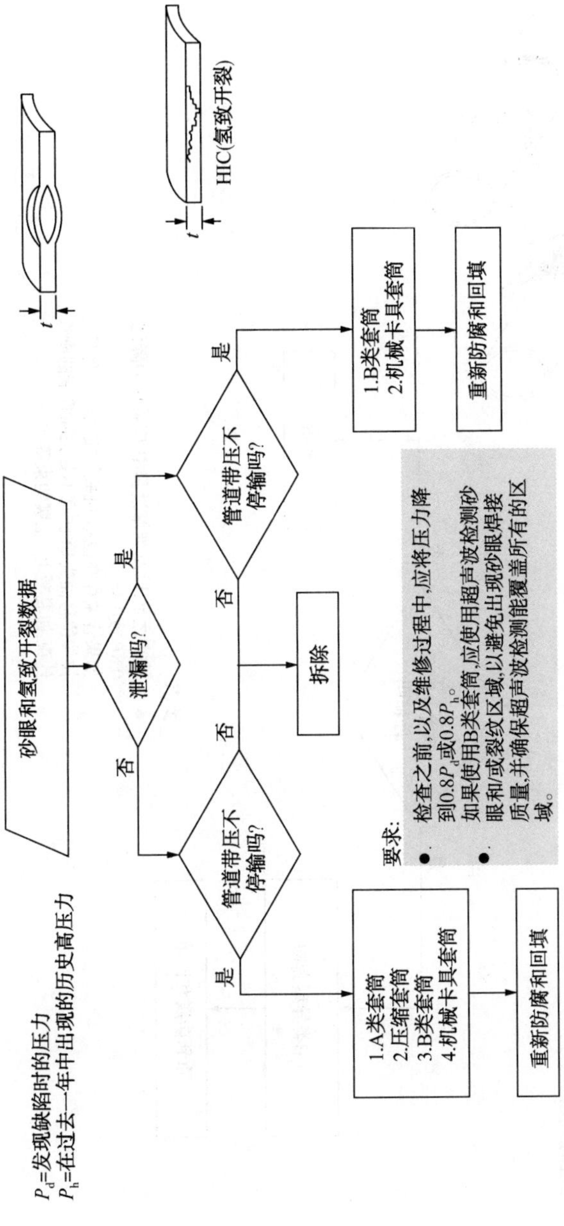

图8-31　砂眼和氢致开裂的维修

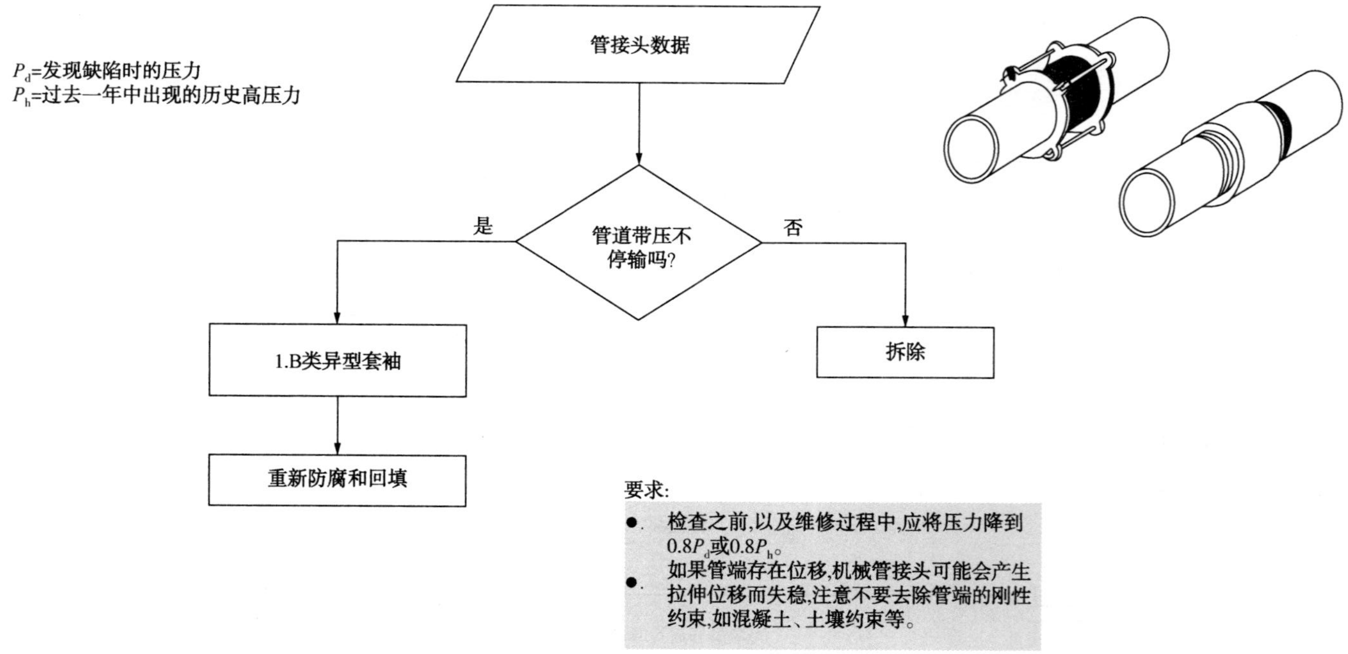
P_d=发现缺陷时的压力
P_h=过去一年中出现的历史高压力
管接头数据
管道带压不停输吗?
是
否
1.B类异型套袖
重新防腐和回填
拆除
要求:
● 检查之前,以及维修过程中,应将压力降到0.8P_d或0.8P_h。
● 如果管端存在位移,机械管接头可能会产生拉伸位移而失稳,注意不要去除管端的刚性约束,如混凝土、土壤约束等。

图8-32 管接头的维修

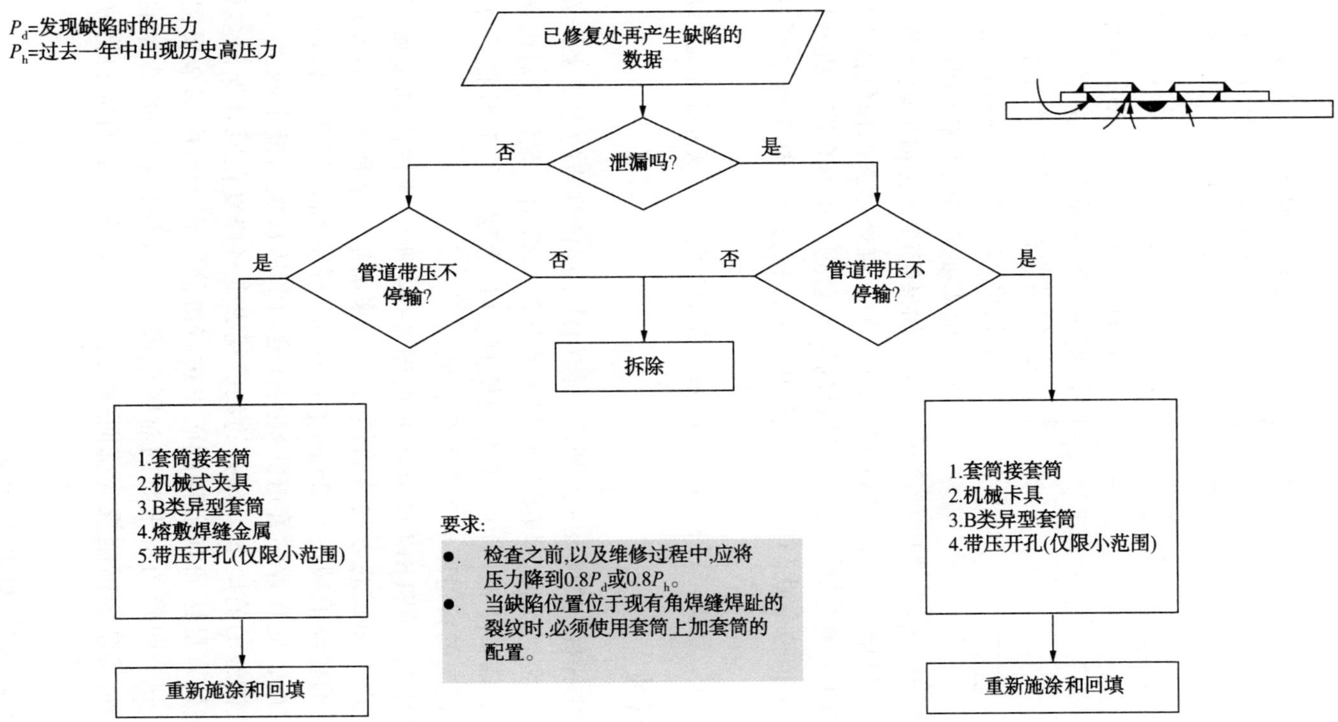

图8-33　已修复处缺陷的维修

法。如果缺陷部位泄漏，则应选择B类套筒、机械卡具套筒、带压开孔（如果能移除整个泄漏部位）、堵漏卡具（如果缺陷部位是分开的腐蚀坑）和补丁（根据规范和规定的限制）作为修复方法。

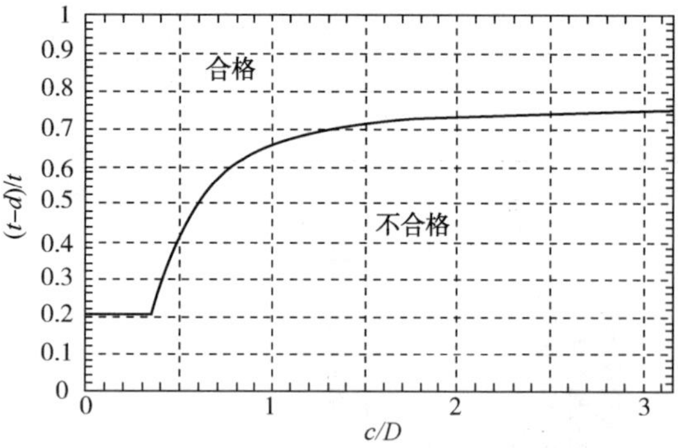

图8-34　金属损失缺陷的圆周范围的合格标准

对于最深焊透为壁厚80%的外部腐蚀区域，可以对可接受长度（L）进行ASME B31G或RSTRENG评估，并应按照图8-34（即API RP 579中的图5-7）所示对缺陷的可接受环形缺陷程度（c）进行评估，图中t为公称管壁厚度，d为缺陷最大深度，D为公称管径。如果管道腐蚀不严重，当评价后满足可接受缺陷长度和可接受环形缺陷时，不需要维修，但需要重新防腐和回填。

如果管道金属损失较严重，不满足缺陷的可接受标准，当剩余管壁至少为3.2mm（0.125in）时，维修方法选择包括带填充材料的复合套筒、带填充材料的A类套筒、带填充材料的压缩套筒、B类套筒、机械压缩套筒、熔敷焊缝金属；如果要去掉整个缺陷部分，可使用带压开孔方法；补丁或半圆补丁应遵守规范或规定的相关限制。

管道维修后，必须要重新防腐和回填。然后，在恰当时可以恢复正常运行压力。

8.6.2　内部腐蚀

内部腐蚀的维修选择标准如图8-25所示。使用外部腐蚀维修的方式来维修内腐蚀是合理的，但由于缺乏内部金属损失区域发展趋势的直接测量数值，限制了对内部腐蚀维修的判断。对于外部腐蚀，需要降低压力，除非内检测（ILI）表明在低于当前压力1.25倍的情况下，发生金属损失情况的管道区域不会发生失效。

可使用ASME B31G或RSTRENG方法并按图8-34所示评估内部金属损失情况。通常情况下，必须用超声波测试的方法从管道外表面来确定评估所需的临界尺寸，推荐把腐蚀区内超声波测量的壁厚值减去0.25mm（0.010in）作为临界尺寸。另外，如果内部腐蚀以可预测的速度发展，应在评估管道的剩余强度前，从每次测量中减去未来腐蚀裕度。在不采取进一步补救措施的前提下，减去的数值视决定将修复在原处保留多长时间而定。这说明：①如果缺陷处有足够的剩余强度而未进行维修工作，当内部金属损失开始达到规定限值时，则会在一个明确的将来时间对区域进行再次评估；②若选择的维修方法未考虑泄漏情况，一定是将维修措施视为临时措施，并计划在一个明确的将来时间进行彻底维修。

8.6.3　普通凹陷或应力集中凹陷

可按照图8-26的标准维修普通凹陷或应力集中凹陷。这些标准与CSA Z662中的标准一致。对于管体上最大深度为管道直径6%且未包含任何集中应力凹槽（凹槽、裂纹、沟槽或焊缝烧穿）的普通凹陷，其对管道完整性没有影响或影响极小。焊缝上普通凹陷的可接受深度为管道直径的2%。除了管道承受多次大幅度压力波动，或凹陷干扰到清管作业外，管体上最大深度为6%的普通凹陷和焊缝上最大深度为2%的普通凹陷，一般不需维修。凹陷内的任何损害，如凹槽、裂纹、沟槽、焊缝烧穿、擦痕、刻痕或磨损，会使其成为应力集中凹陷。应把这类凹陷视为潜在严重缺陷。此外，对于包含低韧性接缝(其韧性小于基底金属)的凹陷，尤其是包括低频电阻焊或闪光焊接接缝的凹陷，应对其进行维修。

一些普通凹陷可能有锐利的尖角，当深度远远低于6%的锐利的凹陷存在穿透性疲劳失效(泄漏)的张开位移时，可通过计算凹陷内的应变，来量化凹陷的尖锐程度。当张力超过12%时，穿孔和裂纹发生的可能性较高。因此 ASME B31.8 规定了6%的应变极限，可适用于任何深度的普通凹陷。ASME B31.8 的附录 R 提供了应变计算指南，也已形成了根据内检测数据估算凹陷应变的程序。在行业调查中，很多企业指出内检测(ILI)数据不够具体，不能对尖锐凹陷中的应变进行准确估计。

若应力集中凹陷位于管体上或直焊缝上，根据图 8-26 中的标准，可使用以下六种方法对其进行维修：打磨、复合套筒、压缩套筒、A 类套筒、B 类套筒或机械卡具套筒。打磨必须遵循以下维修要求；根据上述限值，除地面面积外，加上凹陷深度必须是可接受的；以工程评估的结果为基础，剩余的疲劳必须是可接受的。使用复合套筒要求进行打磨，以去除所有应力集中凹槽和损坏的材料，以及根据上述普通凹陷的限值，打磨成可接受的凹陷深度。在带有凹陷的区域使用填充材料。使用 A 类套筒要求进行打磨，以消除所有应力集中凹槽和损坏的材料，以及根据上述普通凹陷的限值，打磨成可接受的凹陷深度。除复合材料套筒外，这些相同的维修方法可用于环形焊缝上的凹陷。但在把复合材料套筒用于环形焊缝上的凹陷之前，必须进行打磨以消除所有应力集中凹槽。

8.6.4　纵向裂纹和焊缝烧穿

除了腐蚀和外部机械损坏外，最需要修复的情况属于纵向裂纹和焊缝烧穿。这类情况的维修选择标准如图 8-27 所示，可使用 B 类套筒或机械卡具套筒来维修这类情况中的泄漏缺陷。若缺陷处足够小可以完全消除，且未在低韧性电阻焊或闪光焊接焊缝中，则可通过带压开孔进行维修。对于低韧性电阻焊或闪光焊接焊缝中的非泄漏缺陷，可采用压缩套筒、B 类套筒或机械卡具套筒进行维修。

对于其他纵向裂纹和焊缝烧穿，允许打磨以除去破裂或/和金相破坏的材料。打磨深度不得超过管道公称壁厚的40%，打磨区域的长度不得超过 ASME B31G 或 RSTRENG 标准中任何一种的规定。若缺陷是焊缝烧穿或其他金相破坏材料，必须通过金相检验来确认是否移除。

若裂纹的打磨深度需超过将移除管道公称壁厚的40%，可使用压缩套筒、A 类套筒、B 类套筒或机械卡具套筒。若将移除的区域面积较小，也可使用带压开孔。若管道中保留了裂纹或裂纹的一部分，只能使用压缩套筒、B 类套筒或机械卡具套筒。这种情况下，必须对 B 类套筒或机械卡具套筒进行加压，或进行工程评估，以表明在管道剩余的使用期限中，裂纹不会达到临界尺寸。对于允许界限内不能被打磨的异常冶金，可使用 A 类套筒、压缩套筒、B 类套筒、机械卡具套筒或带压开孔(仅限于小区域)进行维修。

8.6.5 环形焊缝缺陷

可根据图 8-28 所示的标准对环形焊缝缺陷和其他特定的圆周导向缺陷进行修补。若缺陷无泄漏情况，应进行适用性(FFS)评估以确认其是否会影响管道的完整性。FFS 评估要求获得管道尺寸信息，缺陷尺寸信息，母材、焊缝以及热影响区(HAZ)金属的材料性能(若缺陷不是金属损失，则包括断裂韧性)，并采用纵向应力。实际上，管道企业必须进行 FFS 分析或工程临界评估(ECA)，以表明按现状缺陷是可接受的，或是可以通过打磨或打磨加焊接金属熔敷进行维修。针对该问题，CSA Z662 的信息附件 J 和 K 以断裂韧性为基础，提供了使用 ECA 和验收标准的指南。若管道公司未准备进行这类评估，必须使用 B 类套筒进行维修，套筒的两端应焊接至输送管，以进行纵向加固。

8.6.6 起皱弯曲/屈曲

如图 8-29 所示，可对起皱弯曲/屈曲进行评估，以确认是否有缺陷。对于使用 B 类异型套筒进行维修的管道，以行业经验为基础，若屈曲峰槽高度(h)低于 2.4mm(0.094in)，则无需进行维修。但应进行特定的计算，阐述屈曲峰槽高度大于可需要维修的高度临界值。

8.6.7 应力集中点

图 8-30 阐述了维修应力集中点的标准。若其硬度未知，或经测量发现大于或等于洛氏硬度 C 级 35，则必须采取措施。若无裂纹或泄漏情况，可使用带填充剂的 A 类套筒或外加阴极保护的特殊金属薄片套筒。套筒的安装必须使得腐蚀介质不能进入套筒和输送管之间的环形物。若应力集中点有裂纹或存在泄漏，可使用 B 类套筒、机械卡具套筒或带压开孔(仅限于小区域)进行维修。

8.6.8 砂眼和氢致开裂

图 8-31 阐述了维修砂眼和氢致开裂(HIC)的维修标准。若管道无泄漏，可使用 A 类套筒、压缩套筒、B 类套筒或机械卡具套筒维修缺陷。若管道存在泄漏，只能使用 B 类或机械卡具套筒维修缺陷。若存在裂纹，应进行工程评估以表明其继续存在不会引起 A 类套筒或压缩套筒的泄漏，并表明其不会或在将来不会发展达到管子承压的临界尺寸。

8.6.9 管接头

图 8-32 阐述了管接头的维修标准。针对这种情况，只有切除和用 B 类异型套筒这两种方案，当环焊缝缺陷表现为未焊透、未熔合且尺寸较小时，经论证使用环氧夹具也是可行的。

8.6.10 已修复处缺陷

图 8-33 阐述了已修复处缺陷的维修标准。这种情况下，套筒加套筒、机械卡具套筒、B 类异型套筒、带压开孔(仅限于小区域)均为维修选择方法。若缺陷区域无泄漏，也可考虑使用堆焊维修。

8.7 阀门维护技术

8.7.1 阀门概况

1. 阀门定义

阀门是用来控制流体在管路中流动的一种机械设备。

2. 阀门用途

(1)通过阀门的开关控制流体流动;

(2)控制流体流动方向;

(3)调节管线压力;

(4)释放管线过高的压力;

(5)管线吹扫或泄压;

(6)维修或替换管线部件时进行管线或部件的隔离;

(7)出现紧急事故时紧急关闭阀门中断管输。

3. 阀门内密封

阀门内封密具有多种密封方式:

(1)精密加工的金属-金属接触面;

(2)诸如O形圈和橡胶等的嵌入式软密封,其材料为尼龙聚四氟乙烯(PTFE)或复合材料;

(3)复合材料的附加密封。

4. 阀门更换成本

阀门内密封面易受到磨损和腐蚀,对阀门而言,最经济的办法就是保持对阀门的维护保养并长期保持阀门良好且正常的工作状态。更换阀门的成本是很高的,更换阀门之前必须要考虑以下因素:

(1)更换阀门的费用;

(2)移动、维修和更换阀门的人力;

(3)管线放空时流体的损失;

(4)停产带来的收入损失。

对阀门而言,最经济的办法就是保持对阀门的维护保养并长期保持阀门良好且正常的工作状态。

5. 阀门的重要性

管输系统内任何一个工作性能差的阀门都将导致整个管输系统效率的下降。

注意:在紧急事故中,如果阀门被锁住而不能关闭,管输流体将不断释放并导致持续的火灾。如果阀门关闭了但密封失效,也会导致事故发展成为灾难性事故,进而导致爆炸的发生。阀门维护人员必须确保所有的阀门正常工作并确保所有的阀门在任何时候都能按要求工作。

8.7.2 阀门密封原理

1. 阀门的密封

阀门一般由两部分组成:阀体和关闭件。阀体是静止件;球体、闸板或旋塞是关闭件

（活动件）。

阀体内的关闭件（球体、闸板或旋塞）是调节管线流量的配件。关闭件（球体和旋塞）绕阀体中心线作90°旋转来达到开启、关闭阀门。闸阀的关闭件（闸板）沿通路中心线的垂直方向移动来达到开启、关闭阀门。

2. 球阀的密封

球阀是球体绕阀体中心线作90°旋转来达到开启、关闭的一种阀门。球阀的密封是通过对球体与固定的阀座密封圈两金属面的密封来实现的。

由于完美球形的球体加工是非常困难的，因此将软密封圈与阀座密封圈结合使用以达到对气体介质的密封，甚至可适用于高压工作环境。

3. 闸阀的密封

闸阀的密封也是通过对两金属面（固定的阀座密封圈和活动的闸板）的密封来实现的。然而闸阀是闸板沿通路中心线的垂直方向移动来达到开启、关闭的一种阀门，并不像球阀或旋塞阀是通过关闭件绕阀体中心线作旋转来达到阀门的开启、关闭。

不同类型的闸阀是有很大区别的，必须熟识这些差异才能保证有效、安全地进行阀门维护、保养及操作工作。

4. 旋塞阀

阀的密封方法是多种多样的。就旋塞阀而言，它们的密封是依靠旋塞和阀体两金属面之间的密封来实现的。实际上制造这样的两个金属面来达到完美的气密封是非常昂贵和困难的。任何密封圈内在的缺陷都会加重阀门的磨损。旋塞阀的旋塞绕阀体中心线作90°旋转来达到阀门的开启、关闭。一般注入复合密封脂作为旋塞阀两金属面的密封油膜。

5. 天然气工况

大部分的天然气运输是通过管道进行输送的，并在配送前进行脱水处理。脱水处理天然气脱除了天然气中的水蒸气和气态水。在干气环境下阀因缺少润滑甚至会使软密封硬化。在高压输送时，即使是一个小的泄漏也会逐渐侵蚀整个密封面并形成更大的泄漏通道。密封失效的最终结果将导致阀座泄漏。

8.7.3 阀门一般性维护

（1）在线阀门维护：管道阀门泄漏是造成喷射突发的主要因素，引起的管道破损损失非常巨大，因此这种现象必须得被消除。

（2）在到达阀门现场之前需得获得必要的许可，并且要尽可能查找出有关管线及其特征的资料以及阀门的具体症状。

（3）获得许可证：获得安全工作许可证是处理任何阀门维护方面的问题和其他现场问题的先决条件，许可证是指完成具体工作的正式批准。在开始对任何带压阀门进行作业时，需要从合适的权威部门获得必需的危险作业许可证，通常包括：

①切断管路的授权；

②关掉阀门的授权；

③开阀门许可；

④打开已正常关闭的阀门的许可。

(4)当到达阀门现场时，应当讨论一下安全和其他与工作相关的问题。确定出要维修的阀门及所有外部设备的位置。

(5)日常维护：将阀门润滑剂或密封剂注入阀座注脂接头中，仔细观察压力表以便判断润滑脂/密封脂是如何进入阀门的。

8.7.4　全面的阀门维护保养

全面的阀门维护保养工作应该每年进行一次，即使阀门并不存在任何泄漏或故障。全面的阀门维护保养工作是预防泄漏发生或泄漏扩大化的预防性措施。全面的阀门维护保养工作包括以下内容：

(1)清洗阀座密封系统；

(2)阀座密封系统的重新注脂；

(3)阀腔排污；

(4)按要求调整阀门限位；

(5)多次开关阀门；

(6)增加阀杆密封压力；

(7)润滑阀杆、变速箱及所有需润滑的设备；

(8)测试阀座密封泄漏情况；

(9)检测法兰、注脂口及阀杆的泄漏情况。

8.7.5　密封系统补充

为保证阀门密封面的润滑剂/密封剂长期有效，日常阀门维护一般包括定期补充密封脂。

1. 确定补充的密封脂注入量

补充的密封脂注入量主要取决于：

(1)前后两次注脂时间的间隔；

(2)所使用的润滑脂/密封脂的类型；

(3)阀门类型；

(4)阀门开关操作的次数；

(5)流经阀门的介质；

(6)介质温度；

(7)是否靠近计量或调压装置。

2. 等待故障的发生

许多阀门操作工一般不考虑对阀门的维护保养工作，除非出现了阀门故障。延长两次阀门维护保养的时间间隔可能带来严重的后果，因为即使是极微小的泄漏也会侵蚀密封面并由于维护保养时间间隔的延长而逐渐扩大了泄漏通道。

日常阀门维护保养中使用合成润滑脂可有效阻止密封面的刮伤、完全消除阀座的微小泄漏、延长阀门的使用寿命。

3. 密封脂失效

在密封脂使用期间，某些品牌的润滑脂、密封脂可能已经开始干燥、分解或被冲掉，有时也会发生聚合现象，油脂在高温和脱水天然气的共同作用下，经过数月后开始固化。

4. 油脂固化的危害

固化的油脂限制了阀座的移动并使密封圈脱离阀座，结果导致阀门开关操作扭矩增加，并损毁阀座软材料及O形密封圈。

5. 固体物质填充

润滑剂、密封剂的流失将导致密封圈被诸如砂砾、污垢、铁屑、剥落物、塑胶甚至清管器碎片等固体杂物填充。通过日常阀门维护保养可以将以上所有的危害降至最低，而专业阀门技师进行日常阀门维护保养是优先考虑的措施之一。通过专业技师维护阀门可以达到以下几个目的：

(1)延长阀门使用寿命；

(2)防止阀门泄漏的发生；

(3)确保管线完整性。

8.8 管道风险减缓措施

8.8.1 概述

管道风险减缓技术的范围较广，包括所有减小管道发生事故可能性的预防和检测措施，以及控制管道事故后影响大小的减缓和应急措施。其中最有效的并最为大家熟知的就是完整性评价以及响应完整性评价结果的修复，其他常见的风险减缓措施有：腐蚀控制；泄漏监测；地质灾害预防与治理；管道安全预警；应急反应；公众警示；员工培训。

8.8.2 管道沿线地质灾害预防

地质灾害是管道的主要危害之一，常见的地质灾害(包括自然灾害)有：断层；地裂缝；滑坡；崩塌；黄土湿陷；冲沟；泥石流；冲蚀；地震；采空区；冻土；水毁。

对地质灾害引起的风险，应采取持续识别(一般汛前和汛后各一次)、评价和预防治理的方法，将灾害点分级分类，分别采取不同的措施，或监测，或计划治理，或立即治理等，进行动态的风险管理，将其对管道的危害减小。

另外，国外Williams管道公司对滑坡段管道采取应变监测的方法值得借鉴，目前已在兰成渝管道成功应用，并值得推广。

8.8.3 占压预防与清理

管道用地维护、占压清理是管道公司日常工作之一，也是常见的风险减缓技术，它能极大地减小管道第三方破坏风险。

占压对公共安全和管道安全运行构成了严重威胁，主要表现在：

(1)造成管道破坏，引发伤亡事故。占压管线的建(构)筑物极易使地下管线沉降变形，造成油气泄漏；同时，占压建筑物内产生的废液直接渗入地下，也会加速管道的腐蚀，导致管线破裂和油气泄漏。

(2)影响管道日常管理和抢修工作，并可能引发严重的次生灾害。输油气管道的日常维护对管道安全运行十分重要，对被占压的管段无法进行正常的安全检测和及时维护，人为制造了“盲段”，使泄漏的油气难以及时发现，聚集到一定浓度，极易引发爆炸。

(3)易成为违法犯罪分子盗油的屏障。犯罪分子在管道上方的占压建筑内从事打孔盗油活动，使犯罪行为更具隐蔽性，并增加了管道巡检人员发现和公安机关侦破案件的难度。

占压工作应当以预防为主，对已有的占压应分轻重缓急，逐步进行清理。对合法的占压物，进行相关赔偿，对非法的占压物，应无偿清除，在清理过程中应与当地政府充分沟通。

8.8.4　打孔盗油防控

发现和防控打孔盗油是各输油公司管道日常维护的重要工作内容之一，也是一项非常重要的风险减缓措施。打孔盗油现象是伴随中国国情出现的特有现象，不能单独从管道企业的角度去单一考虑此问题，还应考虑社会影响、法律环境等。近年来随着管道建设的大发展，特别是成品油管道的加速建设，管道公司反打孔盗油的任务越来越重。

1. 打孔盗油犯罪的主要特点

(1)年轻人居多；

(2)团伙作案；

(3)基本采用在管道上打孔设卡的方式；

(4)作案时间、地点多数不被察觉，防不胜防；

(5)使用工具日趋现代化，采用技术专业化；

(6)对管道企业造成危害巨大。

据中国石化管道储运有限公司统计，2013年仅山东临邑县境内就发生打孔盗油上百次，给国家造成的直接经济损失上千万元，间接损失无法估量，并引发了一系列社会问题。

2. 打孔盗油犯罪的成因

(1)盗油者文化水平低，法律观念淡薄。

(2)输油管线在埋设之初没有充分估计到会遭受如此肆无忌惮的破坏，千里管线穿越农田、跨越沟渠，极易暴露；油区内井架林立、星罗棋布；管线纵横交错、四通八达，巡逻防范难度很大。

(3)受经济利益驱使，管道安全防护带内形成了大量的“违章物”，许多违章建筑被不法分子利用，为进行打孔盗油犯罪活动作掩护。

(4)非法小(土)炼油厂的存在是打孔盗油犯罪如此猖獗的根本原因。某些地方依然存在的非法小土炼油厂，不法收购原油，为盗油分子所利用。

3. 打孔盗油的防控

(1)加强与地方政府的沟通，获得地方政府的支持；严厉惩处，彻底清理，坚决取缔违规、非法小(土)炼油厂，从根本上解决打孔盗油犯罪问题。

(2)加强管道的巡线与监测，重点地段安排值守。

(3)加强宣传教育。通过新闻媒体，依靠党委政府及各级基层组织，利用群众喜闻乐见的各种形式，广泛宣传打孔盗油给国家、社会、家庭造成的巨大危害，切实提高法制观念。

(4)安装安全预警装置。

第9章　管道外腐蚀检测、修复与评价技术

9.1　参 考 标 准

管道外腐蚀检测、修复与评价参考的标准有：

(1)ASME B31.8　输气和配气管道系统

(2)ASME B31.8S　输气管道完整性管理

(3)NACE RP0502　管道外腐蚀直接评估方法

(4)SY/T 6151　钢质管道管体腐蚀损伤评价方法

(5)GB 50251　输气管道工程设计规范

(6)SY/T 0413　埋地钢质管道聚乙烯防腐层技术标准

(7)SY/T 0036　埋地钢质管道强制电流阴极保护设计规范

(8)DIN 30676　外表面阴极保护的设计与应用标准

(9)SY/T 5918　埋地钢质管道外防腐层保温层修复技术规范

(10)管道安全：高后果区的管道完整性管理(输气管道系统)最终规则(49 CFR 192)

(11)输气管道外腐蚀检测管理规定(中国石化天然气分公司)

9.2　埋地管道外检测内容和方法

9.2.1　外检测检测内容

(1)检测管道涂层缺陷和已经发生的管体缺陷；

(2)检测管道阴极保护水平；

(3)对上述检测结果进行验证及评价；

(4)评价并采取修复和整改、预防措施。

9.2.2　埋地管道外检测方法

(1)密间隔电位(CIPS)测量法；

(2)直流电压梯度(DCVG)测量法；

(3)管中电流衰减测量法(PCM)；

(4)皮尔逊法；

(5)C 扫描等。

CIPS/DCVG 组合测量方法是国际上进行埋地管道外检测的主流方法。管中电流衰减测量法(PCM)、皮尔逊法、C 扫描技术，可作为 DCVG/CIPS 组合测量方法无法适用时的一种补充方法。

9.2.3　外检测使用仪器

管道外检测所需仪器的配置见表 9-1。

表 9-1　现场调查专用设备、仪表

序号	名称及型号	规格指标	备　注
1	密间隔电位检测仪(CIS)	输入阻抗≥10MΩ，滤除交流干扰至少 90dB，分辨率 0.1mV，配有 WASS 全球定位系统引擎	应有最新的软硬件配备；应配备背式或跨式线轴，线轴应有里程记录器；配备两个参比电极和两根探杖
2	直流电位梯度检测仪(DCVG)	输入阻抗≥10MΩ，分辨率 0.1mV；硫酸铜电极误差≤3mV	
3	微型记录仪	具有过滤 110dB 交流干扰的能力；数据能以 ASCII 文本文件的格式保存在磁盘中；具备至少 1 兆的内存	24h 内每 10s 记录一次管地电位；每一次读数都标注时间
4	同步断流器	同步精度 1ms，配 WASS 全球定位系统引擎	
5	接地电阻测试仪	精度：±5%	一般采用 ZC-8 接地电阻测试仪
6	数字万用表		测量电压、电流、电阻等
7	指针式万用表	直流内阻大于 $10^4\Omega$，交流内阻大于 $10^3\Omega$	
8	零阻电流表	精度：10^{-6}A	
9	腐蚀测量仪	零点在中间	
10	自动平衡记录仪	中点可调；量程：0~10V；精度：0.5%	配交、直流转换器
11	参比电极	$Cu/CuSO_4$ 电极	
12	电火花检漏仪	能满足 15kV	漏点检漏报警
13	防腐层测厚仪	量程：0~2mm，2~4mm，4~10mm	可用千分表、卡尺代替
14	腐蚀坑深测试仪	精度：0.01mm	可用千分表代替
15	超声波测厚仪	量程：20mm；精度：0.1mm	

如同时进行密间隔电位测试和直流电位梯度测试，主机应配备 1 根 Y 型电缆、4 个参比电极和 4 根探仗。

9.3　外检测技术要求

9.3.1　管道外检测的目的

(1)全面掌握外防腐层的现状(确认已经发生、正在发生或即将发生腐蚀的缺陷位置及缺陷大小)，评价其完整性状况；

(2)全面掌握阴极保护系统的运行情况，对其保护水平(管道是否获得全面、合适的阴极保护，是否存在欠保护及过保护情况)给予评价；

(3)掌握杂散电流分布情况，评价其对外腐蚀的影响；

(4)评价管道的完整性，提出科学、合理的整改方案。

9.3.2 外检测评价程序

需要将各种现场测验的数据及管道物理特征、运行历史的评价数据进行综合。可分为4个程序：

(1)初评价　收集历史数据和现有的数据，以决定外防腐直接评价是否可行，选择检测工具。

(2)地面检测　包括地面检测和地上检测，旨在确定防腐层缺陷的严重性、其他各种异常、可能已经出现腐蚀或正在腐蚀的区域。整个管段必须使用两种或两种以上的检测工具，以适应不同的条件，提高检测的普遍实用性。

(3)开挖检验　根据地面检测数据，选择开挖点。根据直接测量数据与历史数据，包括管道涂层厚度测量、剥离强度测试、腐蚀坑测量、管壁厚度测量、土壤腐蚀性分析，评价外腐蚀对管道的影响。

(4)结果评价　分析程序(1)~(3)的数据，评价外检测过程是否有效，确定重新评价的时间间隔。

9.3.3 直流电压梯度(DCVG)技术要求

当直流信号(如阴极保护电流)施加到管道上时，在管道防腐层缺陷点处电流密度会增大，电压梯度也随之增大，电压梯度与缺陷点处破损面积成正比。

该技术适用于：

(1)准确定位缺陷点的位置。

(2)通过腐蚀电流的流向判断缺陷点的腐蚀状态。如果腐蚀电流流向土壤，则该缺陷点处管体正在发生腐蚀；如果腐蚀电流流入管体，则该缺陷点处管体不会发生腐蚀。

9.3.4 密间隔电位(CIPS)技术要求

在测试桩处与管道进行电联接，沿管线以较小间隔(距离一般为1~3m)在管道正上方采集一系列管地电位(ON电位、OFF电位)数据。ON电位是含土壤*IR*降的电位；OFF电位是不含土壤*IR*降的电位，代表管道上真实的保护电位。

该技术适用于：

(1)所有土覆层的埋地管道；

(2)测量ON/OFF管地电位，用于评价阴极保护的有效性；

(3)检测防腐层缺陷点位置；

(4)确定异常，如杂散电流干扰、套管短路、搭接、绝缘性能效果等。

9.3.5　密间隔电位和直流电压梯度组合(CIPS+DCVG)技术要求

CIPS+DCVG 组合测量，DCVG 与 CIPS 技术互为补充，是详细评价防腐层质量和阴极保护之间相互依存关系最主要的方法，可对埋地管道防腐层缺陷进行准确定位，定量评估。

当进行密间隔电位(CIPS)和直流电压（DCVG)的组合测量时，在每个读数采集点，记录整流器开(ON)和关(OFF)时的电位，以及电压梯度开和关时的值，每一个读数都标有里程、经纬度坐标、UTC 时间、现场标注的详细信息。

CIPS/DCVG 组合测量的项目及用途见表 9-2。

表 9-2　CIPS/DCVG 组合测量

测量项目	用　途
OFF 电位	阴极保护水平，保护范围，定位缺陷位置
ON 电位	涂层质量状况，定位缺陷位置
电位漂移	杂散电流干扰影响
电压梯度	缺陷点定位
腐蚀电流流向	阴极保护水平，腐蚀状态
IR%	缺陷点破损程度，分类，确定修复优先级
GPS 数据、相对距离	定位缺陷位置，便于开挖和维修

9.3.6　检测方法对比

各种检测方法的对比见表 9-3。

表 9-3　检测方法对比

序号	检测项目	CIPS/DCVG 组合测量	PCM 检测	皮尔逊法
1	阴极保护	用于直接检测评价阴极保护系统状况，确定阴极保护不足、过保护的管段，确定阴极保护系统的保护度	无法评价	无法评价
2	防腐层状况	用于防腐层质量总体评价	无法评价	无法评价
3	裸管区	评价裸管阳极区状况	无法检测	无法检测
4	缺陷	定位缺陷，计算缺陷点的大小，判断缺陷处管体腐蚀电流的流向，确定缺陷处管体的腐蚀状态，确定缺陷修复的优先级	用于定位防腐层缺陷点，但不能区分其大小和腐蚀状态	用于定位防腐层缺陷点，但不能区分其大小和腐蚀状态
5	杂散电流	判定杂散电流的干扰区域，确定杂散电流的流出点、流入点，评估杂散电流的干扰强度	无法检测	无法检测
综　述		用于埋地管道外检测评价，给业主提供全面、合理、科学的维护、维修管理方案	只能用于缺陷定位	只能用于缺陷定位

9.3.7 杂散电流检测技术要求

1. 杂散电流调查目的

(1)确定管线上遭受杂散电流影响的区域，并对其干扰影响程度进行评价；

(2)如果杂散电流干扰程度超过标准所规定的范围，依据杂散电流数据，设计杂散电流排流方案；

(3)在杂散电流干扰区，必须对CIPS(密间隔测量)数据进行校正，才能获得真实的阴极保护电位，并对其保护水平进行评价。

2. 杂散电流的调查与校正

设计或规定的回路以外流动的电流称为杂散电流。

杂散电流具有以下特点：

(1)杂散电流一旦流入埋地金属体，再从埋地金属体流出进入大地或水中，则在电流流出部位发生强烈的腐蚀；

(2)管道出现1A腐蚀电流，则管道每年腐蚀掉约9kg。

(3)特别像长距离带有防腐层的埋地金属管道，流入管道的杂散电流很大，并且集中于局部，从防腐层缺陷点处流出，使局部发生严重腐蚀。

3. 杂散电流调查与测定技术

(1)预备性测定　用于一般性了解干扰程度及管地电位分布特征，为下一步继续测定提供条件和依据。

(2)杂散电流测定　对杂散电流进行详细调查，为实施排流工程的设计和施工提供技术参数。

(3)排流保护效果评定测定　用于调整排流保护运行参数及评定排流效果。

9.4 检测数据分析评价

9.4.1 数据分析

(1)通过对CIPS(密间隔电位)ON/OFF管地电位的数据处理与分析，判断防腐层的状况和阴极保护有效性；确定管线阴极区、阳极区的分布及可能正在发生腐蚀的位置，评估阳极区的腐蚀状态；测定杂散电流分布情况，判定杂散电流干扰的区域及杂散电流干扰源。

(2)通过对DCVG(直流电压梯度)的数据处理与分析，评价埋地管道的涂层状况，确定缺陷点的位置，根据其腐蚀电流的流向，确定其腐蚀状态，评估阳极区的腐蚀程度。

(3)通过对数据记录器一定时间记录的数据分析，可以确定杂散电流干扰源的特性和强度，评价杂散电流干扰影响，评价排流效果。

(4)定位缺陷点后，通过ON/OFF管地电位及电压梯度，导出$IR\%$[$IR\% = V_g/(V_{on} - V_{off})$]，根据缺陷点处$IR\%$的值，按照外腐蚀直接评估(ECDA)标准对缺陷点进行分类，制定相应的维修、维护措施。

9.4.2　判定缺陷点腐蚀状态

缺陷点腐蚀状态的判定见表9-4。

表9-4　判定缺陷点腐蚀状态

极　性	特　征
阴极/阴极	在ON电位状态下，缺陷点处于阴极状态；在OFF电位状态下，缺陷点仍处于阴极状态。缺陷点消耗阴保电流，但腐蚀不活跃
阴极/中性	在ON电位状态下，缺陷点处于阴极状态；在OFF电位状态下，缺陷点处于中性(即-850mV)状态。缺陷点消耗阴保电流，阴保受干扰时可能发生腐蚀
阴极/阳极	在ON电位状态下，缺陷点处于阴极状态；在OFF电位状态下，缺陷点处于阳极状态。缺陷点消耗阴保电流，这些缺陷点在阴保运转正常时仍然可能腐蚀
阳极/阳极	无论是ON还是OFF状态下，缺陷点都未受到保护。缺陷点处于腐蚀状态

9.4.3　分级标准

*IR%*用来对防腐层状况进行分类，确定防腐层破损修复的优先级，见表9-5。

表9-5　防腐层修复优先级确定

级别	*IR%*	修复优先级
1级	1%~15%	这类破损点不需立即修复
2级	16%~35%	这类破损点一般不是严重的威胁，适当的阴极保护条件可以提供足够的保护。这类破损点需要进行监控
3级	36%~60%	阴极保护电流主要从这里流失，防腐层出现了严重的破损，对管道安全造成了威胁。这类破损点一般认为需要修复
4级	61%~100%	阴极保护电流主要从这里流失，防腐层出现了大面积严重破损，对管道安全造成了严重威胁。这类破损点需要立即修复

9.4.4　开挖验证和评价

1. 开挖前的准备工作

(1)开挖检查前，应明确每一处开挖的地理位置(如使用GPS)，这样可以直接比较检测和直接检查的结果。

(2)在开挖之前，应确定每一个腐蚀区域应采集的最低数据量和记录要求。这些最低要求应基于运行维护人员对将要遇到的情况、预计的腐蚀类型以及以往资料的可用性和质量的判断。最低要求还应包括要收集的资料类型。

2. 除去防腐层之前的资料收集

在开挖前、开挖过程中、开挖完成后、除去防腐层之前应进行下列典型的数据测量和操作：

(1)测量管道土壤电位；

(2)测量土壤电阻率；

(3)收集土壤样品；

(4)收集水样；

(5)测量防腐层下面液体的 pH 值；

(6)记录照相资料；

(7)进行其他完整性分析，例如 MIC、SCC 等。

3. 开挖检测

(1)开挖检测时，当探坑中的管段出现腐蚀严重等异常，应在该探坑两侧按 10~30m 间距增加探坑，直至异常消失为止。

(2)实施坑探时，探坑的分布应按“一坑多用”的原则统一布置，尽可能将所有调查项目的数据收集齐全。

(3)阴极保护的调查点应利用原有测试点或装置，一般情况下不必增加。

(4)对于开挖检测点原有测试装置，应确保其完好、可靠，必要时应予以维修。

(5)新增加的直接开挖点宜安装或改造成永久性测试装置。

(6)探坑中暴露的管段，其悬空裸露长度不得小于 1m。开挖时应保持土层顺序不混乱，检查后应按土层顺序分层回填。

(7)应尽量避免破坏性检查，开挖测量中破坏的防腐层或发现的管子损伤处应按评价结果，采取局部修补、整体修补或更换等措施予以维修，其质量标准不应低于管道原有水平。

4. 防腐层损坏和腐蚀深度测量

(1)应对每一处开挖位置的防腐层和管壁的状况进行评价。

(2)在测量之前，应确定每一个开挖点测量和记录的最低要求。

①最低要求应包括测量的类型和精度，要考虑到将要遇到的情况、预计的腐蚀类型以及以往测量数据的可用性和质量。

②对于腐蚀缺陷来说，最低要求的制定应适合于评价所有严重缺陷，并根据将要使用的剩余强度计算结果来定义有关缺陷测量参数。

5. 测量

用于评价防腐层和管道状况的典型测量如下：

(1)识别防腐层的类型；

(2)评估防腐层的状况；

(3)测量防腐层的厚度；

(4)评估防腐层的黏附情况；

(5)测绘防腐层破坏图(凸起、剥落等)；

(6)收集腐蚀产物的资料；

(7)识别腐蚀缺陷；

(8)绘制和测量腐蚀缺陷；

(9)记录照相资料。

6. 检测结果有效性

开挖后取得上述数据后，评价检测结果的有效性，并有针对性地分析腐蚀原因。

9.5　剩余强度评价

1. 剩余强度评价方法选择

运行维护人员应评价或者计算发现腐蚀缺陷位置的剩余强度。通常使用的计算剩余强度的方法包括 ASME B31G、RSTRENG、DNV RP-F101 软件。

2. 剩余强度评价

如果一个缺陷的剩余强度低于通常可接受的管段强度级别(例如，最大允许操作压力乘以一个合适的安全系数)，则需对其进行修补或者更换(或者最大允许操作压力可能会降低，以至于最大允许操作压力乘以一个合适的安全系数低于剩余强度值)。另外，必须考虑在发现一处或者多处缺陷的整个 ECDA 区域采用其他方法评价管道完整性。除非在根本原因分析中表明缺陷是孤立和唯一的。

如果发现的腐蚀缺陷超过了允许的极限，应认为该区域其他位置可能存在相似的缺陷。

3. 根本原因分析

运行维护人员应找出所有造成严重腐蚀的根本原因。根本原因可能包括阴极保护电流不足、以前未识别的干扰源或者其他情况。

4. 减缓措施

运行维护人员应确定并采取措施来减轻或排除由于上述根本原因的存在而在将来可能造成的外腐蚀问题。采取整改措施后，应再次进行间接检测。

5. 过程中评价

在直接检查阶段应进行一次数据评价工作，即对间接检测数据、剩余强度以及根本原因分析的结果进行评估，重点是对单个异常数据表现的严重性进行评估。

9.6　再检测评价时间及有效性评价

9.6.1　一般要求

再评价时间间隔是动态、可变的。它代表上次调查维修后管道所残留的最大腐蚀缺陷发展到影响管道安全的危险缺陷所需的时间。再评价是新一轮检测和评价活动。

确定再评价时间间隔的前提条件为：

(1)“立即维修”处必须在直接检查期间维修；

(2)“计划维修”处应在再评价时间间隔内维修；

(3)“需要监控”处的腐蚀应没有明显增长。

再评价时间间隔是开展下一轮评价的最低时间要求，一般不宜超过此时间间隔的要求。

9.6.2　再评价时间间隔的确定

管道运行 5 年内应开展首次 ECDA 评价(腐蚀严重的管线可相应缩短首次调查时间)，以后进入再评价阶段。

不同管段可有不同的腐蚀发展速率和再评价时间间隔。可根据前次调查发现的腐蚀程度、维修程度以及腐蚀发展速度估算再评价时间间隔。例如陕京管道再评价时间间隔可取新管线的首次调查时间间隔，即5年。

再评价时间间隔估算公式为：

$$RL = C \times SM \frac{T_{mm}}{GR}$$

式中 RL——再评价时间间隔，a；

C——校正系数，取0.85，无量纲；

SM——安全余量，等于失效压力比减去最大操作压力（$MAOP$）比，无量纲；失效压力比 = 计算失效压力÷屈服压力，无量纲；最大操作压力比 = 最大操作压力÷屈服压力，无量纲；

T_{mm}——被评价管段的公称壁厚，mm；

GR——腐蚀速率，mm/a。

腐蚀速率（GR）应根据合理的工程分析来确定，具体可采用以下几种方法确定：

（1）通过一定时间间隔实际测量被评价管段的管道最大腐蚀坑深，计算实际腐蚀发展速率，注意估算首次发生腐蚀的时间。

（2）缺乏被评价管道的实际腐蚀发展速率时，可按SY/T 0029—2012《埋地钢质检查片应用技术规范》估算被评价管道的外壁腐蚀发展速率。

（3）缺乏被评价管道的实际腐蚀发展速率时，可参考采用相同管材、相近腐蚀环境的管道腐蚀发展速率数据。

（4）缺乏被评价管道的实际腐蚀发展速率时，推荐0.4mm/a的点蚀速度作为被评价管道的外壁腐蚀发展速率。

9.6.3 有效性评价

ECDA评价是一个旨在持续提高管道安全水平的连续过程，通过周期性实施ECDA应该能够识别和确定已经、正在和将来可能发生腐蚀的位置，应对管道目前的安全状况及腐蚀直接评价方法和结果的有效性进行评价。

1. 结果有效性后评价

如果在两次直接评价时间间隔内，检测出比最近一次ECDA评价所确定的结果更严重的结果，则应重新评价或采用其他完整性评价方法。

2. 方法有效性评价

可通过以下准则评价ECDA方法有效性及管道安全持续改进管理有效性：

1）通过直接评价等反馈信息，重新评价分级准则

调整比例越小，表明建立的评价方法的分级准则越可靠。

2）立即维修和计划维修处出现的频率

需维修的频率减小，则表明管道腐蚀管理有效性提高。

3）腐蚀泄漏和阴极保护异常点出现的频率

监测发现腐蚀泄漏和阴极保护异常出现的频率减小，则表明管道腐蚀管理有效性提高。

9.7　外防腐层修复

9.7.1　修复材料的确定

一般规定：

(1)对原防腐层进行分析，确定防腐层失效原因，如设计选择不当、环境腐蚀、人为破坏等，以便选择修复用的防腐层。

(2)修复材料性能达到防腐要求的同时应与环境条件、管线运行条件相匹配，如不同防腐层的适用环境与不同土壤环境适用的防腐层相匹配，不同修复材料之间相匹配，修复材料与管体防腐材料之间相匹配，修复材料的寿命与管道预期寿命相匹配，材料要求的施工条件与管道所处实际情况及现实的施工水平相匹配。

(3)修复材料根据以上选择原则初选后应进一步经现场实验确定。

(4)修复材料到达现场后，其主要技术指标达到要求方可使用。

9.7.2　施工技术要求

1. 土方开挖

管沟开挖时管沟的深度一般挖至管底悬空0.5m，管沟边坡坡度应根据土壤类别和管沟开挖深度确定。深度在5m以内(不加支撑)管沟最陡边坡的坡度可按表9-6确定。

表9-6　管沟开挖深度确定

土壤类别	最陡边坡坡度		
	坡顶无载荷	坡顶有静载荷	坡顶有动载荷
中密的沙土	1∶1.00	1∶1.25	1∶1.50
中密的碎石类土(填充物为砂土)	1∶0.75	1∶1.00	1∶1.25
硬塑的轻亚黏土	1∶0.67	1∶0.75	1∶1.00
中密的碎石类土(填充物为黏性土)	1∶0.50	1∶0.67	1∶0.75
硬塑的亚黏土	1∶0.33	1∶0.50	1∶0.67
老黄土	1∶0.10	1∶0.25	1∶0.33
软土(经井点降水)	1∶1.00		
硬质岩	1∶0	1∶0	1∶0

2. 防腐层涂敷

涂敷前管体表面处理：

(1)管线挖出后，首先将原防腐层清除干净，查找管体腐蚀点并做出标记。

(2)按照现行标准有关规定进行管体修复。

(3)管体表面处理等级应根据所选用的再涂防腐层确定，应符合现行行业标准 SY/T 5918 规定的表面处理等级要求，没有现行行业标准的，应符合其企业技术标准的规定。

3. 再涂施工

(1)不同类型防腐层的涂敷，应符合现行行业标准 SY/T 5918 的有关规定，没有现行行业标准的，应符合其企业技术标准的规定。

(2)在悬空管之间留作管支撑用的土墩管上部土壤应保留不开挖，必须在悬空段防腐完毕、检查合格、按规定要求回填后，方可开挖进行防腐作业。

(3)管道上表面结露时，应等管道表面干燥后施工，风沙雨雪雾天气应停止施工。

9.7.3 质量控制

(1)管道外防腐层修复时，应按照国家现行工程建设质量控制标准的有关规定进行质检，对不符合规定的应立即停止作业。每道工序质检合格，方可进行下道工序的施工。

(2)修复后的管道外防腐层质量应符合现行标准的有关规定，没有现行行业标准的，应符合其企业技术标准的规定。

(3)防腐层修复时涉及的隐蔽工程(如交叉、并行的管道、电缆、阴极保护系统的汇流点、阳极装置、测试桩接线等)在覆土回填之前，应通知业主进行中间验收后方可进入下一道施工工序。

9.7.4 回填

(1)防腐层质量检查合格后回填应符合现行标准的有关规定。

(2)对于穿越铁路、二级以上公路或地下水位较高的管段，在管道无法夯实的情况下，应进行填沙处理。

(3)有管堤的管道，管堤应统一整形，必须以管道中心线为基准达到面、角平整。

(4)管沟回填过程中，将测试桩、里程桩或标志桩恢复到原位置，并检查测试桩的电缆引线是否良好，地面水土保护工程、构筑物应恢复原貌。

9.8 外检测数据管理

(1)应要求承包商提供数据软件，软件应包含原始采集数据、杂散电流数据、位置数据，并尽可能与地理信息数据结合。

(2)外检测数据应在公司信息系统中集中管理，对于不同年次的检测结果可互相对比。

(3)检测数据分类：检测数据应按不同管段、不同检测内容分类，如每一段管道，检测数据按阴极保护有效性检测数据、杂散电流检测数据、涂层性能检测数据、开挖检测数据、土壤数据、缺陷数据六类分类录入到数据系统或文件中。

(4)数据使用和维护：所有检测数据必须与桩号一一对应关联，数据的使用应建立台账，方便查阅；当发生改线时，要将外检测数据按照桩号及时进行变更，数据的维护和更新管理需要专人进行，主要由腐蚀工程师负责，当第二次检测完成后，要与第一次检测数据、图表一一对应，及时发现出现的新问题。

第 10 章　海底管道变形缺陷修复技术

10.1　卡具修复技术

10.1.1　变形点测绘

1. 总体思路

首先对海底管线两处变形点进行详细测绘，出具测绘报告；然后根据测绘报告定制卡具，同时制定详细的卡具修复计划，为后续修复工作做准备；最后待卡具到货，二次动员到现场完成海底管线变形点的修复工作。

2. 查找管线

抛锚就位要求：根据预调查资料，调查损伤点上下游各 1.5km 的地形地貌、水深数据、管线位置以及埋深信息，为船舶航行路径以及抛锚就位提供准确的依据。保证锚缆与已存在的海管垂直间距不小于 5m，抛锚时锚点与已存在的海管的间距不小于 200m。主作业船和拖轮都装有定位系统，以确定每个定位锚的实际位置。

1 号点管线查找：在 1 号变形点坐标处使用非接触式挖沟机进行定位开挖，在开挖过程中，使用声呐进行实时检测，直至管线在声呐图上全圆周完整暴露，潜水员下水确认是否有变形点，通常变形点部分配重层已脱落，管线变形明显，潜水员在水下很容易辨识。若没有变形点，则沿管线走向进行吹扫，直至变形点充分暴露。

2 号点管线查找：对于 2 号变形点，由于配重层完好，潜水员无法肉眼识别，根据变形点坐标定位的坐标值，在 2 号变形点坐标附近找到海管后，对坐标点两侧各 12m 距离内的三根海管进行开挖，确认疑似变形点。通过检测公司检测所得 2 号变形点位置进行换算得出变形点坐标；通过检测公司分析磁力信号得出 2 号变形点与 1 号变形之间的焊缝数量，确认两者的相对位置，根据铺管完工打点记录确定 2 号变形点铺管时的坐标位置。

通过对比检测所得 2 号变形点位置换算坐标和铺管时的坐标，确定疑似变形点坐标。

3. 开挖暴露

由于管线埋深 3.5~5.7m，为保证变形点处作业坑在测绘期间成型，需要使用非接触挖沟机，以疑似变形点为中心，逐层进行吹扫，初步测算 1 号变形点和 2 号变形点开挖土方量为 8710m^3 和 2350m^3，作业坑边坡比为 1∶3~1∶4，最大悬空约为 12m。主流向与海管夹角为 60°~90°，主流向开挖余量应该略大。施工时根据实际情况，抽吸装置和吸泥管辅助排泥，使用吊机吊装抽吸装置入水，启动空压机通过绞船方式移动抽吸装置，排除沟内泥沙。

非接触挖沟机设备参数：

（1）总体外形尺寸：5720mm×5566mm×4862mm（包含停放底座和轴流泵）；
（2）挖沟机总体质量：45t（包含停放底座和轴流泵）；
（3）挖沟机本体质量：38t（包含轴流泵）；
（4）流量：30000m^3/h；
（5）适应海管管径：4~40in；
（6）作业水深：10~120m；
（7）总功率：720kW；
（8）轴流泵扬程：5.5m。

三维实时声呐设备参数：
（1）频率：双频（375/610kHz）；
（2）波束数量：128×128（共计16384）；
（3）最大探测距离：120m（375kHz），80m（610kHz）；
（4）最小探测距离：1m；
（5）量程分辨率：3cm（1.2in）；
（6）更新速率（脉冲速率）：可达12Hz，软件可选；
（7）视场角：50°×50°，50°×24°，24°×50°，24°×24°，软件可选；
（8）波束间角：0.39°或0.19°，取决于视场角。

实际的探测距离取决于探测目标的尺寸、反射率和应用场景所需要的精细程度。

4. 涂层清理

作业面开挖后，使用高压水涂层清理设备对变形点位置管线涂层进行清理，清除变形点所在位置及周围内的水泥配重层、加强级熔结环氧粉末层等，直至裸露出管线表面位置。

施工前，由业主提供同批次海管进行陆地试验，调整设备同心度、压力值、移动速度，以达到最高清理效率。

根据内监测数据，22%变形管段屈曲变形管道圆周方向宽度约为700mm，长度约为1.2m；12%变形管段屈曲变形管道圆周方向宽度约为500mm，长度约为1.5m。据此国外卡具厂商预估卡具总长为4m，总质量约为17.3t（湿重约为15.8t），国内厂商预估卡具总长分别为5.2m和4.2m，总质量分别为27.3t和21.2t。

利用高压水射流（不含研磨料）技术清除海管外防腐及配重层是十分成熟的技术，国外知名海洋石油装备制造及服务厂商Oceaneering、Proserv等公司，均拥有此类设备，并广泛应用于海洋石油工程领域。同时，该技术也是机械连接器、卡具厂家推荐的清理方式。国内使用高压水清理涂层的部分案例见表10-1。

表10-1 国内使用高压水清理涂层的部分案例

序号	项目地点	管径	时间
1	渤海海域/BZ29-4	12in	2012年
2	南海海域/崖城13-1	28in	2016年
3	渤海海域/BZ13-1	12in	2017年
4	东海海域/平湖	14in	2017年

5. 变形点精确测量

潜水员使用测厚仪、直度测量仪、椭圆度测量仪、管线缺陷测量装置，对变形点位置进行测量，由于水下能见度低，测量时，潜水员透过清水袋等提高可视性材料进行读数。

为保证测量准确性，由不同的潜水员下水，测量两次，第一名潜水员下水测量，出具报告，第二名潜水员下水复测，验收数据真实性，并形成最终变形点测量报告。

目前没有满足项目长度、直径需要的直度测量仪和管线缺陷测量装置，在后续的施工准备阶段，将根据仪器原理进行加工，保证直度测量的精确性。

卡具在海管上的安装位置应保证满足安装要求，如不满足应该向外继续清理以选取合适的卡具安装位置，并与器具厂商沟通器具的长度。

国产卡具参数：

(1)椭圆度±1%；

(2)直径公差不超过3.81mm；

(3)直度测量，1m范围内不超过±1%；

(4)焊缝及突变凸起，不超过±1/16in及1.5mm；

(5)密封抱卡位置海管壁厚减薄不超过28%(4.9mm)，并满足海管输送压力需要。

进口卡具参数：

(1)椭圆度±2%；

(2)直径公差不超过3.81mm；

(3)直度测量，1m范围内不超过±1%；

(4)焊缝及突变凸起，不超过±1/16in及1.5mm；

(5)密封抱卡位置海管壁厚减薄不超过28%(4.9mm)，并满足海管输送压力需要。

6. 裸露管段水下防腐

使用贝尔佐那等海洋环境防腐材料对裸露管段进行防腐处理。具体步骤如下：

(1)潜水员到达指定位置，为防腐涂敷做准备；

(2)潜水员准备工作完成后，通知甲板工作人员将基料和固化剂比例混合；

(3)潜水员将已调剂好的防腐材料均匀涂敷在裸露管道上，为防止漏涂而达不到保护效果，潜水员要涂抹两遍以上。

贝尔佐纳(Belzona)5831(ST阻隔涂层)是一种水分兼容性阻隔保护涂层，它可以简化维修程序、减少对备用件的需求、提供防腐蚀保护、延长设备寿命。

贝尔佐纳(Belzona)5831(ST阻隔涂层)是针对在施工时不能干燥的表面而设计的。该产品能排出表面上的水，确保在潮湿或湿表面上甚至是在水下的最大黏附力。该产品是一种对环境水分有兼容性的阻隔涂层，可用来保护金属及非金属表面。

贝尔佐纳(Belzona)5831(ST阻隔涂层)具有以下特点：

(1)操作简单　①混合和施工简单；②可使用刷子施工；③体积混合比为1∶1。

(2)安全　①低温固化，确保无动火作业的危险；②不含溶剂。

(3)多用途　①在潮湿表面有很好的黏附力；②耐石油污染；③水下固化；④无收缩、扩张或变形；⑤可以黏接在混凝土以及砖上；⑥可同样有效地使用于混凝土和砖。

10.1.2 卡具采办和详细修复方案制定

根据潜水员出具的变形点测量报告，委托卡具生产商进行卡具制作：国产卡具生产周期约为 4 个月，正常采办流程为 2~3 个月，供货周期为 6~7 个月；进口卡具生产周期约为 10 个月，正常采办流程为 2~3 个月，供货周期为 12~13 个月。

1. 国产卡具资料

国产卡具资料如图 10-1 和图 10-2 所示。

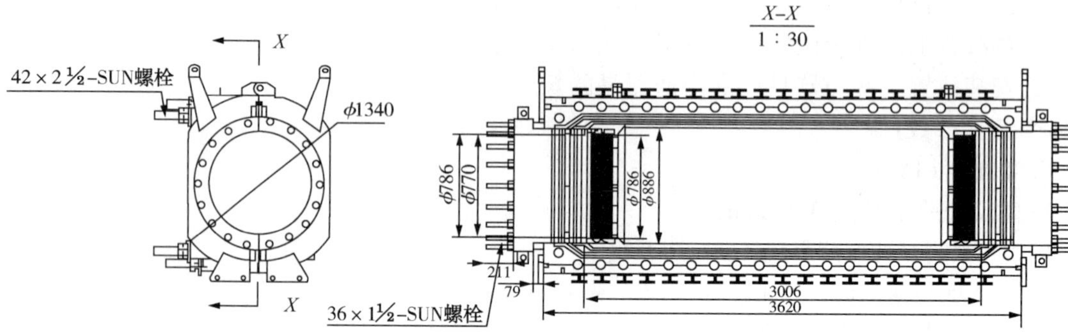

1号变形点卡具	
预估总长度	4200mm
预估总质量	21.3t

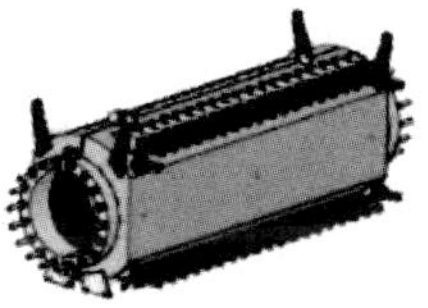

图 10-1 国产 1 号变形点卡具资料

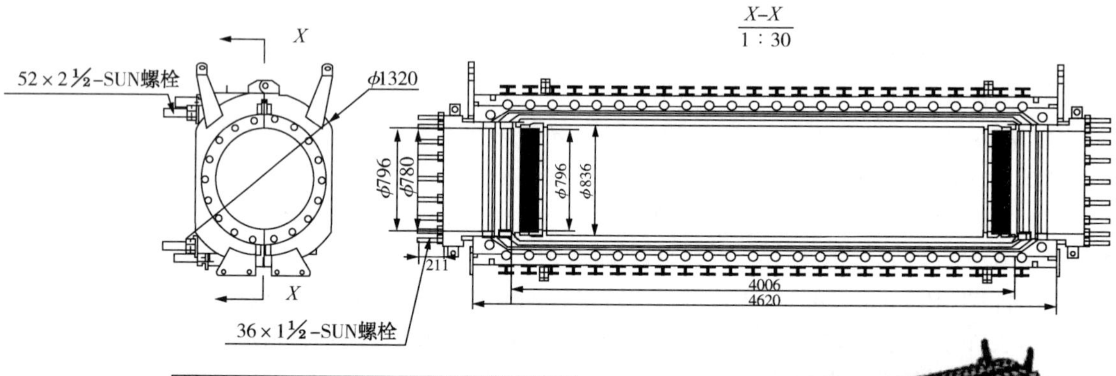

2号变形点卡具	
预估总长度	5200mm
预估总质量	27.4t

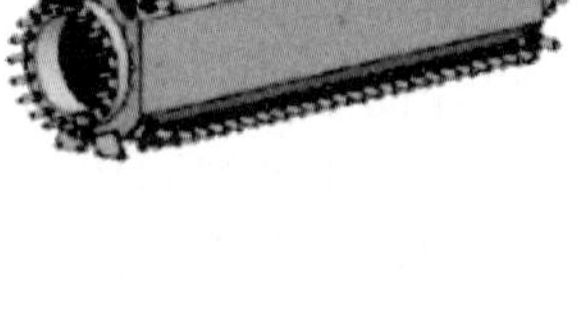

图 10-2 国产 2 号变形点卡具资料

2. 进口卡具资料

进口卡具资料如图 10–3 所示。

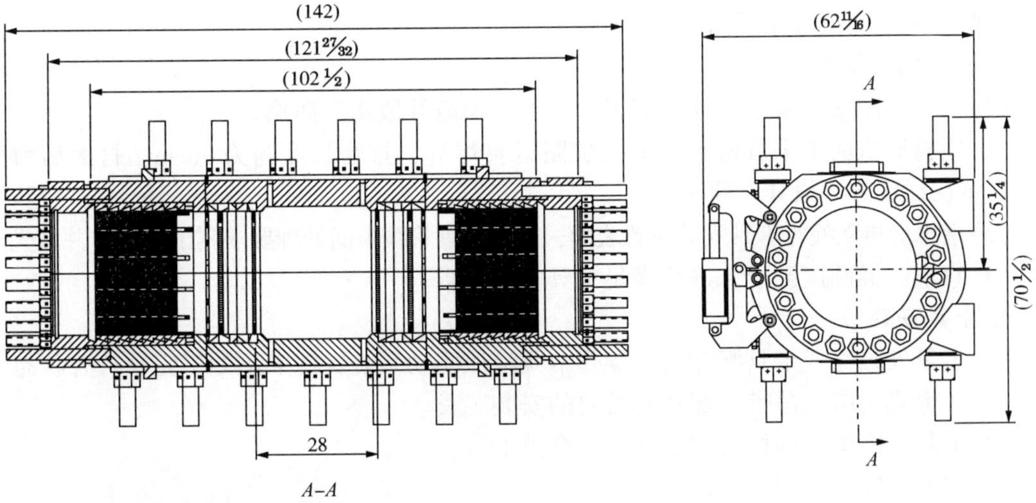

1号变形点卡具	
预估总长度	4000mm
预估总质量	18.3t

图 10–3　进口 1 号变形点卡具资料

3. 卡具比选

国产卡具与进口卡具对比见表 10–2。

表 10–2　国产卡具与进口卡具对比

比选项	国产卡具	进口卡具
密封件	美国杜邦	美国进口
质量	21. 3～27. 4t	约 18. 3t
寿命	可达到 20～25 年	可达到 25 年
生产周期	4 个月	10 个月
费用	低	高
优点	生产周期短、费用低，修复周期短，基完全满足一般情况海管寿命要求	完全满足海管寿命要求的成熟产品，案例多，质量较国产卡具轻
缺点	修复后无法进行正常内检测，质量较进口卡具大 10%～20%	修复后无法进行内检测，生产周期长，费用高，修复周期长
建议	目前国产卡具可以达到进口卡具相同的密封效果，同时还拥有生产周期短、费用低的优点，性价比高。建议考虑购置国产卡具	

10.1.3 卡具修复

1. 开挖暴露

参照变形点测绘开挖暴露。

2. 防腐材料清理

(1)使用高压水设备或手动打磨工具，清除裸露管段水下防腐。

(2)用打磨机磨平卡具密封胶圈位置附近直焊缝，打磨长度约为50cm。打磨后海管强度分析将在详细方案设计阶段进行。

(3)潜水员再次检查卡具安装位置表面，密封位置管线表面处理要求露出金属，并且光滑。

(4)直度、椭圆度测量，确认满足卡具安装要求。

3. 卡具安装

(1)卡具安装完成卡具配扣后，操作卡具液压驱动系统，使卡具处于完全打开状态。

(2)在卡具上绑扎吊带、配扣和必要的安装工具。

(3)卡具在海管上的位置调整好后，合上卡具。

(4)对卡具螺栓进行液压拉伸。

(5)潜水员水下拆除卡具上的吊带，并通知船上人员回收。

4. 卡具支撑

在作业坑内，使用“吨袋”砂袋打基础，在卡具下部形成小平台，再用小袋沙包填满卡具与小平台之间的缝隙，对卡具进行支撑保护。两处变形点海管下方海底泥质以黏土质粉砂为主，承载力为100~120kPa，即在每平米10t的承载下，不会出现明显的塌陷，吨袋底座总面积为6~8m^2，总承载力为60~80tf，按照经验推断，砂袋支撑满足临时支撑需求。由于卡具重量、尺寸尚未确定，现阶段未对砂袋支撑作核算，后续将详细设计支撑方案并核算支撑受力情况。

5. 卡具试压

卡具安装后，对卡具进行水压试验，验证卡具密封的有效性。

通过试压泵向卡具内注水分阶段缓慢升压，试压压力值为管线运行压力1.15倍(DNV)，稳压后保压30min，压力变化小于0.3%为合格。试压结束后，通过试压孔，向卡具密封环内注入黄油，排出海水。

试压过程中，为了管线安全考虑，管线内应为带压运行状态，具体运行压力值由业主提供。

由于管线已经存在变形，打压过程要确保试压介质与变形海管不发生接触以免变形点受力破裂。打压过程在陆地进行演练时，应记录升压时间和加水量，在海上施工过程中，一旦超出正常的升压时间和加水量压力仍未建立，则应立即卸压检查。

6. 腔体注胶

卡具完成水压试验后，通过位于卡具腔体上最低点处的排水孔，向腔体内注入环氧树脂加固。

根据注胶工艺要求，设计以下程序：

(1)根据腔体大小和管线长度，计算注入环氧树脂和固化剂的用量，准备环氧树脂和固化剂待用。

(2)潜水员水下将进气管与卡具腔体上最高点处的排气孔连接，将出气管与卡具腔体上最低点处的排水孔连接。

(3)测量热空气湿度，并记录。

(4)通过排气孔向腔体内注入热空气进行排水干燥，带有湿气的空气由出气管返回到甲板，测量并记录带有湿气的空气湿度，当带有湿气的空气的湿度与热空气湿度相同时，停止热空气的注入。

(5)将环氧树脂和固化剂按照比例混合。

(6)通过出气管向腔体内注入环氧树脂和固化剂的混合物，当进气管有环氧树脂和固化剂的混合物排出时，停止注入。

(7)拆除送气、出气管，安装丝堵。

热空气排水能够最大限度地保证干燥，但无法确保100%无水。注胶后，卡具与变形点处海管粘连在一起，起到一定的保护作用，但今后卡具无法拆除更换，一旦出现问题，只能切除。整个腔体内海管要求清理等级为Sa2.5，而卡具仅对密封位置附近的海管表面光洁度的要求较高。

7. 水下防腐

参照变形点测绘裸露管段水下防腐进行。

8. 完工验收

验收标准如下：

(1)卡具试压完成　卡具水压试验，试压压力值为管线运行压力的1.15倍(DNV)，稳压后保压30min，压力变化小于0.3%。

(2)卡具支撑完成　根据支撑方案，完成对卡具的支撑。

(3)裸露海管防腐完成　使用防腐材料对卡具两侧裸露管段进行防腐处理。

9. 恢复生产

在完成修复后，即可恢复海管正常运行。

两处变形点在经过自然回淤后均处于掩埋状态，卡具在寿命期内是免维护的，完全满足25年寿命的要求。

10.1.4　卡具修复案例

2012年中海石油(中国)有限公司天津分公司对锦州某混输海底管线进行了内检测，对该管线内部状况进行了检测和评估，管道基本信息如表10-3所示。结果发现管线存在多处缺陷，其中最大的6个缺陷点腐蚀深度分别为管壁的49%、54%、57%、68%、65%、20%。

卡具修复施工流程如下：

(1)缺陷点定位；

(2)抛锚就位；

(3)作业坑开挖；

(4)缺陷点确认；

(5)缺陷点修复。

表 10-3 管线基本信息

管径	8in(219.1mm O.D.)	防腐涂层密度	1400kg/m³
壁厚	9.5mm W.T.(一区) 8.7mm W.T.(二区)	保温层材料	PUF
		保温层密度	40~60kg/m³
长度	14.3km	夹克层材料	10mm HDPE
管道结构	单层保温配重管道	夹克层密度	940kg/m³
设计压力	8.5MPa	混凝土配重层厚度	40mm
最大操作温度	65℃	混凝土配重层密度	2950kg/m³
钢材等级及材质	APL X65 SMLS	设计埋深	1.5m
防腐涂层	0.55mm FBE		

10.2 机械连接器修复技术

10.2.1 总体思路

(1)采购机械连接器，同时制定详细的机械连接器修复计划。

(2)待机械连接器到货，动员到现场完成海底管线修复工作。

10.2.2 施工流程

1. 查找管线及变形点

参照变形点测绘查找管线内容。

2. 开挖暴露

参照变形点测绘开挖暴露。

3. 涂层清理

在变形点位置两侧选取机械连接器安装位置，对管线表面涂层进行清理，清除安装位置约2.5m管段范围内的水泥配重层、加强级熔结环氧粉末层等，直至裸露出管线表面为止。

用打磨机磨平机械连接器密封胶圈位置附近直焊缝，打磨长度约为50cm；用钢丝圈或类似器具清洁管段，该清洁长度从管的端点起计算，长度约为1m(暂估)。金属面光滑即可(不要求金属面非常光亮，但表面须光滑)。

在施工前，先进行陆地试验，调整设备同心度、压力值、移动速度，以达到最高清理效率。

为避免海管破损造成原油泄漏，应将管内原油进行置换。

4. 变形点切割

在变形点位置两侧选择切割点，使用钻石线切割机切割移除变形管段。切割前，海管应确认已清洗并达到《中华人民共和国海洋环境保护法》的相关规定。钻石线切割机部分使用案例见表10-4。

表 10-4　钻石线切割机部分使用案例

序号	项目地点	管径	时间
1	渤海海域/垦 3-2	14in	2012 年
2	南海海域/恩平	18in	2016 年
3	渤海海域/BZ13-1	12in	2017 年
4	东海海域/平湖	14in	2017 年

5. 机械连接器安装

按照机械连接器安装程序，使用专业工具进行安装。安装机械连接器时，需要技术人员现场指导作业，并进行机械连接器自密封性试验。每个变形点处需安装两个机械连接器。

机械连接器在海管上安装有一定的延伸性，便于与短节连接时调节。因此，根据实际情况，可先旋紧一侧机械连接器并进行环形测试，在与短节连接调节合适长度后再旋紧另一侧机械连接器并进行环形测试。

6. 短节测量预制

潜水员使用法兰测量仪，水下测量两个机械连接器法兰面之间的距离。为保证测量精度，由不同的潜水员下水，测量两次，第一名潜水员下水测量，出具报告，第二名潜水员下水复测，验证数据真实性，并形成最终短节尺寸依据。

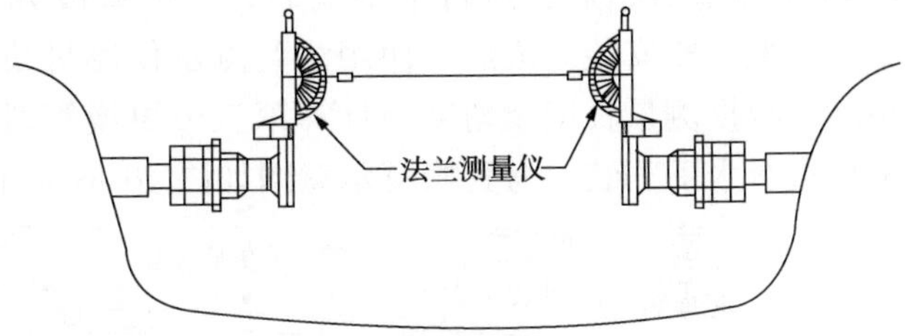

图 10-4　短节预制示意图

短节预制完成后，使用盲板，对短节进行单独试压。试验压力为管线设计压力的 1.15 倍，试压时间为 2h，压力变化不超过 0.3%为合格。短节预制示意图如图 10-4 所示。

7. 短节安装

吊装短节入水，潜水员水下对接短节法兰和机械连接器法兰。短节安装完成后，在机械连接器下方和短节下方摆放沙袋，避免管线悬空，保护短节，如图 10-5 所示。使用贝尔佐纳等海洋环境防腐材料对机械连接器裸露管段进行防腐处理。

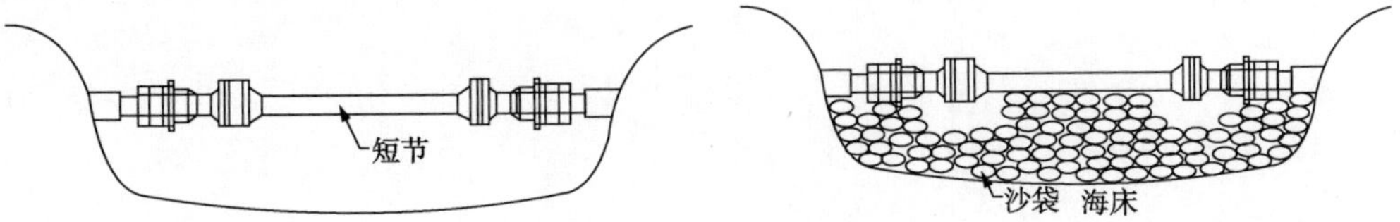

图 10-5　短节安装

10.2.3　案例

2012 年 8 月 9 日，11 号台风“海葵”过后，平湖油气田组织平台恢复生产期间，发现 10in 输油管道无法建立压力。在通过平管起吊修复 KP26.863 处断点后，发现仍未建立压力，后在 KP52 位置发现第二受损点。该漏点所处海域水深为 30m，作业船华天龙船舷较高，平管起吊计算未能通过。经业主批准，采用 smart 法兰在水下对海管进行修复。

1. 管线暴露开挖

第一切割点为距离断管管头近岸端方向 17m；第二切割点为距离断管管头远岸端方向 77m；切割后管线近岸端及远岸端管头各暴露 30m。

2. 涂层清理及管线切割

根据 smart 法兰尺寸，选择合适的位置清理海管水泥配重层及 3PE 防腐层，以满足安装 smart 法兰的要求；之后使用闸刀锯对清理完涂层的海底管道进行切割。

3. smart 法兰(类似机械连接器)安装

(1)检查海管两端海管表面光滑。

(2)管端使用板锉造坡口。

(3)直度和椭圆度测量满足要求。

(4)将水下 smart 法兰用索具拴好后，起吊下水由潜水员进行安装。

4. 更换管段预制及安装

在甲板上分别预制第一节(37m) 和第二节(49.2m) 更换管段，并在甲板上进行试压，由 DNV 检验合格后，进行水下安装。更换管段分别与两端管头的 smart 法兰对接。第一、二节更换管段安装完成后，使用法兰测量仪测量第一、二节更换管段焊颈法兰面的间距及角度，根据测量长度及角度，计算第三节更换管段的长度(长 7.18m)。预制完成并试压合格后进行水下安装。海管修复示意图如图 10-6 所示。

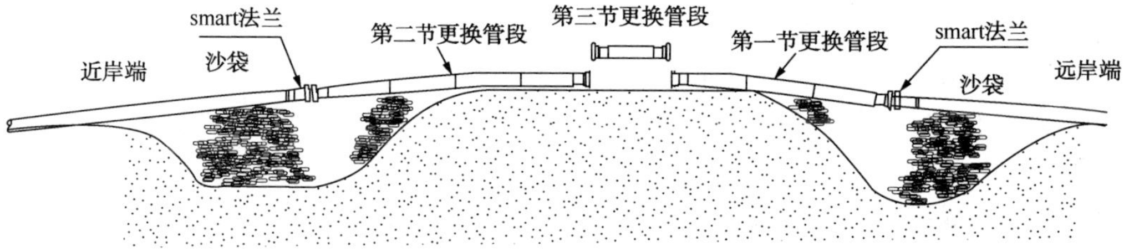

图 10-6 海管修复示意图

参 考 文 献

[1] AEA Technology Consulting: Temporary/ Permanent Pipe Repair Guidelines[J]. Off shore Technology Report, 2001 (038).

[2] Dr J M Leeds and M G Catley. Large, Live Line Rehab Project Requires Detailed Planning Part 1[M]. Pipe Line Indust ry, Feb. 1994.

[3] Kamal Morsi, Hesham Bayoumi and David Robson. Pipeline Rehab vs Replacement Depends on Condition [M]. Service, Oil & Gas Journal, Sept. 22, 1997.

[4] Daryle Warnke and Tom Bubenik. CC Technologies: Direct Assessment[J]. IPC, Tutorial, U K, 2002.

[5] Andrew Cosham Penspen. Pipeline Integrity Evaluations and Engineering Assessment s[J], IPC, Tutorial, U K, 2002.

[6] Daniel P Werner. Pipeline Rehabilitation Planning and Project Execution[M]. OP, 1995, (56).

[7] Rosenfeld M J, Kiefner P E & Associates Inc. Recommended Practices for Pipeline Repairs [J]. IPC, Tutorial, U K, 2002.

[8] Sidney A Taylor. Performing Pipeline Rehabilitation, Incal Pipeline Rehabilitation[J]. Inc., Dec. 2004.

[9] Sidney A Taylor. Worldwide Rehabilitation Work Is Undergoing Major Changes [J]. Pipe Line Indust ry, Feb. 1994.

[10] MoMohitpour, Michael Mcmanus and Bill Trefanenko. Trends in Pipeline Integrity Inspection and Rehabilitation Techniques[J]. IPC, 2002-27035.

[11] Rhea S W. Epoxy Filled Repair Sleeve Installs Wit hout Shutdown[J]. Pipeline & Gas Journal, June, 1995.

[12] Norman D and Swinburne R. Polyuret hane and Epoxy Coatings for the Rehabilitation and Repair of Pipelines. CORROSION, 2000.

[13] Ernest W Klechka. Selecting Liquid Coatings for PipelineRepair and Rehabilitation[J]. MATERIALS PERFORMANCE, August, 2000.

[14] Sidney A Taylor. Surface Preparation Equipment Developed for Short Repair Work[J]. Pineline & Gas Indust ry, July, 1995.

[15] 49 CFR 192　气体输送管道[S].

[16] ASME B31.8　输气及配气管道系统[S].

[17] ASME B31.8S　输气管道系统完整性管理[S].

[18] CSA Z662　油气管道系统(加拿大标准)[S].

[19] PRCI：管道修复手册[S].

[20] AEA RP 401　管道临时/永久性维修指南[S].

[21] 49 CFR 195　陆上石油管道完整性管理方案[S].

[22] ASME B31.4　液态烃及其他液体管道输送系统[S].

[23] API 1160　液体管道完整性管理[S].

[24] GB 32167　油气管道系统完整性管理规范[S].

[25] SY/T 6621—2016　输气管道系统完整性管理规范[S].

[26] Q/SY 1592—2013　油气管道管体修复技术规范[S].

[27] SY/T 6151—2009　钢质管道管体腐蚀损伤评价方法[S].

[28] SY/T 5918—2017　埋地钢质管道外防腐层保温层修复技术规范[S].

[29] SY/T 6553—2003　管道检验规范 在用管道系统检验、修理、改选和再定级[S].

[30] Q/SY JS 0057—2016　管道夹具注环氧补强修复技术规范[S].

[31] Q/SY JS 0058—2006　管道碳纤维复合材料补强修复技术规范[S].

[32] 王玉梅，刘艳双，等．国外油气管道修复技术[J]．油气储运，2005，24（12）：13-16.
[33] SY/T 6996—2014　钢质油气管道凹陷评价方法[S].
[34] 董绍华，魏振红，葛艾天，等．油气管道抢维修夹具及其使用方法：200910093913. 1. 2011-11-23.
[35] 惠文颖，牛健壮，胡江锋，等．复合材料修复管体缺陷的影响因素[J]．油气储运，2017，36(7)：805-810.
[36] 陆军．油气输送管道补强修复新技术[J]．石油和化工设备，2015，18(1)：67-70.
[37] 陈安琦，马卫锋，任俊杰，等．高钢级管道环焊缝缺陷修复问题初探[J]．天然气与石油，2017，35(5)：12-17.
[38] Sanchez A，Ojeda M，Gomez H，et al. Review and Analysis of Repair/Rehabilitation Methods for Natural Gas Pipelines[C]. ASME 2017 International Mechanical Engineering Congress and Exposition，2017.
[39] Knights J D，Laughlin S. Pipeline Repairs：The History of the Technology and the Efforts to Codify and Document Standards[C]. ASME 2017 India Oil and Gas Pipeline Conference. American Society of Mechanical Engineers，2017.
[40] Mazurkiewicz L，Malachowski J，Damaziak K，et al. Evaluation of the response of fibre reinforced composite repair of steel pipeline subjected to puncture from excavator tooth[J]. Composite Structures，2018.
[41] Da Costa Mattos H S，Reis J M L，Paim L M，et al. Analysis of a glass fibre reinforced polyurethane composite repair system for corroded pipelines at elevated temperatures[J]. Composite Structures，2014，114：117-123.
[42] Shamsuddoha M，Islam M M，Aravinthan T，et al. Characterisation of mechanical and thermal properties of epoxy grouts for composite repair of steel pipelines[J]. Materials & Design（1980-2015），2013，52：315-327.
[43] 敖镇海．埋地油气管道外防腐层检测及修复技术[J]．化工管理，2017(12)：122.
[44] 李长春，杨加栋，张晓灵，等．纤维复合材料在海洋油气输送管道修复补强中的应用研究[J]．石化技术，2016，23(10)：80-81.
[45] Sirimanna C S，Manalo A C，Karunasena W，et al. Fiber-reinforced polymer（FRP）repair systems for corroded steel pipelines[M]. Rehabilitation of Pipelines Using Fiber-reinforced Polymer（FRP）Composites，2015：267-285.
[46] Azraai S N A，Lim K S，Yahaya N，et al. Infill materials of epoxy grout for pipeline rehabilitation and repair[J]. Malaysian Journal of Civil Engineering，2015，27(1)：162-167.
[47] Zarghamee M S，Engindeniz M. Evolution of the CFRP Repair of Pipelines—The Road to a Well-Established Technology[M]. Pipelines，2016：1568-1577.
[48] Saeed N，Ronagh H，Virk A. Composite repair of pipelines，considering the effect of live pressure-analytical and numerical models with respect to ISO/TS 24817 and ASME PCC-2[J]. Composites Part B：Engineering，2014，58：605-610.
[49] Shamsuddoha M，Islam M M，Aravinthan T，et al. Effectiveness of using fibre-reinforced polymer composites for underwater steel pipeline repairs[J]. Composite Structures，2013，100：40-54.
[50] Da Costa Mattos H S，Reis J M L，Paim L M，et al. Failure analysis of corroded pipelines reinforced with composite repair systems[J]. Engineering Failure Analysis，2016，59：223-236.
[51] Hawa A，Majid M S A，Afendi M，et al. Burst strength and impact behaviour of hydrothermally aged glass fibre/epoxy composite pipes[J]. Materials & Design，2016，89：455-464.
[52] 吴杨敏，周升国，卢光明，赵文杰．环氧树脂水性化制备技术及防腐性能研究进展[J]．表面技术，2017，46(11)：135-142.
[53] GB 50251—2015　输气管道工程设计规范.
[54] GB/T 150　压力容器.
[55] ASME B31G　腐蚀管道剩余强度测定标准[S].
[56] 李军．海底管道修复技术．2019 中国国际管道大会论文集．广州：2019.